ŒUVRES COMPLÈTES

DE M. LE VICOMTE

DE CHATEAUBRIAND.

TOME XXVI.

DE L'IMPRIMERIE DE CRAPELET,
RUE DE VAUGIRARD, N° 9.

ŒUVRES COMPLÈTES

DE M. LE VICOMTE

DE CHATEAUBRIAND,

MEMBRE DE L'ACADÉMIE FRANÇOISE.

TOME VINGT-SIXIÈME.

MÉLANGES POLITIQUES.

TOME I.

PARIS.

POURRAT FRÈRES, ÉDITEURS.

M. DCCC. XXXVII.

MÉLANGES POLITIQUES.

PRÉFACE.

1828.

Quand on aura relu, si on les relit, *Buonaparte et les Bourbons, Compiègne,* l'*État de la France au 4 octobre* 1814, le *Rapport fait au roi dans son conseil à Gand,* etc., il restera prouvé que je suis un ennemi de la légitimité, comme il appert par le *Génie du Christianisme* que je suis un impie, comme il appert par les *Réflexions politiques* que, dès 1814, je ne voulois pas de la Charte.

Mais si je ne suis pas un impie, je suis tout au moins un philosophe; en voici la preuve. J'ai dit dans la nouvelle Préface de l'*Essai historique : « Je crois très sincèrement; j'i-*
« *rois demain, pour ma foi, d'un pas ferme à l'échafaud.*

« *Je ne démens pas une syllabe de ce que j'ai écrit dans le*
« *Génie du Christianisme; jamais un mot n'échappera à ma*
« *bouche, une ligne à ma plume, qui soit en opposition avec*
« *les opinions religieuses que j'ai professées depuis vingt-cinq*
« *ans.*

« Voilà ce que je suis.

« Voici ce que je ne suis pas :

« Je ne suis point chrétien par patentes de trafiquant
« en religion : mon brevet n'est que mon extrait de bap-
« tême. J'appartiens à la communion générale, naturelle
« et publique de tous les hommes qui, depuis la création,
« se sont entendus d'un bout de la terre à l'autre pour
« prier Dieu.

« Je ne fais point métier et marchandise de mes opi-
« nions. Indépendant de tout, fors de Dieu, je suis chré-
« tien sans ignorer mes foiblesses, sans me donner pour
« modèle, sans être persécuteur, inquisiteur, délateur,
« sans espionner mes frères ; sans calomnier mes voisins.

«Je ne suis point un incrédule déguisé en chrétien, qui
«propose la religion comme un frein utile aux peuples. Je
«n'explique point l'Évangile au profit du despotisme, mais
«au profit du malheur.

«Si je n'étois pas chrétien, je ne me donnerois pas la
«peine de le paroître : toute contrainte me pèse, tout
«masque m'étouffe ; à la seconde phrase, mon caractère
«l'emporteroit et je me trahirois. J'attache trop peu d'im-
«portance à la vie pour m'amuser à la parer d'un men-
«songe.

«Se conformer en tout à l'esprit d'élévation et de dou-
«ceur de l'Évangile, marcher avec le temps, soutenir la
«liberté par l'autorité de la religion, prêcher l'obéissance
«à la Charte comme la soumission au roi, faire entendre
«du haut de la chaire des paroles de compassion pour ceux
«qui souffrent, quels que soient leur pays et leur culte,
«réchauffer la foi par l'ardeur de la charité, voilà, selon
«moi, ce qui pouvoit rendre au clergé la puissance légi-
«time qu'il doit obtenir : par le chemin opposé, sa ruine est
«certaine. La société ne peut se soutenir qu'en s'appuyant
«sur l'autel ; mais les ornements de l'autel doivent changer
«selon les siècles, et en raison des progrès de l'esprit hu-
«main. Si le sanctuaire de la Divinité est beau à l'ombre, il
«est encore plus beau à la lumière : la croix est l'étendard
«de la civilisation.

«Je ne redeviendrai incrédule que quand on m'aura
«démontré que le christianisme est incompatible avec la
«liberté ; alors je cesserai de regarder comme véritable
«une religion opposée à la dignité de l'homme. Comment
«pourrois-je le croire émané du ciel, un culte qui étouf-
«feroit les sentiments nobles et généreux, qui rapetisseroit
«les âmes, qui couperoit les ailes du génie, qui maudiroit les
«lumières au lieu d'en faire un moyen de plus pour s'élever
«à la contemplation des œuvres de Dieu? Quelle que fût
«ma douleur, il faudroit bien reconnoître malgré moi que
«je me repaissois de chimères : j'approcherois avec hor-

«reur de cette tombe où j'avois espéré trouver le repos et
«non le néant.

«Mais tel n'est point le caractère de la vraie religion ; le
«christianisme porte pour moi deux preuves manifestes de
«sa céleste origine : par sa morale, il tend à nous délivrer
«des passions ; par sa politique, il abolit l'esclavage. C'est
«donc une religion de liberté : c'est la mienne.»

Pourroit-on croire que, dans ces pages où je déclare
*que j'irois demain, pour ma foi, d'un pas ferme à l'échafaud,
que je ne démens pas une syllabe de ce que j'ai écrit dans le
Génie du Christianisme,* pourroit-on croire que des hommes
charitables aient trouvé contre moi une accusation de
philosophisme? — Comment cela? — Eh! n'avez-vous pas
remarqué cette abominable manifestation de l'erreur ?
*J'appartiens à la communion générale, naturelle et publique
de tous les hommes qui, depuis la création, se sont entendus
d'un bout de la terre à l'autre pour prier Dieu.*

En bonne logique, ne puis-je appartenir à la grande
communion des hommes qui ont prié Dieu depuis les patriarches jusqu'aux gentils des temps modernes, ignorants
encore de l'Évangile? ne puis-je, dis-je, appartenir à cette
communion, sans cesser de connoître et de prier Dieu à la
manière des chrétiens? Mais passons.

Je suis bien plus coupable encore ; je joins l'*hérésie* au
philosophisme, témoin ces mots : *Je suis chrétien*. C'est du
protestantisme tout pur ; je devois dire : Je suis *catholique,
apostolique et romain.* Bien : je suis hérétique parce que je
me suis servi du mot fameux des martyrs allant au supplice : «Je suis chrétien!»

Mais si j'ai déclaré, dans le même paragraphe, que
*j'irois, pour ma foi, d'un pas ferme à l'échafaud, que je ne
démens pas une syllabe de ce que j'ai écrit dans le* Génie du
Christianisme, reste-t-il quelque doute sur mes sentiments? L'ouvrage dont *je ne démens pas une syllabe* n'est-il
pas l'apologie la plus complète de la religion *catholique,
apostolique et romaine?* Ah! mes pieux commentateurs, ce

ne sont pas là les phrases qui vous blessent! Vous me trouveriez très orthodoxe si, avant et après ces mots, *je suis chrétien*, on ne lisoit pas ces divers passages : *Je ne suis point chrétien par patentes de trafiquant en religion... Je ne fais point métier et marchandise de mes opinions... Indépendant de tout, fors de Dieu*, JE SUIS CHRÉTIEN, *sans ignorer mes foiblesses, sans me donner pour modèle, sans être persécuteur, inquisiteur, délateur, sans espionner mes frères, sans calomnier mes voisins... Je n'explique point l'Évangile au profit du despotisme, mais au profit du malheur... Marcher avec le temps; soutenir la liberté par l'autorité de la religion, prêcher l'obéissance à la* CHARTE *comme la soumission au* ROI... *voilà, selon moi, ce qui pourroit rendre au clergé la puissance légitime qu'il doit obtenir. Le christianisme porte pour moi deux preuves de sa céleste origine : par sa morale, il tend à nous délivrer des passions ; par sa politique, il abolit l'esclavage. C'est donc une religion de liberté ; c'est la mienne.*

Détester la persécution, l'intrigue et le mensonge; désirer que la religion s'allie avec la liberté et s'étende avec les lumières du siècle, voilà ma véritable hérésie, mon philosophisme réel, mon péché irrémissible. Un homme qui veut la Charte, en la séparant de l'Évangile, prêche une doctrine stérile; mais un homme qui demande que la Charte soit déposée sur l'autel est assis dans une chaire féconde en séductions diaboliques : la foule trompée finiroit par se plaire à l'œuvre réprouvée que l'ancien Dragon inspira à Louis XVIII et fit jurer à Charles X.

Pour tout esprit droit et tout cœur sincère, il ne peut y avoir rien d'équivoque dans les phrases *incriminées*, si on les rattache aux phrases dont elles sont précédées ou suivies; mais voulant trancher la question, et ne laisser aucune occasion d'anathème aux nouveaux docteurs, je déclare donc que je vivrai et mourrai *catholique, apostolique et romain*. Voilà qui est clair et positif. Les trafiquants de religion seront-ils satisfaits, me croiront-ils? Pas du tout; ils me jugent d'après eux.

Je me serois bien gardé de rappeler de misérables critiques dans une préface, si ces critiques ne tomboient sur un point religieux : le mépris ou l'insouciance en pareille matière seroit coupable. Je professe ma croyance religieuse aussi publiquement que ma croyance politique : j'ai toujours été d'avis qu'il n'y a point de liberté durable si elle n'est fondée, comme la société tout entière, dans la religion ; seulement il ne faut pas prendre l'hypocrisie pour la foi, l'ardeur de la calomnie pour le zèle de la charité, et l'abus que l'on fait des choses saintes pour les choses saintes elles-mêmes.

Je parlerai maintenant de l'écrit placé à la tête de ce volume : Louis XVIII vouloit bien dire que cet écrit lui avoit valu une armée.

Buonaparte est jugé avec rigueur dans cet opuscule approprié aux besoins de l'époque. A cette époque de trouble et de passion les paroles ne pouvoient être rigoureusement pesées ; il s'agissoit moins d'écrire que d'agir ; c'étoit une bataille qu'il falloit gagner ou perdre dans l'opinion ; et, perdue, elle dispersoit pour toujours les débris du trône légitime. La France ne savoit que penser ; l'Europe, stupéfaite de sa victoire, hésitoit ; Buonaparte étoit à Fontainebleau, tout puissant encore, et environné de quarante mille vétérans ; les négociations avec lui n'étoient pas rompues : le moment étoit décisif ; force étoit donc de s'occuper seulement de l'homme à craindre, sans rechercher ce qu'il avoit d'éminent ; l'admiration mise imprudemment dans la balance l'auroit fait pencher du côté de l'oppresseur de nos libertés. La patrie étoit écrasée sous le despotisme, et livrée par l'ambition insensée de ce despotisme à l'invasion de l'étranger ; nos blessures récentes saignoient : le donjon de Vincennes, les exils, les fusillades à la plaine de Grenelle, l'anéantissement de notre indépendance, la conscription, les banqueroutes répétées, l'iniquité de la politique napoléonienne, l'ingrate persécution suscitée au souverain pontife, l'enlèvement du roi d'Espagne; les désastres de la campagne de Russie ; enfin tous les abus de l'arbitraire, toutes les vexations du gouvernement de l'empire, ne laissoient à personne le sang-froid nécessaire pour prononcer un jugement impartial. On ne voyoit que la moitié du tableau ; les défauts étoient en saillie dans la lumière, les qualités plongées dans l'ombre.

Le temps a marché ; Napoléon a disparu : le soldat devant lequel tant de rois fléchirent le genou, le conquérant qui fit tant de bruit, occupe à peine, dans un silence sans fin, quelques pieds de terre sur un roc au milieu de l'Océan. Usurpateur du trône de saint Louis et des droits de la nation, tel se montroit Buonaparte quand j'esquissai ses traits pour la première fois. Je le jugeai d'abord avec les générations souffrantes, moi-même une de ses victimes ; depuis, j'ai dû parler d'un sceptre perdu, d'une épée brisée, en historien consciencieux, en citoyen qui voit l'indépendance de son pays assurée. La liberté m'a permis d'admirer la gloire : assise désormais sur un tombeau solitaire, cette gloire ne se lèvera point pour enchaîner ma patrie.

En 1814, j'ai peint *Buonaparte et les Bourbons;* en 1827, j'ai tracé le parallèle de *Washington et de Buonaparte ;* mes deux *plâtres* de Napoléon ressemblent ; mais l'un a été coulé sur la vie, l'autre modelé sur la mort, et la mort est plus vraie que la vie.

Cessant lui-même d'avoir un intérêt à garder contre moi sa colère, Buonaparte m'avoit aussi pardonné et rendu quelque justice. Un article où je parlois de sa force étant tombé entre ses mains, il dit à M. de Montholon :

« Si, en 1814 et en 1815, la confiance royale n'avoit point « été placée dans des hommes dont l'âme étoit détrempée « par des circonstances trop fortes, ou qui, renégats à « leur patrie, ne voient de salut et de gloire pour le trône « de leur maître que dans le joug de la Sainte-Alliance ; si « le duc de Richelieu, dont l'ambition fut de délivrer son

« pays des baïonnettes étrangères ; si Chateaubriand, qui
« venoit de rendre à Gand d'éminents services, avoient eu
« la direction des affaires, la France seroit sortie puissante
« et redoutée de ces deux grandes crises nationales. Cha-
« teaubriand a reçu de la nature le feu sacré : ses ouvrages
« l'attestent. Son style n'est pas celui de Racine, c'est celui
« du prophète. Il n'y a que lui au monde qui ait pu dire im-
« punément, à la tribune des pairs, que la *redingote grise
« et le chapeau de Napoléon, placés au bout d'un bâton sur la
« côte de Brest, feroient courir l'Europe aux armes*[1]. Si jamais
« il arrive au timon des affaires, il est possible que Chateau-
« briand s'égare : tant d'autres y ont trouvé leur perte !
« mais, ce qui est certain, c'est que tout ce qui est grand
« et national doit convenir à son génie, et qu'il eût repoussé
« avec indignation ces actes infamants de l'administration
« d'alors. » (*Mémoires pour servir à l'Histoire de France sous
Napoléon*, par M. DE MONTHOLON, tom. IV, pag. 248.)

Pourquoi ne conviendrois-je pas que ce jugement *flatte
de mon cœur l'orgueilleuse foiblesse ?* Bien de petits hommes,
à qui j'ai rendu de grands services ne m'ont pas jugé si
favorablement que le géant dont j'avois osé déserter le
crime [2] et attaquer la puissance.

Quoi qu'il en soit, en rapprochant l'écrit *de Buonaparte
et des Bourbons* du parallèle *de Buonaparte et de Washington*[3]

---

[1] Voici le passage auquel Buonaparte fait allusion, et qu'il
avoit mal retenu :

« Jeté au milieu des mers où le Camoëns plaça le génie des tem-
« pêtes, Buonaparte ne peut se remuer sur son rocher sans que
« nous ne soyons avertis de son mouvement par une secousse. Un
« pas de cet homme à l'autre pôle se feroit sentir à celui-ci. Si la
« Providence déchaînoit encore son fléau ; si Buonaparte étoit libre
« aux États-Unis, ses regards attachés sur l'Océan suffiroient pour
« troubler les peuples de l'ancien monde : sa seule présence sur le
« rivage américain de l'Atlantique forceroit l'Europe à camper sur
« le rivage opposé. » (*Polémique*, t. XXVIII, art. du 17 novembre 1818.)

[2] L'assassinat du duc d'Enghien.

[3] *Voyage en Amérique*, pag. 22.

et de quelques pages de ma *Polémique* [1], on saura à peu près tout ce qu'il y a à dire en bien ou en mal de celui que les peuples appelèrent un *fléau* : les fléaux de Dieu conservent quelque chose de l'éternité et de la grandeur de ce courroux divin dont ils émanent. *Ossa arida... dabo vobis spiritum, et viveris.* (ÉZÉCHIEL.)

[1] Voyez, t. XXVIII, *Polémique*, articles du 17 novembre 1818—5 juillet 1824 inclusivement.

DE BUONAPARTE
ET DES BOURBONS.

30 MARS 1814.

Non, je ne croirai jamais que j'écris sur le tombeau de la France ; je ne puis me persuader qu'après le jour de la vengeance nous ne touchions pas au jour de la miséricorde. L'antique patrimoine des rois très chrétiens ne peut être divisé : il ne périra point, ce royaume que Rome expirante enfanta au milieu de ses ruines, comme un dernier essai de sa grandeur. Ce ne sont point les hommes seuls qui ont conduit les événements dont nous sommes les témoins ; la main de la Providence est visible dans tout ceci : Dieu lui-même marche à découvert à la tête des armées, et s'assied au conseil des rois. Comment, sans l'intervention divine, expliquer et l'élévation prodigieuse et la chute plus prodigieuse encore de celui qui, naguère, fouloit le monde à ses pieds ? il n'y a pas quinze mois qu'il étoit à Moscou, et les Russes sont à Paris ; tout trembloit sous ses lois, depuis les colonnes d'Hercule jusqu'au Caucase ; et il est fugitif, errant, sans asile ; sa puissance s'est débordée comme le flux de la mer, et s'est retirée comme le reflux.

Comment expliquer les fautes de cet insensé ? Nous ne parlons pas encore de ses crimes.

Une révolution, préparée par la corruption des mœurs et par les égarements de l'esprit, éclate parmi nous. Au nom des lois, on renverse la religion et la morale; on renonce à l'expérience et aux coutumes de nos pères; on brise les tombeaux des aïeux, base sacrée de tout gouvernement durable, pour fonder sur une raison incertaine une société sans passé et sans avenir. Errant dans nos propres folies, ayant perdu toute idée claire du juste et de l'injuste, du bien et du mal, nous parcourûmes les diverses formes des constitutions républicaines. Nous appelâmes la populace à délibérer au milieu des rues de Paris, sur les grands objets que le peuple romain venoit discuter au Forum, après avoir déposé ses armes et s'être baigné dans les flots du Tibre. Alors sortirent de leurs repaires tous ces rois demi-nus, salis et abrutis par l'indigence, enlaidis et mutilés par leurs travaux, n'ayant pour toute vertu que l'insolence de la misère et l'orgueil de haillons. La patrie tombée en de pareilles mains fut bientôt couverte de plaies. Que nous resta-t-il de nos fureurs et de nos chimères? des crimes et des chaînes!

Mais du moins le but que l'on sembloit se proposer alors étoit noble. La liberté ne doit point être accusée des forfaits que l'on commit sous son nom; la vraie philosophie n'est point la mère des doctrines empoisonnées que répandent les faux sages. Éclairés par l'expérience, nous sentîmes enfin que le gouvernement monarchique étoit le seul qui pût convenir à notre patrie.

Il eût été naturel de rappeler nos princes légitimes; mais nous crûmes nos fautes trop grandes pour être pardonnées. Nous ne songeâmes pas que le cœur d'un fils de saint Louis est un trésor inépuisable de miséricorde. Les uns craignoient pour leur vie, les autres pour leurs richesses. Surtout il en coûtoit trop à l'orgueil humain d'avouer qu'il s'étoit trompé. Quoi! tant de massacres, de bouleversements, de malheurs, pour revenir au point d'où l'on étoit parti! Les passions encore émues, les prétentions de toutes les espèces ne pouvoient renoncer à cette égalité chimérique, cause principale de nos maux. De grandes raisons nous poussoient; de petites raisons nous retinrent : la félicité publique fut sacrifiée à l'intérêt personnel, et la justice à la vanité.

Il fallut donc songer à établir un chef suprême qui fût l'enfant de la révolution, un chef en qui la loi, corrompue dans sa source, protégeât la corruption et fît alliance avec elle. Des magistrats intègres, fermes et courageux, des capitaines renommés par leur probité autant que pour leurs talents, s'étoient formés au milieu de nos discordes; mais on ne leur offrit point un pouvoir que leurs principes leur auroient défendu d'accepter. On désespéra de trouver parmi les François un front qui osât porter la couronne de Louis XVI. Un étranger se présenta : il fut choisi.

Buonaparte n'annonça pas ouvertement ses projets; son caractère ne se développa que par degrés. Sous le titre modeste de consul, il accoutuma d'abord les esprits indépendants à ne pas s'effrayer du pouvoir qu'ils avoient donné. Il se concilia les vrais François, en se proclamant le restaurateur de l'ordre, des lois et de la religion. Les plus sages y furent pris, les plus clairvoyants trompés. Les républicains regardoient Buonaparte comme leur ouvrage et comme le chef populaire d'un état libre. Les royalistes croyoient qu'il jouoit le rôle de Monk, et s'empressoient de le servir. Tout le monde espéroit en lui. Des victoires éclatantes, dues à la bravoure des François, l'environnèrent de gloire. Alors il s'enivra de ses succès, et son penchant au mal commença à se déclarer. L'avenir doutera si cet homme a été plus coupable par le mal qu'il a fait que par le bien qu'il eût pu faire et qu'il n'a pas fait. Jamais usurpateur n'eut un rôle plus facile et plus brillant à remplir. Avec un peu de modération il pouvoit établir lui et sa race sur le premier trône de l'univers. Personne ne lui disputoit ce trône : les générations nées depuis la révolution ne connoissoient point nos anciens maîtres, et n'avoient vu que des troubles et des malheurs. La France et l'Europe étoient lassées; on ne soupiroit qu'après le repos; on l'eût acheté à tout prix. Mais Dieu ne voulut pas qu'un si dangereux exemple fût donné au monde, qu'un aventurier pût troubler l'ordre des successions royales, se faire l'héritier des héros, et profiter dans un seul jour de la dépouille du génie, de la gloire et du temps. Au défaut des droits de la naissance, un usurpateur ne peut légitimer ses prétentions au trône que par des vertus : dans ce cas, Buonaparte n'avoit rien pour lui, hors des talents militaires, égalés, sinon même surpassés par ceux de plusieurs de nos généraux. Pour le perdre, il a suffi à la Providence de l'abandonner et de le livrer à sa propre folie.

Un roi de France disoit que « si la bonne foi étoit bannie du milieu des hommes, elle devroit se retrouver dans le cœur des rois : » cette qualité d'une âme royale manqua surtout à Buonaparte. Les premières victimes connues de la perfidie du tyran furent deux chefs des royalistes de la Normandie. MM. de Frotté et le baron de Commarque eurent la noble imprudence de se rendre à une conférence où on les attira sur la foi d'une promesse; ils furent arrêtés et fusillés. Peu de temps après, Toussaint-Louverture fut enlevé par trahison en Amérique, et probablement étranglé dans le château où on l'enferma en Europe.

Bientôt un meurtre plus fameux consterna le monde civilisé. On crut voir renaître ces temps de barbarie du moyen âge, ces scènes que l'on ne trouve plus que dans les romans, ces catastrophes que les guerres de l'Italie et la politique de Machiavel avoient rendues familières au-delà des Alpes. L'étranger, qui n'étoit point encore roi, voulut avoir le corps sanglant d'un François pour marchepied du trône de France. Et quel François, grand Dieu! Tout fut violé pour commettre ce crime : droit des gens, justice, religion, humanité. Le duc d'Enghien est arrêté en pleine paix sur un sol étranger. Lorsqu'il avoit quitté la France, il étoit trop jeune pour la bien connoître : c'est du fond d'une chaise de poste, entre deux gendarmes, qu'il voit, comme pour la première fois, la terre de sa patrie, et qu'il traverse, pour mourir, les champs illustrés par ses aïeux. Il arrive au milieu de la nuit au donjon de Vincennes. A la lueur des flambeaux, sous les voûtes d'une prison, le petit-fils du grand Condé est déclaré coupable d'avoir comparu sur des champs de bataille : convaincu de ce crime héréditaire, il est aussitôt condamné. En vain il demande à parler à Buonaparte (ô simplicité aussi touchante qu'héroïque!) le brave jeune homme étoit un des plus grands admirateurs de son meurtrier : il ne pouvoit croire qu'un capitaine voulût assassiner un soldat. Encore tout exténué de faim et de fatigue, on le fait descendre dans les ravins du château ; il y trouve une fosse nouvellement creusée. On le dépouille de son habit ; on lui attache sur la poitrine une lanterne pour l'apercevoir dans les ténèbres, et pour mieux diriger la balle au cœur. Il demande un confesseur ; il prie ses bourreaux de transmettre les dernières marques de son souvenir à ses amis : on l'insulte par des paroles grossières. On commande le feu ; le duc d'Enghien tombe : sans témoins, sans consolation, au milieu de sa patrie, à quelques lieues de Chantilly, à quelques pas de ces vieux arbres sous lesquels le saint roi Louis rendoit la justice à ses sujets, dans la prison où

M. le prince fut renfermé, le jeune, le beau, le brave, le dernier rejeton du vainqueur de Rocroy, meurt comme seroit mort le grand Condé, et comme ne mourra pas son assassin. Son corps est enterré furtivement, et Bossuet ne renaîtra point pour parler sur ses cendres.

Il ne reste à celui qui s'est abaissé au-dessous de l'espèce humaine par un crime, qu'à affecter de se placer au-dessus de l'humanité par ses desseins, qu'à donner pour prétexte à un forfait des raisons inaccessibles au vulgaire, qu'à faire passer un abîme d'iniquités pour la profondeur du génie. Buonaparte eut recours à cette misérable assurance qui ne trompe personne, et qui ne vaut pas un simple repentir : ne pouvant cacher son crime, il le publia.

Quand on entendit crier dans Paris l'arrêt de mort, il y eut un mouvement d'horreur que personne ne dissimula. On se demanda de quel droit un étranger venoit de verser le plus beau comme le plus pur sang de la France. Croyoit-il pouvoir remplacer par sa famille la famille qu'il venoit d'éteindre ? Les militaires surtout frémirent : ce nom de Condé sembloit leur appartenir en propre, et représenter pour eux l'honneur de l'armée françoise. Nos grenadiers avoient plusieurs fois rencontré les trois générations de héros dans la mêlée, le prince de Condé, le duc de Bourbon et le duc d'Enghien ; ils avoient même blessé le duc de Bourbon, mais l'épée d'un François ne pouvoit épuiser ce noble sang : il n'appartenoit qu'à un étranger d'en tarir la source.

MÉLANGES POLITIQUES. T. I. 2

Chaque nation a ses vices. Ceux des François ne sont pas la trahison, la noirceur et l'ingratitude. Le meurtre du duc d'Enghien, la torture et l'assassinat de Pichegru, la guerre d'Espagne et la captivité du pape, décèlent dans Buonaparte une nature étrangère à la France. Malgré le poids des chaînes dont nous étions accablés, sensibles aux malheurs autant qu'à la gloire, nous avons pleuré le duc d'Enghien, Pichegru, Georges et Moreau; nous avons admiré Sarragosse, et environné d'hommages un pontife chargé de fers. Celui qui priva de ses États le prêtre vénérable dont la main l'avoit marqué du sceau des rois, celui qui à Fontainebleau osa, dit-on, frapper le souverain pontife, traîner par ses cheveux blancs le père des fidèles, celui-là crut peut-être remporter une nouvelle victoire : il ne savoit pas qu'il restoit à l'héritier de Jésus-Christ ce sceptre de roseau et cette couronne d'épines qui triomphent tôt ou tard de la puissance du méchant.

Le temps viendra, je l'espère, où les François libres déclareront par un acte solennel qu'ils n'ont point pris de part à ces crimes de la tyrannie; que le meurtre du duc d'Enghien, la captivité du pape et la guerre d'Espagne, sont des actes impies, sacriléges, odieux, anti-françois surtout, et dont la honte ne doit retomber que sur la tête de *l'étranger*.

Buonaparte profita de l'épouvante que l'assassinat de Vincennes jeta parmi nous pour franchir le dernier pas et s'asseoir sur le trône.

Alors commencèrent les grandes saturnales de la royauté : les crimes, l'oppression, l'esclavage marchèrent d'un pas égal avec la folie. Toute liberté expire, tout sentiment honorable, toute pensée généreuse, deviennent des conspirations contre l'État. Si on parle de vertu, on est suspect; louer une belle action, c'est une injure faite au prince. Les mots changent d'acception : un peuple qui combat pour ses souverains légitimes est un peuple rebelle; un traître est un sujet fidèle; la France entière devient l'empire du mensonge : journaux, pamphlets, discours, prose et vers, tout déguise la vérité. S'il a fait de la pluie, on assure qu'il a fait du soleil; si le tyran s'est promené au milieu du peuple muet, il s'est avancé, dit-on, au milieu des acclamations de la foule. Le but unique, c'est le prince : la morale consiste à se dévouer à ses caprices, le devoir à le louer. Il faut surtout se récrier d'admiration lorsqu'il a fait une faute ou commis un crime. Les gens de lettres sont forcés par des menaces à célébrer le despote. Ils composoient, ils capituloient sur le degré de la louange : heureux quand, au prix de quelques lieux communs sur la gloire des armes, ils avoient acheté le droit de pousser quelques soupirs, de dénoncer quelques crimes, de rappeler quelques vérités proscrites! Aucun livre ne pouvoit paroître sans être marqué de l'éloge de Buonaparte, comme du timbre de l'esclavage; dans les nouvelles éditions des anciens auteurs, la censure faisoit retrancher tous les passages contre les conquérants, la servitude et la tyrannie; comme le Directoire avoit eu dessein de faire corriger dans les mêmes auteurs tout ce qui parloit de la monarchie et des rois. Les almanachs étoient examinés avec soin; et la conscription forma un article de foi dans le catéchisme. Dans les arts, même servitude : Buonaparte empoisonne les pestiférés de Jaffa; on fait un tableau qui le représente touchant, par excès de courage et d'humanité, ces mêmes pestiférés. Ce n'étoit pas ainsi que saint Louis guérissoit les malades qu'une confiance touchante et religieuse présentoit à ses mains royales. Au reste, ne parlez point d'opinion publique : la maxime est que le souverain doit en disposer chaque matin. Il y avoit à la police perfectionnée par Buonaparte un comité chargé de donner la direction aux esprits, et à la tête de ce comité un directeur de l'opinion publique. L'imposture et le silence étoient les deux grands moyens employés pour tenir le peuple dans l'erreur. Si vos enfants meurent sur le champ de bataille, croyez-vous qu'on fasse assez de cas de vous pour vous dire ce qu'ils sont devenus? On vous taira les événements les plus importants à la patrie, à l'Europe, au monde entier. Les ennemis sont à Meaux : vous ne l'apprenez que par la fuite des gens de la campagne ; on vous enveloppe de ténèbres; on se joue de vos inquiétudes; on rit de vos douleurs; on méprise ce que vous pouvez sentir et penser. Vous voulez élever la voix, un espion vous dénonce, un gendarme vous arrête, une commission militaire vous juge : on vous casse la tête, et on vous oublie.

Ce n'étoit pas tout d'enchaîner les pères, il falloit encore disposer des enfants. On a vu des mères accourir des extrémités de l'empire, et venir réclamer, en fondant en larmes, les fils que le gouvernement leur avoit enlevés. Ces enfants étoient placés dans des écoles où, rassemblés au son du tambour, ils devenoient irréligieux, débauchés, contempteurs des vertus domestiques. Si de sages et dignes maîtres osoient rappeler la vieille expérience et les leçons de la morale, ils étoient aussitôt dénoncés comme des traîtres, des fanatiques, des ennemis de la philosophie et du progrès des lumières. L'autorité paternelle, respectée par les plus affreux tyrans de l'antiquité, étoit traitée par Buonaparte d'abus et de préjugés. Il vouloit faire de nos fils des espèces de Mamelouks sans Dieu, sans famille et sans patrie. Il semble que cet ennemi de tout s'attachât à détruire la France par ses fondements. Il a plus corrompu les hommes, plus fait de mal au genre humain dans le court espace de dix années, que tous les tyrans de Rome ensemble, depuis Néron jusqu'au dernier persécuteur des chrétiens. Les principes qui servoient de base à son administration passoient de son gouvernement dans les différentes classes de la société; car un gouvernement pervers introduit le vice chez les peuples, comme un gouvernement sage fait fructifier la vertu. L'irréligion, le goût des jouissances et des dépenses au-dessus de la fortune, le mépris des liens moraux, l'esprit d'aventure, de violence et de domination descendoient du trône dans les familles. Encore quelque temps d'un pareil règne, et la France n'eût plus été qu'une caverne de brigands.

Les crimes de notre révolution républicaine étoient l'ouvrage des passions, qui laissent toujours des ressources : il y avoit désordre et non pas destruction dans la société. La morale étoit blessée, mais elle n'étoit pas anéantie. La conscience avoit ses remords; une indifférence destructive ne confondoit point l'innocent et le coupable : aussi les malheurs de ce temps auroient pu être promptement réparés. Mais comment guérir la plaie faite par un gouvernement qui posoit en principe le despotisme; qui, ne parlant que de morale et de religion, détruisoit sans cesse la morale et la religion par ses institutions et ses mépris; qui ne cherchoit point à fonder l'ordre sur le devoir et sur la loi, mais sur la force et sur les espions de police; qui prenoit la stupeur de l'esclavage pour la paix d'une société bien organisée, fidèle aux coutumes de ses pères, et marchant en silence dans le sentier des antiques vertus? Les révolutions les plus terribles sont préférables à un pareil état. Si les guerres civiles produisent les crimes publics, elles enfantent au moins les vertus privées, les talents et les grands hommes. C'est dans le despotisme que disparoissent les empires : en abusant de tous les moyens, en tuant les âmes encore plus que les corps, il amène tôt ou tard la dissolution et la conquête. Il n'y a point d'exemple d'une nation libre qui ait péri par une guerre entre les citoyens; et toujours un État courbé sous ses propres orages s'est relevé plus florissant.

On a vanté l'administration de Buonaparte : si

l'administration consiste dans des chiffres; si, pour bien gouverner, il suffit de savoir combien une province produit en blé, en vin, en huile, quel est le dernier écu qu'on peut lever, le dernier homme qu'on peut prendre, certes Buonaparte étoit un grand administrateur; il est impossible de mieux organiser le mal, de mettre plus d'ordre dans le désordre. Mais si la meilleure administration est celle qui laisse un peuple en paix, qui nourrit en lui des sentiments de justice et de pitié, qui est avare du sang des hommes, qui respecte les droits des citoyens, les propriétés des familles, certes le gouvernement de Buonaparte étoit le pire des gouvernements.

Et encore que de fautes et d'erreurs dans son propre système! L'administration la plus dispendieuse engloutissoit une partie des revenus de l'État. Des armées de douaniers et de receveurs dévoroient les impôts qu'ils étoient chargés de lever. Il n'y avoit pas de si petit chef de bureau qui n'eût sous lui cinq ou six commis. Buonaparte sembloit avoir déclaré la guerre au commerce. S'il naissoit en France quelque branche d'industrie, il s'en emparoit, et elle séchoit entre ses mains. Les tabacs, les sels, les laines, les denrées coloniales, tout étoit pour lui l'objet d'un monopole; il s'étoit fait l'unique marchand de son empire. Il avoit, par des combinaisons absurdes, ou plutôt par une ignorance et un dégoût décidé de la marine, achevé de perdre nos colonies et d'anéantir nos flottes. Il bâtissoit de grands vaisseaux qui pourissoient dans les ports, ou qu'il désarmoit lui-même pour subvenir aux besoins de son armée de terre. Cent frégates, répandues dans toutes les mers, auroient pu faire un mal considérable aux ennemis, former des matelots à la France, protéger nos bâtiments marchands : ces premières notions du bon sens n'entroient pas même dans la tête de Buonaparte. On ne doit point attribuer à ses lois les progrès de notre agriculture; ils sont dus au partage des grandes propriétés, à l'abolition de quelques droits féodaux, et à plusieurs autres causes produites par la révolution. Tous les jours cet homme inquiet et bizarre fatiguoit un peuple qui n'avoit besoin que de repos par des décrets contradictoires, et souvent inexécutables : il violoit le soir la loi qu'il avoit faite le matin. Il a dévoré en dix ans 15 milliards d'impôts [1], ce qui surpasse la somme des taxes levées pendant les soixante-treize années du règne de Louis XIV. La dépouille du monde, 1,500 millions de revenu ne lui suffisoient pas; il n'étoit occupé qu'à grossir son trésor par les mesures les plus iniques. Chaque préfet, chaque sous-préfet, chaque maire avoit le droit d'augmenter les entrées des villes, de mettre des centimes additionnels sur les bourgs, les villages et les hameaux, de demander à tel propriétaire une somme arbitraire pour tel ou tel prétendu besoin. La France entière étoit au pillage. Les infirmités, l'indigence, la mort, l'éducation, les arts, les

[1] Tous ces calculs ne sont qu'*approximatifs* : je ne me pique nullement de donner des comptes rigoureux par francs et par centimes.

sciences, tout payoit un tribut au prince. Vous aviez un fils estropié, cul-de-jatte, incapable de servir : une loi de la conscription vous obligeoit à donner 1,500 francs pour vous consoler de ce malheur. Quelquefois le conscrit malade mouroit avant d'avoir subi l'examen du capitaine de recrutement. Vous supposiez alors le père exempt de payer les 1,500 francs de la réforme ? Point du tout. Si la déclaration de l'infirmité avoit été faite avant l'accident de la mort, le conscrit se trouvant vivant au moment de la déclaration, le père étoit obligé de compter la somme sur le tombeau de son fils. Le pauvre vouloit-il donner quelque éducation à l'un de ses enfants, il falloit qu'il comptât d'abord une somme à l'université, plus une redevance sur la pension donnée au maître. Un auteur moderne citoit-il un ancien auteur, comme les ouvrages de ce dernier étoient tombés dans ce qu'on appeloit le *domaine public*, la censure exigeoit un centime par feuille de citation. Si vous traduisiez en citant, vous ne payiez qu'un demi-centime par feuille, parce qu'alors la citation étoit du *domaine mixte*; la moitié appartenant au travail du traducteur vivant et l'autre moitié à l'auteur mort. Lorsque Buonaparte fit distribuer des aliments aux pauvres dans l'hiver de 1812, on crut qu'il tiroit cette générosité de son épargne : il leva à cette occasion des centimes additionnels, et gagna 4 millions sur la soupe des pauvres. Enfin, on l'a vu s'emparer de l'administration des funérailles : il étoit digne du destructeur des François de lever un impôt sur

leurs cadavres. Et comment auroit-on réclamé la protection des lois puisque c'étoit lui qui les faisoit ? Le corps législatif a osé parler une fois, et il a été dissous. Un seul article des nouveaux codes détruisoit rapidement la propriété. Un administrateur du domaine pouvoit vous dire : « Votre pro-
« priété est domaniale ou nationale. Je la mets pro-
« visoirement sous le séquestre : allez et plaidez. Si
« le domaine a tort, on vous rendra votre bien. » Et à qui aviez-vous recours en ce cas ? aux tribunaux ordinaires ? non : ces causes étoient réservées à l'examen du conseil d'État, et plaidées devant l'empereur, qui étoit ainsi juge et partie.

Si la propriété étoit incertaine, la liberté civile étoit encore moins assurée. Qu'y avoit-il de plus monstrueux que cette commission nommée pour inspecter les prisons, et sur le rapport de laquelle un homme pouvoit être détenu toute sa vie dans les cachots, sans instruction, sans procès, sans jugement, mis à la torture, fusillé la nuit, étranglé entre deux guichets ? Au milieu de tout cela, Buonaparte faisoit nommer chaque année des commissions de la liberté de la presse et de la liberté individuelle : Tibère ne s'est jamais joué à ce point de l'espèce humaine.

Enfin la conscription faisoit comme le couronnement de ses œuvres de despotisme. La Scandinavie, appelée par un historien la *fabrique du genre humain*, n'auroit pu fournir assez d'hommes à cette loi homicide. Le code de la conscription sera un monument éternel du règne de Buonaparte. Là se trouve réuni tout ce que la tyrannie la plus subtile et la plus ingénieuse peut imaginer pour tourmenter et dévorer les peuples : c'est véritablement le code de l'enfer. Les générations de la France étoient mises en coupe réglée comme les arbres d'une forêt : chaque année quatre-vingt mille jeunes gens étoient abattus. Mais ce n'étoit là que la coupe régulière : souvent la conscription étoit doublée ou fortifiée par des levées extraordinaires ; souvent elle dévoroit d'avance les futures victimes, comme un dissipateur emprunte sur le revenu à venir. On avoit fini par prendre sans compter : l'âge légal, les qualités requises pour mourir sur un champ de bataille n'étoient plus considérés ; et l'inexorable loi montroit à cet égard une merveilleuse indulgence. On remontoit vers l'enfance ; on descendoit vers la vieillesse : le réformé, le remplacé, étoient repris ; tel fils d'un pauvre artisan, racheté trois fois au prix de la petite fortune de son père, étoit obligé de marcher. Les maladies, les infirmités, les défauts du corps n'étoient plus une raison de salut. Des colonnes mobiles parcouroient nos provinces comme un pays ennemi, pour enlever au peuple ses derniers enfants. Si l'on se plaignoit de ces ravages, on répondoit que les colonnes mobiles étoient composées de beaux gendarmes qui consoleroient leurs mères et leur rendroient ce qu'elles avoient perdu. Au défaut du frère absent, on prenoit le frère présent. Le père répondoit pour le fils, la femme pour le mari : la responsabilité s'étendoit aux parents les plus éloignés et jusqu'aux voisins.

Un village devenoit solidaire pour le conscrit qu'il avoit vu naître. Des garnisaires s'établissoient chez le paysan, et le forçoient de vendre son lit pour les nourrir : pour s'en délivrer il falloit qu'il trouvât le conscrit caché dans les bois. L'absurde se mêloit à l'atroce : souvent on demandoit des enfants à ceux qui étoient assez heureux pour n'avoir point de postérité ; on employoit la violence pour découvrir le porteur d'un nom qui n'existoit que sur le rôle des gendarmes, ou pour avoir un conscrit qui servoit déjà depuis cinq ou six ans. Des femmes grosses ont été mises à la torture, afin qu'elles révélassent le lieu où se tenoit caché le premier né de leurs entrailles ; des pères ont apporté le cadavre de leur fils, pour prouver qu'ils ne pouvoient fournir ce fils vivant. Il restoit encore quelques familles dont les enfants plus riches s'étoient rachetés ; ils se destinoient à former un jour des magistrats, des administrateurs, des savants, des propriétaires, si utiles à l'ordre social dans un grand pays : par le décret des gardes d'honneur, on les a enveloppés dans le massacre universel. On en étoit venu à ce point de mépris pour la vie des hommes et pour la France, d'appeler les conscrits la *matière première* et la *chair à canon*. On agitoit quelquefois cette grande question parmi les pourvoyeurs de chair humaine : savoir combien de temps *duroit* un conscrit ; les uns prétendoient qu'il duroit trente-trois mois, les autres trente-six. Buonaparte disoit lui-même : *J'ai trois cent mille hommes de revenu*. Il a fait périr, dans les onze années de son règne, plus de cinq millions de François, ce qui surpasse le nombre de ceux que nos guerres civiles ont enlevés pendant trois siècles, sous les règnes de Jean, de Charles V, de Charles VI, de Charles VII, de Henri II, de François II, de Charles IX, de Henri III et de Henri IV. Dans les douze derniers mois qui viennent de s'écouler, Buonaparte a levé (sans compter la garde nationale) treize cent mille hommes, ce qui est plus de cent mille hommes par mois : et on a osé lui dire qu'il n'avoit dépensé que le luxe de la population.

Il étoit aisé de prévoir ce qui est arrivé : tous les hommes sages disoient que la conscription, en épuisant la France, l'exposeroit à l'invasion aussitôt qu'elle seroit sérieusement attaquée. Saigné à blanc par le bourreau, ce corps, vide de sang, n'a pu faire qu'une foible résistance; mais la perte des hommes n'étoit pas le plus grand mal que faisoit la conscription : elle tendoit à nous replonger nous et l'Europe entière dans la barbarie. Par la conscription, les métiers, les arts et les lettres sont inévitablement détruits. Un jeune homme qui doit mourir à dix-huit ans ne peut se livrer à aucune étude. Les nations voisines, obligées, pour se défendre, de recourir aux mêmes moyens que nous, abandonnoient à leur tour les avantages de la civilisation; et tous les peuples précipités les uns sur les autres, comme au siècle des Goths et des Vandales, auroient vu renaître les malheurs de ces temps. En brisant les liens de la société générale, la conscription anéantissoit aussi ceux de la famille.

Accoutumés dès leur berceau à se regarder comme des victimes dévouées à la mort, les enfants n'obéissoient plus à leurs parents; ils devenoient paresseux, vagabonds et débauchés, en attendant le jour où ils alloient piller et égorger le monde. Quel principe de religion et de morale auroit eu le temps de prendre racine dans leur cœur? De leur côté, les pères et les mères, dans la classe du peuple, n'attachoient plus leurs affections, ne donnoient plus leurs soins à des enfants qu'ils se préparoient à perdre, qui n'étoient plus leur richesse et leur appui, et qui ne devenoient pour eux qu'un objet de douleur et un fardeau. De là cet endurcissement de l'âme, cet oubli de tous les sentiments naturels, qui mènent à l'égoïsme, à l'insouciance du bien et du mal, à l'indifférence pour la patrie, qui éteignent la conscience et le remords, qui vouent un peuple à la servitude, en lui ôtant l'horreur du vice et l'admiration pour la vertu.

Telle étoit l'administration de Buonaparte pour l'intérieur de la France.

Examinons au dehors la marche de son gouvernement, cette politique dont il étoit si fier, et qu'il définissoit ainsi : *La politique, c'est jouer aux hommes.* Hé bien ! il a tout perdu à ce jeu abominable, et c'est la France qui a payé sa perte.

Pour commencer par son système continental, ce système, d'un fou ou d'un enfant, n'étoit point d'abord le but réel de ses guerres; il n'en étoit que le prétexte. Il vouloit être le maître de la terre en ne parlant que de la liberté des mers. Et ce système insensé, a-t-il fait ce qu'il falloit pour l'établir? Par les deux grandes fautes qui, comme nous le dirons après, ont fait échouer ses projets sur l'Espagne et sur la Russie, n'a-t-il pas manqué aussi de fermer les ports de la Méditerranée et de la Baltique? N'a-t-il pas donné toutes les colonies du monde aux Anglois? Ne leur a-t-il pas ouvert au Pérou, au Mexique, au Brésil, un marché plus considérable que celui qu'il vouloit leur fermer en Europe? chose si vraie, que la guerre a enrichi le peuple qu'il prétendoit ruiner. L'Europe n'emploie que quelques superfluités de l'Angleterre; le fond des nations européennes trouve dans ses propres manufactures de quoi suffire à ses principales nécessités. En Amérique, au contraire, les peuples ont besoin de tout, depuis le premier jusqu'au dernier vêtement; et dix millions d'Américains consomment plus de marchandises angloises que trente millions d'Européens. Je ne parle point de l'importation de l'argent du Mexique aux Indes, du monopole du cacao, du quinquina, de la cochenille et de mille autres objets de spéculation, devenus une nouvelle source de richesse pour les Anglois. Et quand Buonaparte auroit réussi à fermer les ports de l'Espagne et de la Baltique, il falloit donc ensuite fermer ceux de la Grèce, de Constantinople, de la Syrie, de la Barbarie : c'étoit prendre l'engagement de conquérir le monde. Tandis qu'il eût tenté de nouvelles conquêtes, les peuples déjà soumis, ne pouvant échanger le produit de leur sol et de leur industrie, auroient secoué le joug et rouvert leurs ports. Tout cela n'offre que vues fausses, qu'entreprises petites à force d'être gigantesques, défaut de raison et de bon sens, rêves d'un fou et d'un furieux.

Quant à ses guerres, à sa conduite avec les cabinets de l'Europe, le moindre examen en détruit le prestige. Un homme n'est pas grand par ce qu'il entreprend, mais par ce qu'il exécute. Tout homme peut rêver la conquête du monde : Alexandre seul l'accomplit. Buonaparte gouvernoit l'Espagne comme une province dont il pompoit le sang et l'or. Il ne se contente pas de cela : il veut encore régner personnellement sur le trône de Charles IV. Que fait-il alors? Par la politique la plus noire, il sème d'abord des germes de division dans la famille royale; ensuite il enlève cette famille, au mépris de toutes les lois humaines et divines; il envahit subitement le territoire d'un peuple fidèle, qui venoit de combattre pour lui à Trafalgar. Il insulte au génie de ce peuple, massacre ses prêtres, blesse l'orgueil castillan, soulève contre lui les descendants du Cid et du grand capitaine. Aussitôt Sarragosse célèbre la messe de ses propres funérailles et s'ensevelit sous ses ruines; les chrétiens de Pélasge descendent des Asturies : le nouveau Maure est chassé. Cette guerre ranime en Europe l'esprit des peuples, donne à la France une frontière de plus à défendre, crée une armée de terre aux Anglois, les ramène après quatre siècles dans les champs de Poitiers, et leur livre les trésors du Mexique.

Si, au lieu d'avoir recours à ces ruses dignes de Borgia, Buonaparte, par une politique toujours criminelle, mais plus habile, eût, sous un prétexte quelconque, déclaré la guerre au roi d'Espagne; s'il se fût annoncé comme le vengeur des Castillans opprimés par le prince de la Paix; s'il eût caressé la fierté espagnole, ménagé les ordres religieux, il est probable qu'il eût réussi. « Ce ne sont pas les « Espagnols que je veux, disoit-il dans sa fureur, « c'est l'Espagne. » Eh bien! cette terre l'a rejeté. L'incendie de Burgos a produit l'incendie de Moscou, et la conquête de l'Alhambra a amené les Russes au Louvre. Grande et terrible leçon !

Même faute pour la Russie : au mois d'octobre 1812, s'il s'étoit arrêté sur les bords de la Duna; s'il se fût contenté de prendre Riga, de cantonner pendant l'hiver son armée de cinq cent mille hommes, d'organiser la Pologne derrière lui, au retour du printemps, il eût peut-être mis en péril l'empire des czars. Au lieu de cela, il marche à Moscou par un seul chemin, sans magasins, sans ressource. Il arrive : les vainqueurs de Pultawa embrasent leur ville sainte. Buonaparte s'endort un mois au milieu des ruines et des cendres; il semble oublier le retour des saisons et la rigueur du climat, il se laisse amuser par des propositions de paix; il ignore assez le cœur humain pour croire que des peuples qui ont eux-mêmes brûlé leur capitale, afin d'échapper à l'esclavage, vont capituler sur les ruines fumantes de leurs maisons. Ses généraux lui crient qu'il est temps de se retirer. Il part, jurant comme un enfant furieux qu'il reparoîtra bientôt avec une armée dont l'*avant-garde seule sera composée de trois cent mille soldats.* Dieu envoie un souffle de sa colère : tout périt; il ne nous revient qu'un homme !

Absurde en administration, criminel en politique, qu'avoit-il donc pour séduire les François, cet étranger? Sa gloire militaire? Eh bien! il en est dépouillé. C'est, en effet, un grand gagneur de batailles; mais hors de là, le moindre général est plus habile que lui. Il n'entend rien aux retraites et à la chicane du terrain; il est impatient, incapable d'attendre long-temps un résultat, fruit d'une longue combinaison militaire; il ne sait qu'aller en avant, faire des pointes, courir, remporter des victoires, comme on l'a dit, à *coups d'hommes*, sacrifier tout pour un succès, sans s'embarrasser d'un revers, tuer la moitié de ses soldats par des marches au-dessus des forces humaines. Peu importe : n'a-t-il pas la conscription et la *matière première!* On a cru qu'il avoit perfectionné l'art de la guerre, et il est certain qu'il l'a fait rétrograder vers l'enfance de l'art[1]. Le chef-d'œuvre de l'art militaire, chez les peuples civilisés, c'est évidemment de défendre un grand pays avec une petite armée; de laisser reposer plusieurs milliers d'hommes derrière soixante ou quatre-vingt mille soldats; de sorte que le laboureur qui cultive en paix son sillon sait à peine qu'on se bat à quelques lieues de sa chau-

---

[1] Il est vrai pourtant qu'il a perfectionné ce qu'on appelle l'administration des armées et le matériel de la guerre.

mière. L'empire romain étoit gardé par cent cinquante mille hommes, et César n'avoit que quelques légions à Pharsale. Qu'il nous défende donc aujourd'hui dans nos foyers, ce vainqueur du monde! Quoi! tout son génie l'a-t-il soudainement abandonné? Par quel enchantement cette France, que Louis XIV avoit environnée de forteresses, que Vauban avoit fermée comme un beau jardin, est-elle envahie de toutes parts? Où sont les garnisons de ses places-frontières? Il n'y en a point. Où sont les canons de ses remparts? Tout est désarmé, même les vaisseaux de Brest, de Toulon et de Rochefort. Si Buonaparte eût voulu nous livrer sans défense aux puissances coalisées, s'il nous eût vendus, s'il eût conspiré secrètement contre les François, eût-il agi autrement? En moins de seize mois, deux milliards de numéraire, quatorze cent mille hommes, tout le matériel de nos armées et de nos places, sont engloutis dans les bois de l'Allemagne et dans les déserts de la Russie. A Dresde, Buonaparte commet fautes sur fautes, oubliant que si les crimes ne sont quelquefois punis que dans l'autre monde, les fautes le sont toujours dans celui-ci. Il montre l'ignorance la plus incompréhensible de ce qui se passe dans les cabinets, s'obstine à rester sur l'Elbe, est battu à Leipsick, et refuse une paix honorable qu'on lui propose. Plein de désespoir et de rage, il sort pour la dernière fois du palais de nos rois, va brûler, par un esprit de justice et d'ingratitude, le village où ces mêmes rois eurent le malheur de le nourrir, n'oppose aux ennemis qu'une activité

3.

sans plan, éprouve un dernier revers, fuit encore, et délivre enfin la capitale du monde civilisé de son odieuse présence.

La plume d'un François se refusoit à peindre l'horreur de ses champs de bataille; un homme blessé devient pour Buonaparte un fardeau : tant mieux s'il meurt, on en est débarrassé. Des monceaux de soldats mutilés, jetés pêle-mêle dans un coin, restent quelquefois des jours et des semaines sans être pansés : il n'y a plus d'hôpitaux assez vastes pour contenir les malades d'une armée de sept ou huit cent mille hommes, plus assez de chirurgiens pour les soigner. Nulle précaution prise pour eux par le bourreau des François : souvent point de pharmacie, point d'ambulance, quelquefois même pas d'instruments pour couper les membres fracassés. Dans la campagne de Moscou, faute de charpie, on pansoit les blessés avec du foin; le foin manqua, ils moururent. On vit errer cinq cent mille guerriers, vainqueurs de l'Europe, la gloire de la France; on les vit errer parmi les neiges et les déserts, s'appuyant sur des branches de pin, car ils n'avoient plus la force de porter leurs armes, et couverts, pour tout vêtement, de la peau sanglante des chevaux qui avoient servi à leur dernier repas. De vieux capitaines, les cheveux et la barbe hérissés de glaçons, s'abaissoient jusqu'à caresser le soldat à qui il étoit resté quelque nourriture, pour en obtenir une chétive partie : tant ils éprouvoient les tourments de la faim ! Des escadrons entiers, hommes et chevaux, étoient gelés

pendant la nuit; et le matin on voyoit encore ces fantômes debout au milieu des frimas. Les seuls témoins des souffrances de nos soldats, dans ces solitudes, étoient des bandes de corbeaux et des meutes de lévriers blancs demi-sauvages, qui suivoient notre armée pour en dévorer les débris. L'empereur de Russie a fait faire au printemps la recherche des morts : on a compté deux cent quarante-trois mille six cent dix cadavres d'hommes, et cent vingt-trois mille cent trente trois de chevaux[1]. La peste militaire, qui avoit disparu depuis que la guerre ne se faisoit plus qu'avec un petit nombre d'hommes, cette peste a reparu avec la conscription, les armées d'un million de soldats et les flots de sang humain : et que faisoit le destructeur de nos pères, de nos frères, de nos fils, quand il moissonnoit ainsi la fleur de la France ? Il fuyoit ! il venoit aux Tuileries dire, en se frottant les mains au coin du feu : *Il fait meilleur ici que sur les bords de la Bérésina.* Pas un mot de consolation aux épouses, aux mères en larmes dont il étoit entouré; pas un regret, pas un mouvement d'attendrissement, pas un remords, pas un seul aveu de sa folie. Les Tigellins disoient : « Ce qu'il y a d'heu-
« reux dans cette retraite, c'est que l'Empereur n'a
« manqué de rien; il a toujours été bien nourri,
« bien enveloppé dans une bonne voiture; enfin, il
« n'a pas du tout souffert, c'est une grande conso-
« lation; » et lui, au milieu de sa cour, paroissoit

---

[1] Extrait d'un rapport officiel du ministre de la police générale au gouvernement russe, en date du 17 mai 1813.

gai, triomphant, glorieux : paré du manteau royal, la tête couverte du chapeau à la Henri IV, il s'étaloit, brillant sur un trône, répétant les attitudes royales qu'on lui avoit enseignées ; mais cette pompe ne servoit qu'à le rendre plus hideux, et tous les diamants de la couronne ne pouvoient cacher le sang dont il étoit couvert.

Hélas ! cette horreur des champs de bataille s'est rapprochée de nous ; elle n'est plus cachée dans les déserts : c'est au sein de nos foyers que nous la voyons, dans ce Paris que les Normands assiégèrent en vain il y a près de mille ans ; et qui s'enorgueillissoit de n'avoir eu pour vainqueur que Clovis, qui devint son roi. Livrer un pays à l'invasion, n'est-ce pas le plus grand et le plus irrémissible des crimes ? Nous avons vu périr sous nos propres yeux le reste de nos générations ; nous avons vu des troupeaux de conscrits, de vieux soldats pâles et défigurés, s'appuyer sur les bornes des rues, mourant de toutes les sortes de misères, tenant à peine d'une main l'arme avec laquelle ils avoient défendu la patrie, et demandant l'aumône de l'autre main ; nous avons vu la Seine chargée de barques, nos chemins encombrés de chariots remplis de blessés, qui n'avoient pas même le premier appareil sur leurs plaies. Un de ces chars, que l'on suivoit à la trace du sang, se brisa sur le boulevart : il en tomba des conscrits sans bras, sans jambes, percés de balles, de coups de lance, jetant des cris, et priant les passants de les achever. Ces malheureux, enlevés à leurs chaumières avant d'être parvenus à l'âge d'homme, menés avec leurs bonnets et leurs habits champêtres sur le champ de bataille, placés, comme *chair à canon*, dans les endroits les plus dangereux pour épuiser le feu de l'ennemi; ces infortunés, dis-je, se prenoient à pleurer, et crioient en tombant, frappés par le boulet : *Ah, ma mère! ma mère!* cri déchirant qui accusoit l'âge tendre de l'enfant arraché la veille à la paix domestique; de l'enfant tombé tout à coup des mains de sa mère dans celles de son barbare souverain! Et pour qui tant de massacres, tant de douleurs? pour un abominable tyran, pour un étranger qui n'est si prodigue du sang françois, que parce qu'il n'a pas une goutte de ce sang dans les veines.

Ah! quand Louis XVI refusoit de punir quelques coupables dont la mort lui eût assuré le trône, en nous épargnant à nous-mêmes tant de malheurs; quand il disoit : « Je ne veux pas acheter ma sû-
« reté au prix de la vie d'un seul de mes sujets; »
quand il écrivoit dans son testament : « Je recom-
« mande à mon fils, s'il a le malheur de devenir
« roi, de songer qu'il se doit tout entier au bonheur
« de ses concitoyens, qu'il doit oublier toute haine
« et tout ressentiment, et nommément ce qui a
« rapport aux chagrins que j'éprouve; qu'il ne peut
« faire le bonheur des peuples qu'en régnant sui-
« vant les lois; » quand il prononçoit sur l'échafaud ces paroles : « François, je prie Dieu qu'il ne
« venge pas sur la nation le sang de vos rois qui
« va être répandu; » voilà le véritable roi, le roi

françois, le roi légitime, le père et le chef de la patrie!

Buonaparte s'est montré trop médiocre dans l'infortune pour croire que sa prospérité fût l'ouvrage de son génie; il n'est que le fils de notre puissance, et nous l'avons cru le fils de ses œuvres. Sa grandeur n'est venue que des forces immenses que nous lui remîmes entre les mains lors de son élévation. Il hérita de toutes les armées formées sous nos plus habiles généraux, conduites tant de fois à la victoire par tous ces grands capitaines qui ont péri, et qui périront peut-être jusqu'au dernier, victimes des fureurs et de la jalousie du tyran. Il trouva un peuple nombreux, agrandi par des conquêtes, exalté par des triomphes et par le mouvement que donnent toujours les révolutions; il n'eut qu'à frapper du pied la terre féconde de notre patrie, et elle lui prodigua des trésors et des soldats. Les peuples qu'il attaquoit étoient lassés et désunis : il les vainquit tour à tour, en versant sur chacun d'eux séparément les flots de la population de la France.

Lorsque Dieu envoie sur la terre les exécuteurs des châtiments célestes, tout est aplani devant eux : ils ont des succès extraordinaires avec des talents médiocres. Nés au milieu des discordes civiles, ces exterminateurs tirent leurs principales forces des maux qui les ont enfantés, et de la terreur qu'inspire le souvenir de ces maux : ils obtiennent ainsi la soumission du peuple au nom des calamités dont ils sont sortis. Il leur est donné de corrompre et d'avilir, d'anéantir l'honneur, de dégrader les âmes, de souiller tout ce qu'ils touchent, de tout vouloir et de tout oser, de régner par le mensonge, l'impiété et l'épouvante, de parler tous les langages, de fasciner tous les yeux, de tromper jusqu'à la raison, de se faire passer pour de vastes génies, lorsqu'ils ne sont que des scélérats vulgaires, car l'excellence en tout ne peut être séparée de la vertu : traînant après eux les nations séduites, triomphant par la multitude, déshonorés par cent victoires, la torche à la main, les pieds dans le sang, ils vont au bout de la terre comme des hommes ivres, poussés par Dieu qu'ils méconnoissent.

Lorsque la Providence au contraire veut sauver un empire et non le punir; lorsqu'elle emploie ses serviteurs et non ses fléaux; qu'elle destine aux hommes dont elle se sert, une gloire honorable et non une abominable renommée; loin de leur rendre la route facile comme à Buonaparte, elle leur oppose des obstacles dignes de leurs vertus. C'est ainsi que l'on peut toujours distinguer le tyran du libérateur, le ravageur des peuples du grand capitaine, l'homme envoyé pour détruire, et l'homme venu pour réparer. Celui-là est maître de tout, et se sert pour réussir de moyens immenses; celui-ci n'est maître de rien, et n'a entre les mains que les plus foibles ressources : il est aisé de reconnoître aux premiers traits et le caractère et la mission du dévastateur de la France.

Buonaparte est un faux grand homme : la magnanimité, qui fait les héros et les véritables rois, lui manque. De là vient qu'on ne cite pas de lui un seul de ces mots qui annoncent Alexandre et César, Henri IV et Louis XIV. La nature le forma sans entrailles. Sa tête assez vaste est l'empire des ténèbres et de la confusion. Toutes les idées, même celles du bien, peuvent y entrer, mais elles en sortent aussitôt. Le trait distinctif de son caractère est une obstination invincible, une volonté de fer, mais seulement pour l'injustice, l'oppression, les systèmes extravagants; car il abandonne facilement les projets qui pourroient être favorables à la morale, à l'ordre et à la vertu. L'imagination le domine, et la raison ne le règle point. Ses desseins ne sont point le fruit de quelque chose de profond et de réfléchi, mais l'effet d'un mouvement subit et d'une résolution soudaine. Il a quelque chose de l'histrion et du comédien; il joue tout, jusqu'aux passions qu'il n'a pas. Toujours sur un théâtre, au Caire, c'est un renégat qui se vante d'avoir détruit la papauté; à Paris, c'est le restaurateur de la religion chrétienne : tantôt inspiré, tantôt philosophe, ses scènes sont préparées d'avance; un souverain qui a pu prendre des leçons afin de paroître dans une attitude royale est jugé pour la postérité. Jaloux de paroître original, il n'est presque jamais qu'imitateur; mais ses imitations sont si grossières, qu'elles rappellent à l'instant l'objet où l'action qu'il copie; il essaie toujours de dire ce qu'il croit un grand mot, ou de faire ce qu'il présume une grande chose. Affectant l'universalité du génie, il parle de finances et de spectacles, de guerre et de modes, règle le sort des rois et celui d'un commis à la barrière, date du Kremlin un règlement sur les théâtres, et le jour d'une bataille fait arrêter quelques femmes à Paris. Enfant de notre révolution, il a des ressemblances frappantes avec sa mère ; intempérance de langage, goût de la basse littérature, passion d'écrire dans les journaux. Sous le masque de César et d'Alexandre, on aperçoit l'homme de peu et l'enfant de petite famille. Il méprise souverainement les hommes, parce qu'il les juge d'après lui. Sa maxime est qu'ils ne font rien que par intérêt, que la probité même n'est qu'un calcul. De là le système de *fusion* qui faisoit la base de son gouvernement, employant également le méchant et l'honnête homme, mêlant à dessein le vice et la vertu, et prenant toujours soin de vous placer en opposition à vos principes. Son grand plaisir étoit de déshonorer la vertu, de souiller les réputations : il ne vous touchoit que pour vous flétrir. Quand il vous avoit fait tomber, vous deveniez *son homme,* selon son expression ; vous lui apparteniez par droit de honte ; il vous en aimoit un peu moins, et vous en méprisoit un peu plus. Dans son administration, il vouloit qu'on ne connût que les résultats, et qu'on ne s'embarrassât jamais des moyens, les *masses* devant être tout, les *individualités* rien. « On corrompra « cette jeunesse, mais elle m'obéira mieux ; on fera « périr cette branche d'industrie, mais j'obtiendrai « pour le moment plusieurs millions ; il périra « soixante mille hommes dans cette affaire, mais je « gagnerai la bataille. » Voilà tout son raisonnement, et voilà comme les royaumes sont anéantis !

Né surtout pour détruire, Buonaparte porte le mal dans son sein, tout naturellement, comme une mère porte son fruit, avec joie et une sorte d'orgueil. Il a l'horreur du bonheur des hommes; il disoit un jour : « Il y a encore quelques personnes « heureuses en France; ce sont des familles qui ne « me connoissent pas, qui vivent à la campagne, « dans un château, avec 30 ou 40,000 liv. de rente; « mais je saurai bien les atteindre. » Il a tenu parole. Il voyoit un jour jouer son fils, il dit à un évêque présent : « Monsieur l'évêque, croyez-vous que cela « ait une âme ? » Tout ce qui se distingue par quelque supériorité épouvante ce tyran; toute réputation l'importune. Envieux des talents, de l'esprit, de la vertu, il n'aimeroit pas même le bruit d'un crime, si ce crime n'étoit pas son ouvrage. Le plus disgracieux des hommes, son grand plaisir est de blesser ce qui l'approche, sans penser que nos rois n'insultoient jamais personne, parce qu'on ne pouvoit se venger d'eux; sans se souvenir qu'il parle à la nation la plus délicate sur l'honneur, à un peuple que la cour de Louis XIV a formé, et qui est justement renommé pour l'élégance de ses mœurs et la fleur de sa politesse. Enfin Buonaparte n'étoit que l'homme de la prospérité; aussitôt que l'adversité, qui fait éclater les vertus, a touché le faux grand homme, le prodige s'est évanoui : dans le monarque on n'a plus aperçu qu'un aventurier, et dans le héros qu'un parvenu à la gloire.

Lorsque Buonaparte chassa le Directoire, il lui adressa ce discours :

« Qu'avez-vous fait de cette France que je vous
« ai laissée si brillante ? Je vous ai laissé la paix, j'ai
« retrouvé la guerre; je vous ai laissé des victoires,
« j'ai retrouvé des revers ; je vous ai laissé les mil-
« lions de l'Italie, et j'ai trouvé partout des lois spo-
« liatrices et la misère. Qu'avez-vous fait de cent
« mille François que je connoissois tous, mes
« compagnons de gloire? Ils sont morts. Cet état
« de choses ne peut durer ; avant trois ans il nous
« mèneroit au despotisme : mais nous voulons la
« république, la république assise sur les bases de
« l'égalité, de la morale, de la liberté civile et de la
« tolérance politique, etc. »

Aujourd'hui, homme de malheur, nous te prendrons par tes discours, et nous t'interrogerons par tes paroles. Dis, qu'as-tu fait de cette France si brillante? où sont nos trésors, les millions de l'Italie, de l'Europe entière? Qu'as-tu fait, non pas de cent mille, mais de cinq millions de François que nous connoissions tous, nos parents, nos amis, nos frères ? Cet état de choses ne peut durer; il nous a plongés dans un affreux despotisme. Tu voulois la république, et tu nous as apporté l'esclavage. Nous, nous voulons la monarchie assise sur les bases de l'égalité des droits, de la morale, de la liberté civile, de la tolérance politique et religieuse. Nous l'as-tu donnée cette monarchie? qu'as-tu fait pour nous ? que devons-nous à ton règne ? qui est-ce qui a assassiné le duc d'Enghien, torturé Pichegru, banni Moreau, chargé de chaînes le souverain pontife, enlevé les princes d'Espagne, commencé une guerre impie? C'est toi. Qui est-ce qui a perdu nos colonies, anéanti notre commerce, ouvert l'Amérique aux Anglois, corrompu nos mœurs, enlevé les enfants aux pères, désolé les familles, ravagé le monde, brûlé plus de mille lieues de pays, inspiré l'horreur du nom françois à toute la terre? C'est toi. Qui est-ce qui a exposé la France à la peste, à l'invasion, au démembrement, à la conquête? C'est encore toi. Voilà ce que tu n'as pu demander au Directoire; et ce que nous te demandons aujourd'hui. Combien es-tu plus coupable que ces hommes que tu ne trouvois pas dignes de régner! Un roi légitime et héréditaire qui auroit accablé son peuple de la moindre partie des maux que tu nous as faits eût mis son trône en péril; et toi, usurpateur et étranger, tu nous deviendrois sacré en raison des calamités que tu as répandues sur nous! tu régnerois encore au milieu de nos tombeaux! Nous rentrons enfin dans nos droits par le malheur; nous ne voulons plus adorer Moloch; tu ne dévoreras plus nos enfants: nous ne voulons plus de ta conscription, de ta police, de ta censure, de tes fusillades nocturnes, de ta tyrannie. Ce n'est pas seulement nous, c'est le genre humain qui t'accuse. Il nous demande vengeance au nom de la religion, de la morale et de la liberté. Où n'as-tu pas répandu la désolation? dans quel coin du monde une famille obscure a-t-elle échappé à tes ravages? L'Espagnol dans ses montagnes, l'Illyrien dans ses vallées, l'Italien sous son beau soleil, l'Allemand, le Russe, le Prussien dans ses villes en cendre, te redemandent leurs fils que tu as égorgés, la tente, la cabane, le château, le temple où tu as porté la flamme. Tu les as forcés de venir chercher parmi nous ce que tu leur as ravi, et reconnoître dans tes palais leur dépouille ensanglantée. La voix du monde te déclare le plus grand coupable qui ait jamais paru sur la terre; car ce n'est pas sur des peuples barbares et sur des nations dégénérées que tu as versé tant de maux; c'est au milieu de la civilisation, dans un siècle de lumières, que tu as voulu régner par le glaive d'Attila et les maximes de Néron. Quitte enfin ton sceptre de fer; descends de ce monceau de ruines, dont tu avois fait un trône! Nous te chassons comme tu as chassé le Directoire. Va! puisses-tu, pour seul châtiment, être témoin de la joie que ta chute cause à la France, et contempler, en versant des larmes de rage, le spectacle de la félicité publique!

Telles sont les paroles que nous adressons à l'étranger. Mais si nous rejetons Buonaparte, qui le remplacera? — LE ROI.

DES BOURBONS.

Les fonctions attachées à ce titre de Roi sont si connues des François, qu'ils n'ont pas besoin de se le faire expliquer : le roi leur représente aussitôt l'idée de l'autorité légitime, de l'ordre, de la paix, de la liberté légale et monarchique. Les souvenirs de la vieille France, la religion, les antiques usages, les mœurs de la famille, les habitudes de notre enfance, le berceau, le tombeau, tout se rattache à ce nom sacré de roi : il n'effraie personne ; au contraire, il rassure. Le roi, le magistrat, le père; un François confond ces idées. Il ne sait ce que c'est qu'un empereur; il ne connoît pas la nature, la forme, la limite du pouvoir attaché à ce titre étranger. Mais il sait ce que c'est qu'un monarque descendant de saint Louis et de Henri IV : c'est un chef dont la puissance paternelle est réglée par des institutions, tempérée par les mœurs, adoucie et rendue excellente par le temps, comme un vin généreux né de la terre de la patrie, et mûri par le soleil de la France. Cessons de vouloir nous le cacher : il n'y aura ni repos, ni bonheur, ni félicité, ni stabilité dans nos lois, nos opinions, nos fortunes, que quand la maison de Bourbon sera rétablie sur le trône. Certes, l'antiquité, plus reconnoissante que nous, n'auroit pas manqué d'appeler *divine* une race qui, commençant par un roi brave et prudent, et finissant par un martyr, a compté dans l'espace de neuf siècles trente-trois monarques, parmi lesquels on ne trouve qu'un seul tyran : exemple unique dans l'histoire du monde, et éternel sujet d'orgueil pour notre patrie. La probité et l'honneur étoient assis sur le trône de France, comme sur les autres trônes la force et la politique. Le sang noble et doux des Capets ne se reposoit de produire des héros que pour faire des rois honnêtes hommes. Les uns furent appelés Sages, Bons, Justes, Bien-Aimés; les autres surnommés Grands, Augustes, Pères des lettres et de la patrie. Quelques-uns eurent des passions qu'ils expièrent par des malheurs; mais aucun n'épouvanta le monde par ces vices qui pèsent sur la mémoire des Césars, et que Buonaparte a reproduits.

Les Bourbons, dernière branche de cet arbre sacré, ont vu, par une destinée extraordinaire, leur premier roi tomber sous le poignard du fanatique, et leur dernier sous la hache de l'athée. Depuis Robert, sixième fils de saint Louis, dont ils descendent, il ne leur a manqué, pendant tant de siècles, que cette gloire de l'adversité, qu'ils ont enfin magnifiquement obtenue. Qu'avons-nous à leur reprocher? Le nom de Henri IV fait encore tressaillir les cœurs françois, et remplit nos yeux de larmes. Nous devons à Louis XIV la meilleure partie de notre gloire. N'avons-nous pas surnommé Louis XVI le plus honnête homme de son royaume? Est-ce parce que nous avons tué ce bon roi que nous rejetons ce sang? Est-ce parce que nous avons fait mourir sa sœur, sa femme et son fils, que nous repoussons sa famille? Cette famille pleure dans l'exil, non ses malheurs, mais les nôtres. Cette jeune princesse que nous avons persécutée, que nous avons rendue orpheline, regrette tous les jours, dans les palais étrangers, les prisons de la France. Elle pouvoit recevoir la main d'un prince puissant et glorieux, mais elle préféra unir sa destinée à celle de son cousin, pauvre, exilé, proscrit, parce qu'il étoit François, et qu'elle ne vouloit point se séparer des malheurs de sa famille.

Le monde entier admire ses vertus; les peuples de l'Europe la suivent quand elle paroît dans les promenades publiques, en la comblant de bénédictions : et nous, nous pouvons l'oublier! Quand elle quitta sa patrie, où elle avoit été si malheureuse, elle jeta les yeux en arrière, et elle pleura. Objets constants de ses prières et de son amour, nous savons à peine qu'elle existe. Ah! qu'elle retrouve du moins quelques consolations en faisant le bonheur de sa coupable patrie! Cette terre porte naturellement les lis : ils renaîtront plus beaux, arrosés du sang du roi-martyr.

Louis XVIII, qui doit régner le premier sur nous, est un prince connu par ses lumières, inaccessible aux préjugés, étranger à la vengeance. De tous les souverains qui peuvent gouverner à présent la France, c'est peut-être celui qui convient le mieux à notre position et à l'esprit du siècle; comme de tous les hommes que nous pouvions choisir, Buonaparte étoit peut-être le moins propre à être roi. Les institutions des peuples sont l'ouvrage du temps et de l'expérience : pour régner, il faut surtout de la raison et de l'uniformité. Un prince qui n'auroit dans la tête que deux ou trois idées communes, mais utiles, seroit un souverain plus convenable à une nation qu'un aventurier extraordinaire, enfantant sans cesse de nouveaux plans, imaginant de nouvelles lois, ne croyant régner que quand il travaille à troubler les peuples, à changer, à détruire le soir ce qu'il a créé le matin. Non-seulement Louis XVIII a ces idées fixes, cette modération, ce bon sens, si nécessaires à un monarque, mais c'est encore un prince ami des lettres, instruit et éloquent comme plusieurs de nos rois, d'un esprit vaste et éclairé, d'un caractère ferme et philosophique.

Choisissons entre Buonaparte, qui revient à nous portant le code sanglant de la conscription, et Louis XVIII, qui s'avance pour fermer nos plaies, le testament de Louis XVI à la main. Il répètera à son sacre ces paroles écrites par son vertueux frère :

« Je pardonne de tout mon cœur à ceux qui
« se sont faits mes ennemis sans que je leur en
« eusse donné aucun sujet, et je prie Dieu de leur
« pardonner. »

Monsieur, comte d'Artois, d'un caractère si franc, si loyal, si françois, se distingue aujourd'hui par sa piété, sa douceur et sa bonté, comme il se faisoit remarquer dans sa première jeunesse par son grand air et ses grâces royales. Buonaparte fuit abattu par la main de Dieu, mais non corrigé par l'adversité : à mesure qu'il recule dans le pays qui échappe à sa tyrannie, il traîne après lui de malheureuses victimes chargées de fers ; c'est dans les dernières prisons de France qu'il exerce les derniers actes de son pouvoir. Monsieur arrive seul, sans soldats, sans appui, inconnu aux François auxquels il se montre. A peine a-t-il prononcé son nom, que le peuple tombe à ses genoux : on baise respectueusement son habit, on embrasse ses genoux ; on lui crie, en répandant des torrents de larmes : « Nous ne vous apportons que nos cœurs; «Buonaparte ne nous a laissé que cela ! » A cette manière de quitter la France, à cette façon d'y rentrer, connoissez d'un côté l'usurpateur, de l'autre le prince légitime.

M. le duc d'Angoulême a paru dans une autre de nos provinces; Bordeaux s'est jeté dans ses bras; et le pays de Henri IV a reconnu avec des transports de joie l'héritier des vertus du Béarnois. Nos armées n'ont point vu de chevalier plus brave que M. le duc de Berry. M. le duc d'Orléans prouve, par sa noble fidélité au sang de son roi, que son nom est toujours un des plus beaux de la France. J'ai déjà parlé des trois générations de héros, M. le prince de Condé, M. le duc de Bourbon : je laisse à Buonaparte à nommer le troisième.

Je ne sais si la postérité pourra croire que tant de princes de la maison de Bourbon ont été proscrits par ce peuple qui leur devoit toute sa gloire, sans avoir été coupables d'aucun crime, sans que leur malheur leur soit venu de la tyrannie du dernier roi de leur race; non, l'avenir ne pourra comprendre que nous ayons banni des princes aussi bons, des princes nos compatriotes, pour mettre à notre tête un étranger, le plus méchant de tous les hommes. On conçoit jusqu'à un certain point la république en France : un peuple, dans un moment de folie, peut vouloir changer la forme de son gouvernement, et ne plus reconnoître le chef suprême; mais si nous revenons à la monarchie, c'est le comble de la honte et de l'absurdité de la vouloir sans le souverain légitime, et de croire qu'elle puisse exister sans lui. Qu'on modifie, si l'on veut, la constitution de cette monarchie, mais nul n'a le droit de changer le monarque. Il peut arriver qu'un roi cruel, tyrannique, qui viole toutes les lois, qui prive tout un peuple de ses libertés, soit déposé par l'effet d'une révolution violente; mais, dans ce cas extraordinaire, la couronne passe à ses fils, ou à son plus proche héritier. Or, Louis XVI a-t-il été un tyran? pouvons-nous faire le procès à sa mémoire? en vertu de quelle autorité privons-nous sa race d'un trône qui lui appartient à tant de titres? Par quel honteux caprice avons-nous donné à Buonaparte l'héritage de Robert-le-Fort? Ce Robert-le-Fort descendoit vraisemblablement de la seconde race, et celle-ci se rattachoit à la première. Il étoit comte de Paris. Hugues Capet apporta aux François, comme François lui-même, Paris, héritage paternel, des biens et des domaines immenses. La France, si petite sous les premiers Capets, s'enrichit et s'accrut sous leurs descendants. Et c'est en faveur d'un insulaire obscur, dont il a fallu faire la fortune en dépouillant tous les François, que nous avons renversé la loi salique, *palladium* de notre empire. Combien nos pères différoient de nous de sentiments et de maximes! A la mort de Philippe-le-Bel ils adjugèrent la couronne à Philippe de Valois, au préjudice d'Édouard III, roi d'Angleterre; ils aimèrent mieux se condamner à deux siècles de guerre que de se laisser gouverner par un étranger.

Cette noble résolution fut la cause de la gloire et de la grandeur de la France : l'oriflamme fut déchirée aux champs de Crécy, de Poitiers et d'Azincourt ; mais ces lambeaux triomphèrent enfin de la bannière d'Édouard III et de Henri V, et le cri de *Montjoie Saint-Denis* étouffa celui de toutes les factions. La même question de l'hérédité se représenta à la mort de Henri III : le parlement rendit alors le fameux édit qui donna Henri IV et Louis XIV à la France. Ce n'étoient pourtant pas des têtes ignobles que celles d'Édouard III, de Henri V, du duc de Guise et de l'infante d'Espagne. Grand Dieu ! qu'est donc devenu l'orgueil de la France ! Elle a refusé d'aussi grands souverains pour conserver sa race françoise et royale, et elle a fait choix de Buonaparte !

En vain prétendroit-on que Buonaparte n'est pas étranger : il l'est aux yeux de toute l'Europe, de tous les François non prévenus ; il le sera au jugement de la postérité : elle lui attribuera peut-être la meilleure partie de nos victoires, et nous chargera d'une partie de ses crimes. Buonaparte n'a rien de françois, ni dans les mœurs, ni dans le caractère. Les traits même de son visage montrent son origine. La langue qu'il apprit dans son berceau n'étoit pas la nôtre, et son accent comme son nom révèlent sa patrie. Son père et sa mère ont vécu plus de la moitié de leur vie sujets de la république de Gênes. Lui-même est plus sincère que ses flatteurs : il ne se reconnoît pas François ; il nous hait et nous méprise. Il lui est plusieurs fois échappé de dire : *Voilà comme vous êtes, vous autres François.* Dans un discours, il a parlé de l'Italie comme de sa patrie, et de la France comme de sa conquête. Si Buonaparte est François, il faut dire nécessairement que Toussaint-Louverture l'étoit autant et plus que lui ; car enfin il étoit né dans une vieille colonie françoise, et sous les lois françoises ; la liberté qu'il avoit reçue lui avoit rendu les droits du sujet et du citoyen. Et un étranger, élevé par la charité de nos rois, occupe le trône de nos rois, et brûle de répandre leur sang ! Nous prîmes soin de sa jeunesse, et, par reconnoissance, il nous plonge dans un abîme de douleur ! Juste dispensation de la Providence ! les Gaulois saccagèrent Rome, et les Romains opprimèrent les Gaules ; les François ont souvent ravagé l'Italie, et les Médicis, les Galigaï, les Buonaparte, nous ont désolés. La France et l'Italie devroient enfin se connoître, et renoncer pour toujours l'une à l'autre.

Qu'il sera doux de se reposer enfin de tant d'agitations et de malheurs sous l'autorité paternelle de notre souverain légitime ! Nous avons pu un moment être sujets de la gloire que nos armes avoient répandue sur Buonaparte ; aujourd'hui qu'il s'est dépouillé lui-même de cette gloire, ce seroit trop que de rester l'esclave de ses crimes. Rejetons cet oppresseur comme tous les autres peuples l'ont déjà rejeté. Qu'on ne dise pas de nous : Ils ont tué le meilleur et le plus vertueux des rois ; ils n'ont rien fait pour lui sauver la vie, et ils versent aujourd'hui la dernière goutte de leur sang, ils sacrifient les restes de la France pour soutenir un étranger qu'eux-mêmes détestent. Par quelle raison cette France infidèle justifieroit-elle son abominable fidélité ? Il faut donc avouer que ce sont les forfaits qui nous plaisent, les crimes qui nous charment, la tyrannie qui nous convient. Ah ! si les nations étrangères, enfin lasses de notre obstination, alloient consentir à nous laisser cet insensé; si nous étions assez lâches pour acheter, par une partie de notre territoire, la honte de conserver au milieu de nous le germe de la peste et le fléau de l'humanité; il faudroit fuir au fond des déserts, changer de nom et de langage, tâcher d'oublier et de faire oublier que nous avons été François.

Pensons au bonheur de notre commune patrie ; songeons bien que notre sort est entre nos mains : un mot peut nous rendre à la gloire, à la paix, à l'estime du monde, ou nous plonger dans le plus affreux, comme dans le plus ignoble esclavage. Relevons la monarchie de Clovis, l'héritage de saint Louis, le patrimoine de Henri IV. Les Bourbons seuls conviennent aujourd'hui à notre situation malheureuse, sont les seuls médecins qui puissent fermer nos blessures. La modération, la paternité de leurs sentiments, leurs propres adversités, conviennent à un royaume épuisé, fatigué de convulsions et de malheurs. Tout deviendra légitime avec eux, tout est illégitime sans eux. Leur seule présence fera renaître l'ordre dont ils sont pour nous le principe. Ce sont de braves et illustres gentilshommes, autant et plus François que nous. Ces seigneurs des fleurs-de-lis furent dans tous les temps célèbres par leur loyauté ; ils tiennent si fort à la racine de nos mœurs, qu'ils semblent faire partie même de la France, et lui manquer aujourd'hui comme l'air et le soleil.

Si tout doit devenir paisible avec eux, s'ils peuvent seuls mettre un terme à cette trop longue révolution, le retour de Buonaparte nous plongeroit dans des maux affreux et dans des troubles interminables. L'imagination la plus féconde peut-elle se représenter ce que seroit ce monstrueux géant resserré dans d'étroites limites, n'ayant plus les trésors du monde à dévorer, et le sang de l'Europe à répandre ? Peut-on se le figurer renfermé dans une cour ruinée et flétrie, exerçant sur les seuls François sa rage, ses vengeances et son génie turbulent ? Buonaparte n'est point changé ; il ne changera jamais. Toujours il inventera des projets, des lois, des décrets absurdes, contradictoires ou criminels ; toujours il nous tourmentera : il rendra toujours incertaines notre vie, notre liberté, nos propriétés. En attendant qu'il puisse troubler le monde nouveau, il s'occupera du soin de bouleverser nos familles. Seuls esclaves au milieu du monde libre, objets du mépris des peuples ; le dernier degré du malheur sera de ne plus sentir notre abjection, et de nous endormir, comme l'esclave de l'Orient, indifférents au cordon que le Sultan nous enverra à notre réveil.

Non, il n'en sera pas ainsi. Nous avons un prince légitime, né de notre sang, élevé parmi nous, que nous connoissons, qui nous connoît, qui a nos mœurs, nos goûts, nos habitudes, pour lequel nous avons prié Dieu dans notre jeunesse, dont nos enfants savent le nom comme celui d'un de leurs voisins, et dont les pères vécurent et moururent avec les nôtres. Parce que nous avons réduit nos anciens princes à être voyageurs, la France sera-t-elle une propriété forfaite? Doit-elle demeurer à Buonaparte par droit d'aubaine? Ah! pour Dieu, ne soyons pas trouvés en telle déloyauté, que de déshériter notre naturel seigneur, pour donner son lit au premier compagnon qui le demande. Si nos maîtres légitimes nous manquoient, le dernier des François seroit encore préférable à Buonaparte pour régner sur nous : du moins nous n'aurions pas la honte d'obéir à un étranger.

Il ne me reste plus qu'à prouver que si le rétablissement de la maison de Bourbon est nécessaire à la France, il ne l'est pas moins à l'Europe entière.

DES ALLIÉS.

A ne considérer d'abord que les raisons particulières, est-il un homme au monde qui voulût jamais s'en reposer sur la parole de Buonaparte? N'est-ce pas un point de sa politique commun, un des penchants de son cœur, que de faire consister l'habileté à tromper, à regarder la bonne foi comme une duperie et comme la marque d'un esprit borné, à se jouer de la sainteté des serments? A-t-il tenu un seul des traités qu'il ait faits avec les diverses puissances de l'Europe? C'est toujours en violant quelque article de ces traités, et en pleine paix, qu'il a fait ses conquêtes les plus solides; rarement il a évacué une place qu'il devoit rendre; et aujourd'hui même qu'il est abattu, il possède encore dans quelques forteresses de l'Allemagne le fruit de ses rapines et les témoins de ses mensonges.

On le liera de sorte qu'il ne puisse recommencer ses ravages. — Vous aurez beau l'affoiblir en démembrant la France, en mettant garnison dans les places frontières pendant un certain nombre d'années, en l'obligeant à payer des sommes considérables, en le forçant à n'avoir qu'une petite armée, et à abolir la conscription; tout cela sera vain. Buonaparte, encore une fois, n'est point changé. L'adversité ne peut rien sur lui, parce qu'il n'étoit pas au-dessus de la fortune. Il méditera en silence sa vengeance : tout à coup, après un ou deux ans de repos, lorsque la coalition sera dissoute, que chaque puissance sera rentrée dans ses États, il nous appellera aux armes, profitera des générations qui se seront formées, enlèvera, franchira les places de sûreté, et se débordera de nouveau sur l'Allemagne. Aujourd'hui même il ne parle que d'aller brûler Vienne, Berlin et Munich; il ne peut consentir à lâcher sa proie. Les Russes reviendront-ils assez vite des rives du Borysthène pour sauver une seconde fois l'Europe? Cette miraculeuse coalition, fruit de vingt-cinq années de souffrances, pourra-t-elle se renouer quand tous les fils en auront été brisés ? Buonaparte n'aura-t-il pas trouvé le moyen de corrompre quelques ministres, de séduire quelques princes, de réveiller d'anciennes jalousies, de mettre peut-être dans ses intérêts quelques peuples assez aveugles pour combattre sous ses drapeaux ? Enfin, les princes qui règnent aujourd'hui seront-ils tous sur le trône, et ce changement dans les règnes ne pourroit-il pas amener un changement dans la politique ? Des puissances si souvent trompées pourroient-elles reprendre tout à coup une sécurité qui les perdroit ? Quoi ! elles auroient oublié l'orgueil de cet aventurier qui les a traitées avec tant d'insolence, qui se vantoit d'avoir des rois dans son antichambre, qui envoyoit signifier ses ordres aux souverains, établissoit ses espions jusque dans leur cour, et disoit tout haut qu'avant dix ans sa *dynastie* seroit la plus ancienne de l'Europe ! Des rois traiteroient avec un homme qui leur a prodigué des outrages que ne supporteroit pas un simple particulier ! Une reine charmante faisoit l'admiration de l'Europe par sa beauté, son courage et ses vertus, et il a avancé sa mort par les plus lâches comme par les plus ignobles outrages. La sainteté des rois comme la décence m'empêchent de répéter les calomnies, les grossièretés, les ignobles plaisanteries qu'il a prodiguées tour à tour à ces rois et à ces ministres qui lui dictent aujourd'hui des lois dans son palais. Si les puissances méprisent personnellement ces outrages, elles ne peuvent ni ne doivent les mépriser pour l'intérêt et la majesté des trônes : elles doivent se faire respecter des peuples, briser enfin le glaive de l'usurpateur, et déshonorer pour toujours cet abominable droit de la force, sur qui Buonaparte fondoit son orgueil et son empire.

Après ces considérations particulières, il s'en présente d'autres d'une nature plus élevée, et qui seules peuvent déterminer les puissances coalisées à ne plus reconnoître Buonaparte pour souverain.

Il importe au repos des peuples, il importe à la sûreté des couronnes, à la vie comme à la famille des souverains, qu'un homme sorti des rangs inférieurs de la société ne puisse impunément s'asseoir sur le trône de son maître, prendre place parmi les souverains légitimes, les traiter de *frères*, et trouver dans les révolutions qui l'ont élevé assez de force pour balancer les droits de la légitimité de la race. Si cet exemple est une fois donné au monde, aucun monarque ne peut compter sur sa couronne. Si le trône de Clovis peut être, en pleine civilisation, laissé à un Corse, tandis que les fils de saint Louis sont errants sur la terre, nul roi ne peut s'assurer aujourd'hui qu'il règnera demain. Qu'on y prenne bien garde : toutes les monarchies de l'Europe sont à peu près filles des mêmes mœurs et des mêmes temps; tous les rois sont réellement des espèces de frères unis par la religion chrétienne et par l'antiquité des souvenirs. Ce beau et grand système une fois rompu, des races nouvelles assises sur les trônes où elles feront régner d'autres mœurs, d'autres principes, d'autres idées, c'en est fait de l'ancienne Europe; et dans le cours de quelques années, une révolution générale aura changé la succession de tous les souverains. Les rois doivent donc prendre la défense de la maison de Bourbon, comme ils la prendroient de leur propre famille. Ce qui est vrai, considéré sous les rapports de la royauté, est encore vrai sous les rapports naturels. Il n'y a pas un roi en Europe qui n'ait du sang des Bourbons dans les veines, et qui ne doive voir en eux d'illustres et infortunés parents. On n'a déjà que trop appris aux peuples qu'on peut remuer les trônes. C'est aux rois à leur montrer que si les trônes peuvent être ébranlés, ils ne peuvent jamais être détruits, et que, pour le bonheur du monde, les couronnes ne dépendent pas des succès du crime et des jeux de la fortune.

Il importe encore à l'Europe civilisée que la France, qui en est comme l'âme et le cœur par son génie et par sa position, soit heureuse, florissante, paisible; elle ne peut l'être que sous ses anciens rois. Tout autre gouvernement prolongeroit parmi nous ces convulsions qui se font sentir au bout de la terre. Les Bourbons seuls, par la majesté de leur race, par la légitimité de leurs droits, par la modération de leur caractère, offriront une garantie suffisante aux traités, et fermeront les plaies du monde.

Sous le règne des tyrans toutes les lois morales sont comme suspendues; de même qu'en Angleterre, dans les temps de trouble, on suspend l'acte sur lequel repose la liberté des citoyens. Chacun sait qu'il n'agit pas bien, qu'il marche dans une fausse voie; mais chacun se soumet et se prête à l'oppression : on se fait même une espèce de fausse conscience; on remplit scrupuleusement les ordres les plus opposés à la justice. L'excuse est qu'il viendra de meilleurs jours, que l'on rentrera dans ses droits; que c'est un temps d'iniquités qu'il faut passer, comme on passe un temps de malheurs. Mais en attendant ce retour, le tyran fait tout ce qui lui plaît; il est obéi : il peut traîner tout un peuple à la guerre, l'opprimer, lui demander tout sans être refusé. Avec un prince légitime cela est impossible : tout le monde, sous un sceptre légal, est en jouissance de ses droits naturels et en exercice de ses vertus. Si le roi vouloit passer les bornes de son pouvoir, il trouveroit des obstacles invincibles; tous les corps feroient des remontrances, tous les individus parleroient; on lui opposeroit la raison, la conscience, la liberté. Voilà pourquoi Buonaparte, resté maître d'un seul village de la France, est plus à craindre pour l'Europe que les Bourbons avec la France jusqu'au Rhin.

Au reste, les rois peuvent-ils douter de l'opinion de la France? croient-ils qu'ils seroient parvenus aussi facilement jusqu'au Louvre, si les François n'avoient espéré en eux des libérateurs? N'ont-ils pas vu dans toutes les villes où ils sont entrés des signes manifestes de cette espérance? Qu'entend-on en France depuis six mois, sinon ces paroles : *Les Bourbons y sont-ils ? où sont les princes ? viennent-ils ? Ah ! si l'on voyoit un drapeau blanc !* D'une autre part, l'horreur de l'usurpateur est dans tous les cœurs. Il inspire tant de haine, qu'il a balancé chez un peuple guerrier ce qu'il y a de dur dans la présence d'un ennemi; on a mieux aimé souffrir une invasion d'un moment, que de s'exposer à garder Buonaparte toute la vie. Si les armées se sont battues, admirons leur courage et déplorons leurs malheurs; elles détestent le tyran autant et plus que le reste des François; mais elles ont fait un serment, et des grenadiers françois meurent victimes de leur parole. La vue de l'étendard militaire inspire la fidélité : depuis nos pères les Francs jusqu'à nous, nos soldats ont fait un pacte saint, et se sont pour ainsi dire mariés à leur épée. Ne prenons donc pas le sacrifice de l'honneur pour l'amour de l'esclavage. Nos braves guerriers n'attendent qu'à être dégagés de leur parole. Que les François et les alliés reconnoissent les princes légitimes, et à l'instant l'armée, déliée de son serment, se rangera sous le drapeau sans tache, souvent témoin de nos triomphes; quelquefois de nos revers, toujours de notre courage, jamais de notre honte.

Les rois alliés ne trouveront aucun obstacle à leur dessein s'ils veulent suivre le seul parti qui peut assurer le repos de la France et celui de l'Europe. Ils doivent être satisfaits du triomphe de leurs armes. Nous François, nous ne devons considérer ces triomphes que comme une leçon de la Providence, qui nous châtie sans nous humilier. Nous pouvons nous dire avec assurance, que ce qui eût été impossible sous nos princes légitimes, ne pouvoit s'accomplir que sous ce règne d'un aventurier. Les rois alliés doivent désormais aspirer à une gloire plus solide et plus durable. Qu'ils se rendent avec leur garde sur la *place* de notre *Révolution;* qu'ils fassent célébrer une pompe funèbre à la place même où sont tombées les têtes de Louis et d'Antoinette; que ce conseil de rois, la main sur l'autel, au milieu du peuple françois à genoux et en larmes, reconnoisse Louis XVIII pour roi de France : ils offriront au monde le plus grand spectacle qu'il ait jamais vu, et répandront sur eux une gloire que les siècles ne pourront effacer.

Mais déjà une partie de ces événements est accomplie. Les miracles ont enfanté les miracles. Paris, comme Athènes, a vu rentrer dans ses murs des étrangers qui l'ont respecté, en souvenir de sa gloire et de ses grands hommes. Quatre-vingt mille soldats vainqueurs ont dormi auprès de nos citoyens, sans troubler leur sommeil, sans se porter à la moindre violence, sans faire même entendre un chant de triomphe. Ce sont des libérateurs et non pas des conquérants. Honneur immortel aux souverains qui ont pu donner au monde un pareil exemple de modération dans la victoire! Que d'injures ils avoient à venger! Mais ils n'ont point confondu les François avec le tyran qui les opprime. Aussi ont-ils déjà recueilli le fruit de leur magnanimité. Ils ont été reçus des habitants de Paris comme s'ils avoient été nos véritables monarques,

comme des princes françois, comme des Bourbons.
Nous les verrons bientôt les descendants de Henri IV;
Alexandre nous les a promis : il se souvient que le
contrat de mariage du duc et de la duchesse d'Angoulême est déposé dans les archives de la Russie.
Il nous a fidèlement gardé le dernier acte public
de notre gouvernement légitime; il l'a rapporté au
trésor de nos chartes, où nous garderons à notre
tour le récit de son entrée dans Paris, comme un
des plus grands et des plus glorieux monuments de
l'histoire.

Toutefois, ne séparons point des deux souverains
qui sont aujourd'hui parmi nous, cet autre souverain qui fait à la cause des rois et au repos des
peuples le plus grand des sacrifices : qu'il trouve
comme monarque et comme père la récompense
de ses vertus dans l'attendrissement, la reconnoissance et l'admiration des François.

Et quel François aussi pourroit oublier ce qu'il
doit au prince régent d'Angleterre, au noble peuple qui a tant contribué à nous affranchir? Les
drapeaux d'Élisabeth flottoient dans les armées de
Henri IV; ils reparoissent dans les bataillons qui
nous rendent Louis XVIII. Nous sommes trop sensibles à la gloire pour ne pas admirer ce lord
Wellington qui retrace d'une manière si frappante
les vertus et les talents de notre Turenne. Ne se
sent-on pas touché jusqu'aux larmes quand on le
voit promettre, lors de notre retraite du Portugal,
deux guinées pour chaque prisonnier françois qu'on

lui amèneroit vivant? Par la seule force morale de son caractère, plus encore que par la vigueur de la discipline militaire, il a miraculeusement suspendu, en entrant dans nos provinces, le ressentiment des Portugais et la vengeance des Espagnols : enfin, c'est sous son étendard que le premier cri de *vive le roi!* a réveillé notre malheureuse patrie : au lieu d'un roi de France captif, le nouveau Prince-Noir ramène à Bordeaux un roi de France délivré. Lorsque le roi Jean fut conduit à Londres, touché de la générosité d'Édouard, il s'attacha à ses vainqueurs, et revint mourir dans la terre de captivité : comme s'il eût prévu que cette terre seroit dans la suite le dernier asile du dernier rejeton de sa race, et qu'un jour les descendants des Talbot et des Chandos recueilleroient la postérité proscrite des La Hire et des Du Guesclin.

François, amis, compagnons d'infortune, oublions nos querelles, nos haines, nos erreurs, pour sauver la patrie; embrassons-nous sur les ruines de notre cher pays; et qu'appelant à notre secours l'héritier de Henri IV et de Louis XIV, il vienne essuyer les pleurs de ses enfants, rendre le bonheur à sa famille, et jeter charitablement sur nos plaies le manteau de saint Louis, à moitié déchiré de nos propres mains. Songeons que tous les maux que nous éprouvons, la perte de nos biens, de nos armées, les malheurs de l'invasion, le massacre de nos enfants, le trouble et la décomposition de toute la France, la perte de nos libertés, sont l'ouvrage d'un seul homme, et que nous devrons tous les biens contraires à un seul homme. Faisons donc entendre de toutes parts le cri qui peut nous sauver, le cri que nos pères faisoient retentir dans le malheur comme dans la victoire, et qui sera pour nous le signal de la paix et du bonheur : *Vive le roi!*

COMPIÈGNE.

AVRIL 1814.

Le roi étoit annoncé au château de Compiègne pour le 29 avril ; une foule de personnes arrivoient continuellement de Paris ; toutes étoient, comme du temps de Henri IV, *affamées de voir un roi*. Les troupes en garnison ici [1] étoient composées d'un régiment suisse et de divers détachements de la garde à pied et à cheval. On voyoit sur les visages, dans l'attente du souverain, un certain mélange d'étonnement, de crainte, d'amour et de respect. Des courriers se succédoient d'heure en heure, annonçant l'approche du roi. Tout à coup on bat aux champs ; une voiture attelée de six chevaux entre dans la cour où se trouvoient rangés, sur deux lignes, des soldats suisses et les gardes nationaux de Compiègne ; ceux-ci portoient, en guise de ceinture, une large écharpe blanche ; des lanciers de la garde se tenoient à cheval à l'entrée de la cour, et les grenadiers à pied étoient placés au vestibule. La voiture s'arrête devant le perron ; on l'entoure de toutes parts ; on en voit descendre non le roi, mais un vénérable vieillard soutenu par son fils : c'étoit M. le prince de Condé et M. le duc

---

[1] Compiègne.

de Bourbon. De vieux serviteurs de la maison de Condé, qui étoient accourus à Compiègne, poussent des cris en reconnoissant leur maître, se jettent sur ses mains et sur son habit, qu'ils baisent avec des sanglots. Ces princes n'étoient que deux, et tous les yeux cherchoient en vain le troisième! Le comte de Lostanges s'étant nommé au prince de Condé, le prince lui a répondu : *Ah! oui, le comte de Lostanges! vous étiez colonel de mon régiment d'Enghien?* et il lui jette les bras autour du cou. Le prince a monté l'escalier du vestibule, appuyé sur le bras de son fils, entre les grenadiers de la garde : j'ai vu, et tout le monde a vu comme moi, ces braves soldats couverts de blessures, portant la décoration de la Légion-d'Honneur, une large cocarde blanche dans leurs bonnets de peau d'ours, pleurer en rendant le salut des armes aux deux Condé, à ces représentants de l'ancienne gloire de la France, comme ces grenadiers eux-mêmes sont les dignes témoins de notre nouvelle gloire. Il est impossible de décrire la joie et la douleur que l'on ressentoit à la vue des deux derniers rejetons du vainqueur de Rocroi, de ces princes si braves, si illustres, si malheureux : ils étoient tout près de ce Chantilly qui n'existe plus ; mais quand l'héritier manque, qu'importe l'héritage ?

Enfin, le roi lui-même est arrivé. Son carrosse étoit précédé des généraux et des maréchaux de France, qui étoient allés au-devant de Sa Majesté. Ce n'a plus été des cris de *vive le roi!* mais des clameurs confuses dans lesquelles on ne distinguoit rien que les accents de l'attendrissement et de la joie. Quand le roi est descendu de sa voiture, soutenu par MADAME, duchesse d'Angoulême, la France a cru revoir son père. Ni le roi, ni MADAME, ni les maréchaux, ni les soldats ne pouvoient parler. On ne s'exprimoit que par des larmes. Les moins attendris crioient encore : *Vive le roi! vive notre père!* et c'est tout ce qu'ils pouvoient dire. Le roi portoit un habit bleu, distingué seulement par une plaque et des épaulettes; ses jambes étoient enveloppées de larges guêtres de velours rouge, bordées d'un petit cordon d'or. Il marche difficilement, mais d'une manière noble et touchante; sa taille n'a rien d'extraordinaire; sa tête est superbe, son regard est à la fois celui d'un roi et d'un homme de génie. Quand il est assis dans son fauteuil, avec ses guêtres à l'antique, tenant sa canne entre ses genoux, on croiroit voir Louis XIV à cinquante ans.

MADAME étoit vêtue d'une simple robe blanche; sa tête étoit couverte d'un petit chapeau blanc à l'angloise. Si quelque chose sur la terre peut donner l'idée d'un ange par la beauté, la modestie, la candeur, c'est certainement la fille de Louis et d'Antoinette : ses traits sont un mélange heureux de ceux de son père et de sa mère; une expression de douceur et de tristesse annonce dans ses regards ce qu'elle a souffert; on remarque jusque dans ses vêtements, un peu étrangers, des traces de son long exil. Elle ne cessoit de répéter en pleurant et en riant à la fois : *Que je suis heureuse d'être au milieu des bons François!* paroles bien dignes d'une princesse qui regrettoit; dans le palais de l'étranger, les prisons de la France.

Parvenu dans l'appartement qui lui étoit préparé, le roi s'est assis au milieu de la foule. On lui a présenté les dames qui se trouvoient à Compiègne : il a adressé à chacune d'elles les paroles les plus obligeantes. La même présentation a eu lieu pour MADAME. Le roi, un peu fatigué et prêt à se retirer, a dit à MM. les maréchaux et généraux : *Messieurs, je suis heureux de me trouver au milieu de vous;* et il a ajouté avec un accent qu'il auroit fallu entendre : *Heureux et* FIER ! Il a repris ensuite : *J'espère que la France sera désormais assez heureuse pour n'avoir plus besoin de vos talents; mais dans tous les cas,* a-t-il ajouté en se levant avec une gaîté noble qui rappeloit le descendant de Henri IV, *tout goutteux que je suis, je viendrai me mettre au milieu de vous;* et il a traversé le groupe aux cris répétés de *vive le roi!*

Le dîner a été servi à huit heures. Le roi, MADAME, M. le prince de Condé et M. le duc de Bourbon, MM. les maréchaux et généraux, les gentilshommes de service auprès du roi, les dames de MADAME, duchesse d'Angoulême, madame de Montboissier, fille de M. de Malesherbes, mesdames les duchesses de Duras, madame la comtesse de Simiane, et quelques autres personnes de distinction invitées par ordre de Sa Majesté, étoient à table. La foule étoit si grande dans le salon, que l'on pouvoit à peine servir. Au milieu du dîner, le roi a pris un verre de vin, et a dit à MM. les maréchaux et généraux : *Messieurs, buvons à l'armée.* Après le dîner, Sa Majesté est retournée dans le salon. Tout le monde vouloit se tenir debout. Le roi a fait asseoir MM. les maréchaux et généraux à sa droite. Ces braves capitaines ont paru singulièrement touchés de cette bonté du souverain : ils se rappeloient que l'étranger, sans égard pour leur âge, leurs travaux et leurs blessures, les forçoit à se tenir debout devant lui des heures entières, comme s'il eût cherché le respect dans les maux qu'il faisoit souffrir à ses serviteurs. On sait que le roi joint à l'esprit le plus remarquable la mémoire la plus étonnante ; il a donné des preuves de ces rares qualités en causant avec les personnes qui l'environnoient. En voyant marcher avec difficulté le maréchal Lefebvre, un peu tourmenté par la goutte, il lui dit : *Hé bien, maréchal, est-ce que vous êtes des nôtres?* Il a dit au maréchal Mortier : *Monsieur le maréchal, lorsque nous n'étions pas amis, vous avez eu pour la reine, ma femme, des égards qu'elle ne m'a pas laissé ignorer, et je m'en souviens aujourd'hui.* S'adressant au maréchal Marmont : *Vous avez été blessé en Espagne, et vous avez pensé perdre un bras?* « Oui, sire, a répondu le maréchal, « mais je l'ai retrouvé pour le service de Votre Ma« jesté. » Les maréchaux Macdonald, Ney, Moncey, Serrurier, Brune, le prince de Neuchâtel, tous les généraux, toutes les personnes présentes, ont obtenu pareillement du roi les paroles les plus affectueuses ; et il n'y avoit point de cœur qui ne fût subjugué. Le roi sans armes pouvoit dire, comme on l'a dit de Henri IV, qu'*il régnoit sur la France*,

Et par droit de conquête et par droit de naissance.

On entendoit de tous côtés : *Il verra comme nous le servirons ! Nous sommes à lui pour la vie.* Tous les intéressants exilés revenus avec leur maître, de la terre étrangère, tous les officiers de l'armée se serroient la main comme des frères, se disant : *Plus de factions, plus de partis ! tous pour Louis XVIII !* Telle est en France la force du souverain légitime, cette magie attachée au nom du roi. Un homme arrive seul de l'exil, dépouillé de tout, sans suite, sans gardes, sans richesses : il n'a rien à donner, presque rien à promettre. Il descend de sa voiture, appuyé sur le bras d'une jeune femme; il se montre à des capitaines qui ne l'ont jamais vu, à des grenadiers qui savent à peine son nom. Quel est cet homme ? C'est le fils de saint Louis ! c'est le roi ! Tout tombe à ses pieds, l'armée, les grands, le peuple, un million de soldats brûlent de mourir pour lui; on sent qu'il peut tout nous demander, nos enfants, notre vie, notre fortune; qu'il ne nous reste plus en propre que l'honneur, seul bien dont nous ne pouvons pas disposer, et dont un roi de France n'exigera jamais de nous le sacrifice.

DE

L'ÉTAT DE LA FRANCE

au 4 octobre 1814.

Accoutumés depuis long-temps aux prodiges, à peine remarquons-nous ceux qui se passent aujourd'hui sous nos yeux : il est vrai de dire cependant que de tous les miracles qui se sont opérés depuis quelques années, aucun n'est plus frappant que le bonheur actuel de la France. Pouvions-nous raisonnablement nous attendre à un calme aussi profond après une si longue tempête? Pour mieux juger de notre position au mois d'octobre de cette année, rappelons-nous l'état où nous nous trouvions au mois de mars de cette même année.

La France étoit envahie depuis le Rhin jusqu'à la Loire, depuis les Alpes jusqu'aux montagnes de l'Auvergne, depuis les Pyrénées jusqu'à la Garonne. Paris étoit occupé par l'ennemi. Cinq cent mille Russes, Allemands, Prussiens, restés de l'autre côté du Rhin, étoient prêts à seconder les efforts de leurs compatriotes par une seconde invasion, qui auroit achevé la désolation de la France; toute l'Espagne se préparoit à franchir les Pyrénées sur les traces de l'armée angloise, espagnole et portugaise. Plus d'un million de François avoient, en moins de treize mois, été appelés sur le champ de bataille. Un insensé, à qui l'on ne cessoit d'offrir la paix, s'obstinoit à arracher le dernier homme et le dernier écu à notre malheureuse patrie, pour soutenir au dehors un monstrueux système de guerre, au dedans une tyrannie plus monstrueuse encore. S'il parvenoit à prolonger la guerre, la France couroit le risque de ne plus offrir, en quelques mois, qu'un monceau de cendres ; s'il acceptoit enfin la paix, cette paix ne pouvoit plus être faite qu'à des conditions aussi déshonorantes pour lui que pour notre patrie ; il auroit fallu payer des contributions énormes, céder nos places frontières en garantie des traités ¹. Buonaparte, humilié dans son orgueil, trompé dans son ambition, eût couvert le royaume de deuil et de proscriptions. Déjà les listes étoient dressées, les victimes désignées, les villes entières condamnées : les confiscations, les expropriations auroient suivi les supplices ; la guerre civile auroit peut-être couronné toutes les dévastations de la guerre étrangère, et un despotisme sanglant se seroit assis pour jamais sur les ruines de la France.

Quel étoit dans ce moment notre unique espoir? Une famille que nous avions accablée de tous les maux en reconnoissance de tous les biens qu'elle avoit versés sur nous depuis tant de siècles ! cette famille exilée, presque oubliée de ses enfants ingrats, ne trouvoit pas chez les étrangers plus de souvenirs et plus d'appuis. Ce n'étoit point pour

¹ Les suites nécessaires du retour de Buonaparte n'ont que trop prouvé que ce n'étoit point là une simple conjecture.

elle qu'on se battoit; aucun des malheurs qui accabloient alors la France par suite d'une guerre désastreuse ne pouvoit être imputé à cette famille : à Châtillon, on traitoit de bonne foi avec Buonaparte. A peine permettoit-on à MONSIEUR de suivre presque seul, et de très loin, les armées envahissantes; il venoit coucher dans les ruines que Buonaparte avoit faites, essuyer les pleurs des paysans qui s'attroupoient autour de lui, secourir nos conscrits blessés, ne pouvant exercer de la prérogative royale que ces bienfaisantes vertus, qu'il avoit héritées du sang de saint Louis. Mgr le duc d'Angoulême n'étoit reconnu que comme simple volontaire à l'armée de lord Wellington; à Jersey, Mgr le duc de Berry sollicitoit en vain la faveur d'être jeté, avec ses deux aides de camp, sur les côtes de France; et il comptoit si peu sur le succès de ces courageuses entreprises, qu'il avoit fait renouveler le bail de sa maison à Londres.

C'est dans ce moment désespéré que la Providence acheva l'ouvrage dont elle avoit voulu se charger seule, afin de rendre sa main visible à tous. Les étrangers entrent dans Paris : Dieu change le cœur des princes, ouvre les yeux des François; un cri de *vive le roi!* sauve le monde. Buonaparte s'écrie qu'on l'a trahi. Trahi, grand Dieu! et par qui, si ce n'est par lui-même! Vit-on jamais une fidélité plus extraordinaire, plus touchante que celle de son armée? Jamais les soldats françois ne se sont montrés plus héroïques que dans l'instant même où, détestant l'auteur de nos infortunes, ils respectoient encore en lui leur général, et seroient morts avec lui si lui-même avoit su mourir.

Mais lorsqu'il eut emporté sa vie avec les millions qu'il avoit eu le courage de demander, la France se tourna vers notre véritable père, qui arrivoit de l'exil sans stipulations, sans traités, sans trésors, rentrant les mains vides, comme il étoit sorti; mais le cœur plein de cette tendresse et de cette miséricorde naturelle à la race de nos rois.

Qu'est-ce que le roi trouva en arrivant? Quatre cent mille étrangers dans le cœur de la France, 1700 millions de dettes, des armées désorganisées et sans solde depuis plusieurs mois, plus de trente mille officiers qui avoient droit à un sort et à des récompenses, quatre cent mille prisonniers prêts à rentrer dans leur patrie et à augmenter l'embarras du moment, une constitution à faire, des craintes à calmer, des espérances à remplir, des partis en présence, et tous les éléments d'une guerre civile. Il paroissoit sage à quelques personnes, que le roi, au milieu de tant d'embarras, ne connoissant ni le terrain sur lequel il marchoit, ni l'état des opinions, ni le caractère des hommes en France, inconnu lui-même à son peuple, il paroissoit sage, disons-nous, que le roi conservât auprès de lui une force étrangère. Le roi rejeta noblement cette idée : une paix honorable fit sortir les alliés du royaume; il ne nous en coûta ni contributions ni places fortes; nous conservâmes nos anciennes frontières, et même nous nous agrandîmes du côté de la Savoie. Les monuments des arts nous restèrent : tout cela fut le fruit de l'estime des alliés pour le roi. Une Charte assura nos droits politiques. Bientôt cette armée, si embarrassante par le nombre de ses soldats, a vu, comme par miracle, presque tout son arriéré acquitté, et le reste de cet arriéré au moment de l'être. Les officiers qui n'ont pu trouver place dans la nouvelle organisation militaire reçoivent, au sein de leur famille, une pension qui leur assure cet honorable repos, récompense naturelle de la gloire. Les propriétés ont été garanties; la confiance renaît; les manufactures reprennent leurs travaux : tout marche vers la prospérité. La modération, le génie et les vertus d'un seul homme ont opéré ces prodiges : et il n'en a pas coûté une goutte de sang à la France; et personne n'a été ni inquiété, ni persécuté pour son opinion; ni aucune prison ne s'est ouverte, sinon pour rendre la liberté à quelques victimes; et aucun acte arbitraire du pouvoir ne s'est mêlé à tant d'actes de clémence et de bonté! Nous sommes trop près de ces merveilles pour les apprécier comme elles le méritent; mais l'histoire les présentera à l'admiration des hommes : elle ajoutera au nom de Louis-le-*Désiré* le surnom de *Sage,* que la France a déjà eu la gloire de donner à l'un de ses rois.

Si on en avoit cru quelques personnes qui avoient leurs raisons pour semer de pareilles alarmes, la France, à l'arrivée des Bourbons, alloit devenir le théâtre des réactions et des vengeances. Que pourroient-elles dire aujourd'hui? Quoi! pas une exécution, pas un emprisonnement, pas un exil pour consoler leurs prophéties! Au retour de Charles II en Angleterre, le parlement fit mettre en jugement plusieurs coupables. Au retour de Louis XVIII en France, tout le monde conserve la vie, la fortune, la liberté, rien pour de certains hommes n'est perdu, *fors l'honneur!* Quelque opinion que l'on ait, ou que l'on ait eue, on convient généralement que jamais la France n'a été aussi heureuse à aucune époque que dans les quatre mois qui se sont écoulés depuis le rétablissement de la monarchie. Il n'y a aucun François qui ne porte en lui-même le sentiment de son affranchissement et de sa pleine liberté. Chacun s'endort, sûr de n'être pas réveillé au milieu de la nuit, pour être traîné par des espions à la police, ou par des gendarmes à un tribunal militaire. Le propriétaire sait qu'il conservera son bien, la mère son enfant: elle ne tremble plus dans la crainte de voir chaque matin, au coin de la rue, afficher quelque nouvelle conscription. Le fermier, l'artisan, ne se mettent plus d'avance à la torture, pour savoir comment ils rachèteront le seul fils qui leur reste; le conscrit, qui ne le sera plus, ne songe plus à se mutiler pour se dérober à la mort. Les taxes seules pèsent encore sur la France; mais du moins on est certain qu'elles seront réduites dans un temps donné, qu'elles ne seront point imposées arbitrairement par la première autorité de l'État, et jusque par des préfets, des sous-préfets, des maires et des adjoints. L'État a des dettes, il faut bien les payer. Et qui les a contractées ces dettes? Est-ce le roi ou l'homme de l'île

d'Elbe ? Si le roi avoit voulu dire : « Je ne suis pas
« obligé de reconnoître les dettes de Buonaparte ; la
« fortune que la plupart des fournisseurs ont faite
« les dédommagera assez de la perte qu'ils éprouve-
« ront, » qu'auroit-on eu à répondre ? Mais le roi a
cru qu'il y alloit de son honneur, comme de celui
de la France, d'acquitter scrupuleusement toute
dette qui pouvoit être regardée comme dette de
l'État ; et, par cette bonne foi digne d'un descendant de Henri IV, il donne à la France un crédit qui
doublera la fortune publique.

Ainsi, les grands malheurs dont nous menaçoit
le retour des Bourbons se réduisent à quelques
murmures ; et ces murmures, quand on veut aller
au fond de la chose, naissent tous de quelque espérance trompée, de quelque place qu'on demandoit et qu'on n'a pas obtenue. La moitié de la France,
sous le despotisme qui vient de finir, étoit payée
par l'autre. Le moyen de soutenir un pareil abus !
Buonaparte lui-même, s'il fût resté sur le trône
sans être le maître de l'Europe, auroit-il pu maintenir toutes les places qu'il avoit créées ? Il ne les
payoit déjà plus. Pour faire taire les mécontents, il
les auroit fusillés. D'ailleurs toutes les traces d'une
révolution de vingt-cinq années peuvent-elles être
effacées dans l'espace de six mois ? A la mort de
Henri IV, il se trouva encore de vieux ligueurs qui
applaudirent au parricide de Ravaillac. Il faut donc
nous attendre à voir encore long-temps, et peut-
être toute notre vie, les opinions des François par-
tagées sur une foule d'objets : les uns détester ce

que les autres aimeront; ceux-ci vanter, ceux-là dénigrer le gouvernement.

Selon les constitutionnels, la constitution n'est pas assez *libérale*. Selon les anciens royalistes, on se seroit bien passé d'une constitution. Ne peut-on pas dire aux premiers : « S'il y a quelque chose de
« défectueux dans la constitution actuelle, le temps
« y apportera remède. La constitution angloise,
« objet de votre admiration, n'a pas été l'ouvrage
« d'un jour. Il suffit que les fondements de la liberté
« publique soient établis parmi nous, que le peuple
« soit représenté, qu'il ne puisse être imposé que
« du consentement de ses représentants, qu'aucun
« homme ne puisse être ni dépouillé, ni exilé, ni
« emprisonné, ni mis à mort arbitrairement. As-
« seyons-nous un moment sur ces grandes bases, et
« respirons du moins après une course si violente
« et si rapide. »

Ne peut-on pas dire aux derniers : « L'ancienne
« constitution du royaume étoit sans doute excel-
« lente; mais pouvez-vous en réunir les éléments?
« Où prendrez-vous un clergé indépendant, repré-
« sentant, par ses immenses domaines, une partie
« considérable des propriétés de l'État? Où trouve-
« rez-vous un corps de gentilshommes assez nom-
« breux, assez riches, assez puissants pour former,
« par leurs anciens droits féodaux, par leurs terres
« seigneuriales, par leurs vassaux et leur patro-
« nage, par leur influence dans l'armée, un contre-
« poids à la couronne? Comment rétablirez-vous
« ces priviléges des provinces et des villes, les pays

« d'états, les grands corps de magistrature qui
« mettoient de toutes parts des entraves à l'exer-
« cice du pouvoir absolu ? L'esprit même de ces
« corps dont nous parlons n'est-il pas changé ?
« L'égalité de l'éducation et des fortunes, l'opinion
« publique, l'accroissement des lumières, permet-
« troient-ils aujourd'hui des distinctions qui cho-
« queroient toutes les vanités ? Les institutions de
« nos aïeux, où l'on reconnoissoit les traces de la
« sainteté de notre religion, de l'honneur de notre
« chevalerie, de la gravité de notre magistrature,
« sont sans doute à jamais regrettables ; mais peut-
« on les faire revivre entièrement ? Permettez donc,
« puisqu'il faut enfin quelque chose, qu'on essaie
« de remplacer l'honneur du chevalier par la di-
« gnité de l'homme, et la noblesse de l'individu par
« la noblesse de l'espèce. En vain voudriez-vous
« revenir aux anciens jours : les nations, comme les
« fleuves, ne remontent point vers leurs sources : on
« ne rendit point à la république romaine le gou-
« vernement de ses rois, ni à l'empire d'Auguste
« le sénat de Brutus. Le temps change tout, et l'on
« ne peut pas plus se soustraire à ses lois qu'à ses
« ravages. »

Qu'il reste donc encore un peu de chaleur dans
nos opinions, cela ne peut être autrement. Le despotisme qui vient de finir nous avoit fait sortir de
l'ordre naturel. Toutes nos passions étoient exal-
tées ; le soldat ne songeoit qu'à devenir maréchal
de France, au prix de la vie d'un million de François ; le plus mince commis aux douanes voyoit

6.

en perspective un ministère; l'ouvrier sorti de sa boutique ne vouloit plus y rentrer; la jeunesse, débarrassée du joug domestique, se plongeoit dans toutes les jouissances et dans toutes les chimères de son âge. Un devoir qui se réduisoit à une bassesse, *obéir aveuglément à la volonté d'un maître*, remplaçoit toute la morale de la vie. Buonaparte étoit le chef visible du mal, comme le démon en est le chef invisible. Toutes les ambitions désordonnées se rassembloient autour de lui; à peu près comme les songes qui viennent se suspendre à l'arbre funeste que Virgile place à la porte des enfers.

Aujourd'hui, il nous en coûte de rentrer dans le devoir; le repos nous paroît insipide. Mais, comme l'ordre est l'état naturel des choses, nous reprendrons malgré nous le goût des choses honnêtes et des jouissances légitimes. Il est curieux de voir la surprise des hommes accoutumés à gouverner par les moyens violents du despotisme. Ils prédisent des révolutions, des soulèvements qui n'arrivent pas; ils prennent leurs opinions particulières, leur humeur, leurs intérêts secrets, pour l'opinion, l'humeur et l'intérêt de la France. *On n'administre pas*, disent-ils. *Cela n'ira pas; cela ne peut pas aller.* Hé, pourquoi? parce qu'on n'a pas fusillé ce matin à la plaine de Grenelle; parce que la police n'a pas mis à Vincennes cette nuit une douzaine de personnes; parce qu'on n'a pas amené du bout de la France des prisonniers dans des *cages* de poste; parce qu'on n'a pas payé assez d'espions, parce qu'on n'empêche personne de parler, d'écrire, d'imprimer même ce qu'il veut; parce qu'on ne s'est mêlé ni des opérations du commerce, ni de celles de l'agriculture; parce que le conseil d'État n'a pas pris dans un seul jour cent arrêtés contradictoires; parce que, ayant à choisir sur vingt-cinq millions de François, on n'a pas cru que tous les talents fussent exclusivement renfermés dans les têtes de quelques hommes que l'opinion publique repousse, et qu'on n'a pas appelé ces hommes au gouvernement! Ces personnes (distinguées d'ailleurs par l'expérience des affaires) sont cependant de mauvais juges de la marche d'un gouvernement légal : elles n'ont connu que la révolution et ses violences; uniquement occupées de la force physique, elles n'ont aucune idée de la force morale. Elles sont étonnées que tout aille sans efforts, et presque sans qu'on s'en mêle : elles ne savent pas qu'un roi légitime est une plante qui étend naturellement ses branches et ses racines, s'affermit, donne de la protection et de l'ombre, par la seule raison que la terre et le ciel lui sont favorables, et qu'elle croît dans son sol natal. Il est impossible que ce sentiment de sécurité qu'on éprouve ne pénètre pas à la longue toutes les âmes, n'entre pas dans les chaumières et dans les palais, et qu'à la fin on ne se dise pas : « Mais nous sommes « cependant heureux ! »

Que ceux qui croient le gouvernement si foible l'examinent d'après les faits et les résultats, et ils verront qu'il est déjà beaucoup plus fort que ce gouvernement de fer auquel il a succédé. Auroit-on pu, par exemple, laisser imprimer contre le dernier despotisme les livres que l'on imprime aujourd'hui contre l'autorité existante, sans que le despotisme en eût été ébranlé? Les plus infâmes libelles, les ouvrages les plus audacieux se colportent, se vendent publiquement : cela fait-il rien à personne? Qui est-ce qui lit ces ouvrages? Et si on les lit, quels sont les lecteurs qui se laissent persuader? On dira que les auteurs, en signant les libelles, en détruisent eux-mêmes l'effet, comme les poisons se neutralisent mutuellement; que l'infamie de l'écrivain corrige le venin de l'ouvrage. Par une raison ou par une autre, il est cependant certain qu'un gouvernement qui compte à peine quatre ou cinq mois d'existence, qui s'est établi, comme nous l'avons vu, au milieu de tant de factions et de tant de malheurs, résiste à une épreuve qui eût renversé Buonaparte au plus haut point de sa puissance. Dans les cafés, dans les salons, on juge hautement les actes du ministère, les lois discutées dans les deux Chambres; on critique, on crie, on blâme, on loue : la marche du gouvernement en paroît-elle dérangée?

La France est ouverte de toutes parts : on y voyage comme on veut. S'il y a des ennemis secrets, ils peuvent y entrer, en sortir quand bon leur semble. Ils peuvent correspondre, se donner des rendez-vous, en un mot, *conspirer* ouvertement sur les places publiques et au coin des rues. Les craint-on? Pas du tout. Buonaparte auroit-il pu leur laisser cette liberté? On ne daigneroit pas même se mettre en défense, ils viendroient échouer devant la douceur et l'indulgence d'un gouvernement paternel qui arrêteroit le bras prêt à les punir: le roi les accableroit du poids de son pardon et de sa bonté. On ne peut rien de redoutable contre une autorité fondée sur la légitimité et la justice. La France est remplie des parents et des créatures de Buonaparte, et ils sont protégés comme les autres citoyens, sans que l'on songe à se prémunir contre eux. Une grande princesse est venue, sous la généreuse protection du roi, prendre les eaux dans nos provinces, et pourtant la plaie étoit bien vive et bien récente! Cette princesse pouvoit réveiller de puissants souvenirs! Hé bien! qu'est-ce que sa présence a produit? Se représente-t-on Mme la duchesse d'Angoulême aux eaux d'Aix sous le gouvernement si robuste de la tyrannie, lorsque le seul nom de Bourbon faisoit trembler le roi des rois? Enfin, un frère de l'étranger est établi sur notre frontière, où il se montre avec une richesse qu'il seroit plus décent de cacher. En a-t-on témoigné la moindre inquiétude? A-t-on demandé son éloignement? Qu'on apprenne donc à juger de la force d'un gouvernement, non par ses actes administratifs, mais par son plus ou moins de morale, de modération et de justice. La force des rois est inébranlable quand elle vient des lumières de leur esprit et de la droiture de leur cœur.

Les Bourbons ont erré, presque sans asile, sur la surface de la terre; exposés aux craintes de l'usurpateur, ils ne pouvoient surtout approcher des frontières de France sans courir les risques de la vie, témoin l'infortuné duc d'Enghien. Aujourd'hui ils ne poursuivent point ceux qui les ont si cruellement poursuivis; ils les laissent paroître autour d'eux, sans leur montrer la moindre crainte, sans même prendre les précautions qui paroîtroient si naturelles. Qui n'admireroit une confiance aussi magnanime, une absence aussi absolue de tout ressentiment ? Louis XVIII a raison. C'est en s'abandonnant ainsi à la loyauté des François qu'il prouve invinciblement la légitimité de ses droits et la solidité de son trône. Il semble qu'il nous ait crié, en arrivant à Calais, comme Philippe de Valois aux portes du château de Broye : « Ouvrez, c'est la fortune de la France! » Nous lui avons ouvert; et nous lui prouverons que nous sommes dignes de l'estime qu'il nous a témoignée, lorsqu'il a si noblement confié à notre foi ses vertus et ses malheurs.

RÉFLEXIONS POLITIQUES.

RÉFLEXIONS POLITIQUES.

DÉCEMBRE 1814.

CHAPITRE PREMIER.

Cas extraordinaire.

Un juge établi sur un tribunal d'après les anciennes constitutions du pays, et non par le fait d'une révolution violente, a condamné un homme à mort. Cet homme a été justement condamné : il étoit coupable des plus grands crimes. Mais cet homme avoit un frère ; ce frère n'a pas pu et n'a pas dû se dépouiller des sentimens de la nature : ainsi, entre le juge du coupable et le frère de ce coupable, il ne pourra jamais s'établir aucune relation. Le cri du sang a pour toujours séparé ces deux hommes.

Un juge établi sur un tribunal d'après les anciennes constitutions du pays, et non par le fait d'une révolution violente, a condamné un homme à mort. Cet homme n'étoit pas coupable du crime dont on l'accusoit ; mais, soit prévarication, soit erreur, le juge a condamné l'innocence. Si cet homme a un frère, ce frère, bien moins encore que dans le premier cas, ne peut jamais communiquer avec le juge.

Enfin, un homme a condamné un homme à mort : l'homme condamné étoit innocent; l'homme qui l'a condamné n'étoit point son juge naturel ; l'innocent condamné étoit un roi; le prétendu juge étoit son sujet. Toutes les lois des nations, toutes les règles de la justice ont été violées pour commettre le meurtre. Le tribunal, au lieu d'exiger les deux tiers des voix pour prononcer la sentence, a rendu son arrêt à la majorité de quelques voix. Afin d'obtenir cette majorité, on a même été obligé de compter le vote des juges qui avoient prononcé la mort conditionnellement. Le monarque, conduit à l'échafaud, avoit un frère. Le juge qui a condamné l'innocent, le sujet qui a immolé son roi, pourra-t-il se présenter aux yeux du frère de ce roi? S'il ne peut se présenter devant lui, osera-t-il pourtant lui écrire? S'il lui écrit, sera-ce pour se déclarer criminel, pour lui offrir sa vie en expiation? Si ce n'est pour dévouer sa tête, c'est du moins pour révéler quelque secret important à la sûreté de l'État ! Non : il écrit à ce frère du roi pour se plaindre d'être injustement traité; il pousse la plainte jusqu'à la menace ; il écrit à ce frère devenu roi, et dont, par conséquent, il est devenu le sujet, pour lui faire l'apologie du régicide, pour lui prouver, par la parole de Dieu et par l'autorité des hommes, qu'il est permis de tuer son roi. Joignant ainsi la théorie à la pratique, il se présente à Louis XVIII comme un homme qui a bien mérité de lui; il vient lui montrer le corps sanglant de Louis XVI,

Et sa tête à la main demander son salaire.

Est-ce au fond d'un cachot, dans l'exaspération du malheur, que cette apologie du régicide est écrite? L'auteur est en pleine liberté; il jouit des droits des autres citoyens; on voit à la tête de son ouvrage l'énumération de ses places et les titres de ses honneurs : places et honneurs dont quelques-uns lui ont été conférés depuis la restauration[1]. Le roi, sans doute transporté de douleur et d'indignation, a prononcé quelque arrêt terrible? le roi a donné sa parole de tout oublier.

CHAPITRE II.

Paroles d'un des juges d'Harrison.

Mais le monde, comme le roi, n'a pas donné sa parole; il pourra rompre le silence. Par quelle imprudence des hommes qui devroient surtout se faire oublier, sont-ils les premiers à se mettre en avant, à écrire, à dresser des actes d'accusation, à semer la discorde, à attirer sur eux l'attention publique? Qui pensoit à eux? Qui les accusoit? Qui leur parloit de la mort du roi? Qui les prioit de se justifier? Que ne jouissoient-ils en paix de leurs honneurs? Ils s'étoient vantés, dans d'autres

---

[1] *Mémoire au roi*, par M. CARNOT.

écrits, d'avoir condamné Louis XVI à mort : eh bien, personne ne vouloit leur ravir cette gloire ! Ils disent qu'ils sont *proscrits* : est-il tombé un cheveu de leur tête ? Ont-ils perdu quelque chose de leurs biens, de leur liberté ? Pourquoi, fidèles au souvenir de nos temps de malheurs, continuent-ils à accuser leurs victimes ? Y a-t-il beaucoup de courage et de danger à braver aujourd'hui un Bourbon ? Faut-il porter dans son sein un cœur de bronze, pour affronter leur bonté paternelle ? Est-il bien glorieux de rompre le silence que l'on gardoit sous Buonaparte, pour venir dire de fières vérités à un monarque qui, assis, après vingt-cinq ans de douleurs, sur le trône sanglant de son frère, ne répand autour de lui qu'une miséricorde presque céleste ? Qu'arrive-t-il ? c'est que le public est enfin obligé d'entrer dans des questions qu'il eût mieux valu ne pas agiter.

Le colonel Harrison, un des juges de Charles Ier, fut, après la restauration de Charles II, traduit devant un tribunal pour être jugé à son tour. Parmi les diverses raisons qu'il apporta pour sa défense, il fit valoir le silence que le peuple anglois avoit gardé jusqu'alors sur la mort de Charles Ier. Un des juges lui répondit : « J'ai ouï conter l'histoire
« d'un enfant devenu muet de terreur en voyant
« assassiner son père. L'enfant, qui avoit perdu
« l'usage de la voix, garda profondément gravés
« dans sa mémoire les traits du meurtrier : quinze
« ans après, le reconnoissant au milieu d'une foule,
« il retrouva tout à coup la parole et s'écria : *Voilà*

« *celui qui a tué mon père!* Harrison, le peuple an-
« glois a cessé d'être muet; il nous crie, en te regar-
« dant : *Voilà celui qui a tué notre père*[1] ! »

CHAPITRE III.

Que la doctrine du régicide a paru en Europe vers le milieu du seizième siècle. Buchanan. Mariana. Saumaise et Milton.

La doctrine du régicide n'est pas nouvelle : un peu après la mort de Henri III, il parut des écrits où l'on avançoit qu'il est permis à un peuple de se défaire d'un tyran : les justifications suivent les crimes. On examina à cette époque les opinions que nous avons cru appartenir à notre siècle. Ce ne furent pas seulement les protestants qui rêvèrent des républiques; les catholiques se livrèrent aussi aux mêmes songes. Il est remarquable que les pamphlets de ces temps-là sont écrits avec une vigueur, une science, une logique, qu'on retrouve rarement aujourd'hui.

Buchanan, dans le dialogue *de Jure regni apud Scotos*, et Mariana, surtout, dans le Traité *de Rege et regis institutione*, réunirent en un corps de doctrine ces idées éparses dans divers écrits.

On prétendit que Ravaillac avoit puisé dans Mariana les sentiments qui coûtèrent la vie à Henri IV. Ravaillac ne savoit pas le latin, et il n'avoit pu lire le traité *de Rege*; mais il avoit pu entendre parler des opinions qui y sont déduites. Ainsi la doctrine du régicide parut d'abord dans le monde pour

[1] *The Judict. Arraign. Trial of twenty-nine Regicides*, pag. 56.

préconiser le crime de Jacques Clément, et pour inspirer celui de Ravaillac.

La mort de Charles Ier donna une nouvelle célébrité aux principes de Buchanan et de Mariana. Un champion de l'autorité royale, Saumaise, descendit dans l'arène, armé de toute l'érudition de son siècle; il publia son fameux Traité, *Defensio Regia pro Carolo I*.

Il prouva d'abord l'inviolabilité et la puissance légale des rois, d'après des préceptes et des exemples puisés dans l'Ancien-Testament; il trouva ensuite dans le Nouveau-Testament et dans la doctrine des Pères d'autres autorités pour foudroyer encore les principes des régicides. De là, passant aux auteurs profanes, il invoqua en faveur de l'autorité royale les plus grands philosophes et les plus grands historiens de l'antiquité. Saumaise ne resta pas sans réponse; il eut la gloire d'avoir pour adversaire un des plus beaux génies de l'Angleterre. Milton s'étoit déjà signalé dans son ouvrage sur le *Droit des Rois et des Magistrats*, qui n'est qu'un commentaire du Traité de Mariana. Il releva le gant jeté aux régicides. « Il réfuta Sau-
« maise, dit Voltaire, comme une bête féroce combat
« un sauvage. » Il eût été plus juste de dire comme un fanatique combat un pédant. Le style latin de Milton[1] est serré, énergique; souvent à la vigueur de l'expression, on reconnoît l'auteur du *Paradis perdu;* mais le raisonnement est digne de la cause

---

[1] *Joannis Miltonis pro populo anglicano Defensio.*

que Milton avoit embrassée. Les plaisanteries ne sont pas toujours de bon goût; l'érudition, quoique moins prodiguée que dans le Traité de Saumaise, vient souvent hors de propos, et l'auteur ne répond solidement à rien.

Écoutons encore Voltaire : « Milton, dit-il, avait « été quelque temps secrétaire, pour la langue latine, « du parlement appelé le *Rump* ou le *Croupion*. « Cette place fut le prix d'un livre latin en faveur « des meurtriers du roi Charles Ier; livre (il faut « l'avouer) aussi ridicule par le style que détestable « par la matière.

« On peut juger si un tel pédant atrabilaire, dé-« fenseur du plus énorme crime, put plaire à la cour « polie et délicate de Charles II. »

Le grand argument de Milton étoit aussi celui des juges de Charles Ier. Il le trouvoit, comme Ludlow, dans ce texte de l'Écriture : « La terre ne « peut être purifiée du sang qui a été répandu que « par le sang de celui qui l'a répandu. »

Cet argument n'eût rien valu contre Louis XVI.

CHAPITRE IV.

Parallèle.

Telle fut cette fameuse controverse. Ceux qui la rappellent aujourd'hui paroissent ignorer ce qu'on a dit et écrit avant eux sur ce sujet : tant ils sont foibles en preuves, en citations et en raisonnements! De même que les régicides anglois, ils citent l'Écriture sainte à l'appui de leur doctrine; mais ils la citent vaguement, ou parce qu'ils la connoissent peu, ou parce qu'ils sentent qu'elle ne leur est pas favorable. Les auteurs de la mort de Charles étoient pour la plupart des fanatiques de bonne foi, des chrétiens zélés qui, abusant du texte sacré, tuèrent leur souverain *en conscience;* mais parmi nous, ceux qui font valoir l'autorité de l'Écriture dans une pareille cause ne pourroient-ils pas être soupçonnés de joindre la dérision au parricide; de vouloir, par des citations tronquées, mal expliquées, troubler le simple croyant, tandis que pour eux-mêmes ces citations ne seroient que ridicules? Employer ainsi l'incrédulité à immoler la foi; justifier le meurtre de Louis XVI par la parole de Dieu, sans croire soi-même à cette parole; égorger le roi au nom de la religion pour le peuple, au nom des lumières pour les esprits éclairés; allumer l'autel du sacrifice au double flambeau du fanatisme et de la philosophie, ce seroit, il faut en convenir, une combinaison nouvelle.

Si les régicides anglois étoient, comme nous venons de le dire, des fanatiques de bonne foi; ils avoient encore un autre avantage. Ces hommes, couverts du sang de leur roi, étoient purs du sang de leurs concitoyens. Ils n'avoient pas signé la proscription d'une multitude d'hommes, de femmes, d'enfants et de vieillards; ils n'avoient pas apposé leurs noms, *de confiance,* au bas des listes de condamnés, après des noms très peu faits pour inspirer cette confiance. Pourtant ces hommes qui n'avoient pas fait tout cela étoient en horreur : on les fuyoit comme s'ils avoient eu la peste, on les tuoit comme des bêtes fauves. Qu'il étoit à craindre que cet effrayant exemple n'entraînât les François ! Et cependant, que disons-nous à certains hommes ? Rien. Ils jouissent de leur fortune, de leur rang, de leurs honneurs. Comme le roi, nous ne leur eussions jamais parlé de ce qu'ils ont fait, s'ils n'avoient été les premiers à nous le rappeler, à se transformer en accusateurs; et ils osent crier à l'esprit de vengeance ! Craignons plutôt que la postérité ne porte de nous un tout autre jugement, qu'elle ne prenne cette admirable facilité de tout pardonner pour une indifférence coupable, pour une légèreté criminelle; qu'elle ne regarde comme une misérable insouciance du vice et de la vertu ce qui n'est qu'une impossibilité absolue de récriminer et de haïr.

Les Anglois qui firent leur révolution étoient des républicains sincères : conséquents à leurs principes, les premiers d'entre eux ne voulurent point servir Cromwell; Harrison, Ludlow, Vane, Lambert, s'opposèrent ouvertement à sa tyrannie, et furent persécutés par lui. Ils avoient pour la plupart toutes les vertus morales et religieuses; par leur conviction, ils honorèrent presque leur crime. Ils ne s'enrichirent point de la dépouille des proscrits. Dans les actes de leur jugement, lorsque le président du tribunal fait aux témoins cette question d'usage : « L'accusé a-t-il des biens et des « châteaux ? » La réponse est toujours : « Nous ne lui

« en connoissons point. » Harrison écrit en mourant à sa femme qu'il ne laisse que sa Bible [1].

Tout homme qui suit sans varier une opinion est du moins excusable à ses propres yeux; un républicain de bonne foi, qui ne cède ni au temps ni à la fortune, peut mériter d'être estimé, quand d'ailleurs on n'a à lui reprocher aucun crime.

Mais si des fortunes immenses ont été faites; si, après avoir égorgé l'agneau, on a caressé le tigre; si Brutus a reçu des pensions de César, il fera mieux de garder le silence; l'accent de la fierté et de la menace ne lui convient plus.

« On ne pouvoit rien contre la force. »

— Vous avez pu quelque chose contre la vertu!

On donne une singulière raison de la mort de Louis XVI : on assure qu'il n'étoit déjà plus roi lorsqu'il fut jugé; que sa perte étoit inévitable, que sa mort fut prononcée comme on prononce celle d'un malade dont on désespère.

Avons-nous bien lu, et en croirons-nous nos yeux? Depuis quand le médecin empoisonne-t-il le malade lorsque celui-ci n'a plus d'espérance de vivre? Et la maladie de Louis XVI étoit-elle donc si mortelle? Plût à Dieu que ce roi, que l'on a tué parce qu'il n'y *avoit plus moyen de contenir les factions*, eût été la victime de ces factions mêmes! Plût à Dieu qu'il eût péri dans une insurrection populaire! La France pleureroit un malheur; elle n'auroit pas à rougir d'un crime.

[1] *Trial of the Reg.*

Vous assurez « que si les juges qui ont condamné « le roi à mort se sont trompés, ils se sont trompés « avec la nation entière, qui, par de nombreuses « adresses, a donné son adhésion au jugement. Les « gouvernements étrangers, en traitant avec ces « juges, ont aussi prouvé qu'ils ne blâmoient pas « le meurtre de Louis. »

Ne flétrissez point tous les François pour excuser quelques hommes. Peut-on sans rougir alléguer les adresses de ces communes gouvernées par un club de Jacobins, et conduites par les menaces et la terreur ? D'ailleurs, un seul fait détruit ce que l'on avance ici. Si, en conduisant le roi à l'échafaud, on n'a fait que suivre l'opinion du peuple, pourquoi les juges ont-ils rejeté l'appel au peuple ? Si Louis étoit coupable, si les vœux étoient unanimes, pourquoi, dans la Convention même, les suffrages ont-ils été si balancés ? La Haute-Cour qui condamna Charles le condamna à l'unanimité. La France vous rend le fardeau dont vous voulez vous décharger sur elle; il est pesant! mais il est à vous, gardez-le.

« Les nations étrangères ont traité avec vous ! » Ce ne fut point au moment de la mort du roi. L'assassinat de Louis, du plus doux, du plus innocent des hommes, acheva d'armer contre vous l'Europe entière. Un cri d'indignation s'éleva dans toutes les parties du monde : un François étoit insulté pour votre crime jusque chez ces peuples accoutumés à massacrer leurs chefs, à Constantinople, à Alger, à Tunis. Parce que les étrangers ont traité avec vous, ils ont approuvé la mort du roi ! Dites plutôt que le courage de nos soldats a sauvé la France du péril où vous l'aviez exposée en appelant sur un forfait inouï la vengeance de tous les peuples. Ce n'est point avec vous qu'on a traité, mais avec la gloire de nos armes, avec ce drapeau autour duquel l'honneur françois s'étoit réfugié, et qui vous couvroit de son ombre.

CHAPITRE V.

Illusions des apologistes de la mort de Louis XVI.

Que veulent donc au fond les auteurs de ces déplorables apologies ? La république ? Ils sont guéris de cette chimère. Une monarchie limitée ? Ils l'ont; et ils conviennent eux-mêmes que toutes les garanties de la liberté sont dans la Charte. Si nous sondons la blessure, nous trouverons une conscience malade qui ne peut se tranquilliser, une vanité en souffrance qui s'irrite de n'être pas seule appelée aux conseils du roi, et qui voudroit jouir auprès de lui, non-seulement de l'égalité, mais encore de la préférence; enfin un désespoir secret né de l'obstacle insurmontable qui s'élève entre Louis XVIII et les juges de Louis XVI. Ne seroit-il pas bien plus favorable pour ces hommes de se rendre justice, d'avouer ingénument leurs torts, de convenir qu'ils ne peuvent pas être une société pour le roi, de reconnoître ses bontés au lieu de se sentir humiliés de son silence, de la paix qu'il leur accorde, et du bonheur qu'il répand sur eux pour toute vengeance?

Il est assez probable toutefois qu'ils ne se mettent si fort en avant que parce qu'ils se font illusion sur leur position : il faut les détromper.

Ce n'est pas sans raison qu'ils nous répètent que la France entière est coupable avec eux, de la mort du roi. « Si on nous frappe, disent-ils, « on frappera bientôt ceux qui nous suivent : nous « sommes la première phalange; une fois rompue, « le reste sera enfoncé de toutes parts. » Ils espèrent ainsi enrôler beaucoup de monde sous leur drapeau, et se rendre redoutables par cette espèce de coalition.

D'abord on ne veut point les atteindre; on ne les menace point. Pourquoi sont-ils si susceptibles? pourquoi prendre les pleurs que l'on répand sur la mémoire de Louis XVI pour des actes d'accusation? Faut-il, pour ménager leur délicatesse, s'interdire tous regrets? La douleur est-elle une vengeance, le repentir une réaction? En admettant même que ces personnes eussent de justes sujets de crainte, elles sont complétement dans l'erreur lorsqu'elles s'imaginent que tous les François font cause commune avec elles. La mort du roi et de la famille royale est le véritable crime de la révolution. Beaucoup d'autres actes de cette révolution sont des erreurs collectives, souvent expiées par des vertus et rachetées par des services, des torts communs qui ne peuvent être imputés à des particuliers, des malheurs qui sont le résultat des passions, le produit du temps, et l'inévitable effet de la nécessité.

Mais les auteurs de la mort du roi ont une cause parfaitement isolée : sous ce rapport, ils n'inspirent aucun intérêt.

Ce n'est point ici une vaine supposition : la formation de la Chambre des pairs a amené nécessairement quelques exclusions : le peuple s'en est-il affligé ? La Chambre des députés comptoit, parmi ses officiers inférieurs, quelques personnes assez malheureuses pour avoir participé à la mort de Louis XVI : elle les a invitées à se retirer. La nation n'a vu dans cette conduite que l'interprétation de ses propres sentiments. Tous les exemples nobles et utiles devoient être donnés par les dignes représentants du peuple françois : un d'entre eux a fait lui-même le courageux aveu de sa faute, en s'exilant du milieu de ses collègues. Se juger ainsi, c'est ôter à jamais aux autres le droit de juger ; c'est sortir de la classe des coupables pour entrer dans celle des infortunés.

Ceux qui ont prononcé l'arrêt de Louis XVI doivent donc perdre la pensée de rattacher tous les François à leur cause. Il faut encore qu'ils ne mettent pas trop leur confiance en leur propre nombre. En effet, ne conviendroit-il pas de retrancher de ce nombre ceux qui ont voté la mort avec l'appel au peuple, ou avec une condition tendant à éloigner l'exécution ? Ceux-là avoient peut-être la pensée de sauver leur maître. Dans un pareil temps, vingt-quatre heures étoient tout ; on pouvoit croire que des votes qui présentoient un espoir de salut, sans heurter de front la fureur révolutionnaire, étoient plus propres à sauver le roi qu'un *non* absolu. C'est une erreur, une foiblesse; mais qui n'a point d'erreurs, de foiblesses? Transportons-nous à ces moments affreux; voyons les bourreaux, les assassins remplir les tribunes, entourer la Convention, montrer du doigt, désigner au poignard quiconque refusoit de concourir à l'assassinat de Louis XVI. Les lieux publics, les places, les carrefours retentissoient de hurlements et de menaces. On avoit déjà sous les yeux l'exemple des massacres de septembre, et l'on savoit à quels excès pouvoit se porter une populace effrénée.

Il est certain encore qu'on avoit fait des préparatifs pour égorger la famille royale, une partie des députés, plusieurs milliers de proscrits, dans le cas où le roi n'eût pas été condamné. Troublé par tant de périls, un homme croit trouver un moyen de concilier tous les intérêts; il s'imagine que par un vote évasif il sauvera la famille royale, suspendra la mort du roi, et préviendra un massacre général : il saisit avidement cette fatale idée; il prononce un vote conditionnel. Mais ses collègues ne s'y trompent pas; ils devinent son intention, rejettent avec fureur l'appel au peuple, les conditions dilatoires, et comptent le vote pour la mort. Cet homme est-il coupable? Oui, selon le droit; non, peut-être, d'après l'intention. Il ne s'agit pas ici de principes rigoureux; car, dans ce cas, ceux même qui auroient voté pour la vie du roi n'en seroient pas moins criminels de lèse-majesté, comme le remarquèrent les juges anglois dans le procès des régicides. Mais nos malheurs ont été si grands, qu'ils sont sortis de toute comparaison et de toute règle. Il est aisé de dire aux jours du bonheur et de la sécurité : « J'aurois agi ainsi ; je « me serois conduit comme cela. » C'est au jour du combat que l'on connoît ses forces. Nous ne devons point juger à la rigueur ce qui a été dit ou fait sous la pointe du poignard ; dans ce cas, une bonne intention présumée fait l'innocence; le reste est du temps et de l'infirmité humaine.

Il faut encore faire une classe à part de ceux qui, appelés, depuis la mort du roi, aux grandes places de l'État, ont tâché d'expier leurs premières erreurs en sauvant des victimes, en résistant avec courage aux ordres sanglants de la tyrannie, et qui, depuis la restauration, ont montré, par leur obéissance et leur désir d'être utiles à la monarchie, combien ils étoient sensibles à la miséricorde du roi.

Voilà donc le foible bataillon de ceux qui se croient si forts, diminué de tout ce qui ne doit pas entrer dans leurs rangs. Ils se trompent encore davantage lorsqu'ils s'écrient qu'ils sont la sauvegarde de quiconque a participé à nos troubles. Il seroit, au contraire, bien plus vrai de dire que, si quelque chose a pu alarmer les esprits, c'est le pardon accordé aux juges du roi.

Ce pardon a quelque chose de *surhumain*, et les hommes seroient presque tentés de n'y pas croire : l'excès de la vertu fait soupçonner la vertu. On

seroit disposé à dire : « Le roi ne peut traiter ainsi
« les meurtriers de son frère ; et puisqu'il pardonne
« à tous, c'est que, dans le fond de sa pensée, il ne
« pardonne à personne. » Ainsi le respect pour la vie,
la liberté, la fortune, les honneurs de ceux qui
ont voté la mort du roi, au lieu de tranquilliser la
foule, eût pu servir à l'inquiéter.

Mais le roi ne veut proscrire personne : il est
fort, très fort; aucune puissance ne pourroit aujourd'hui ébranler son trône. S'il vouloit frapper,
il n'auroit besoin d'attendre ni d'autres temps ni
d'autres circonstances ; il n'a aucune raison de
dissimuler. Il ne punit pas, parce que, comme son
frère, de douloureuse et sainte mémoire, la miséricorde est son partage, et que, comme Louis XVI
encore, il ne voudroit pas, pour sauver sa vie,
répandre une seule goutte de sang françois. Il a,
de plus, donné sa parole. Aucun François, à son
exemple, ne désire ni vengeances ni réactions. Que
demande-t-on à ceux qui ont été assez malheureux
pour condamner à mort le fils de saint Louis et
d'Henri IV ? Qu'ils jouissent en paix de ce qu'ils
ont acquis ; qu'ils élèvent tranquillement leurs
familles. Il n'est pas cependant si dur, lorsqu'on
approche de la vieillesse, qu'on a passé l'âge de
l'ambition, qu'on a connu les choses et les hommes,
qu'on a vécu au milieu du sang, des troubles et
des tempêtes, il n'est pas si dur d'avoir un moment
pour se reconnoître, avant d'aller où Louis XVI
est allé. Louis XVI a fait le voyage, non pas dans la
plénitude de ses jours, non pas lentement, non pas

environné de ses amis, non pas avec tous les secours et toutes les consolations, mais jeune encore, mais pressé, mais seul, mais nu; et cependant il l'a fait en paix.

Ceux qui l'ont contraint de partir si vite veulent-ils prouver au monde qu'ils sont dignes de la clémence dont ils sont l'objet? Qu'ils n'essaient plus d'agiter les esprits, de semer de vaines craintes. Tout bon François doit aujourd'hui renfermer dans son cœur ses propres mécontentements, en eût-il de raisonnables. Quiconque publie un ouvrage dans le but d'aigrir les esprits, de fomenter des divisions, est coupable. La France a besoin de repos: il faut verser de l'huile dans nos plaies, et non les ranimer et les élargir. On n'est point injuste envers les hommes dont nous parlons : plusieurs ont des talents, des qualités morales, un caractère ferme, une grande capacité dans les affaires et l'expérience des hommes. Enfin, si quelque chose les blesse dans la restauration de la monarchie, qu'ils songent à ce qu'ils ont fait, et qu'ils soient assez sincères pour avouer que les misères dont ils se choquent sont bien peu de chose au prix des erreurs où ils sont eux-mêmes tombés.

CHAPITRE VI.

Des émigrés en général.

Nous trouvons dans les pamphlets du jour beaucoup d'aigreur contre cette classe de François malheureux, et toujours le triste sujet de la mort du roi revient au milieu de ces plaintes : « *Ce sont les « émigrés qui ont tué le roi; ce sont les émigrés qui « nous rapportent des fers; ce sont eux qui accusent « de tous les crimes les hommes amis de la liberté : « il faut avoir été Vendéen, Chouan, Cosaque, An- « glois, pour être bien accueilli à la cour; et pour- « tant qu'a fait la noblesse, qu'a fait le clergé pour « le roi?* etc. »

On dit qu'un homme est la cause de la mort de son ami, lorsque cet homme, jugeant mal d'un événement, a choisi, pour sauver son ami, un moyen qui ne l'a pas sauvé ; mais s'est-on jamais imaginé de prendre à la lettre cette expression hyperbolique ? A-t-on jamais comparé sérieusement le meurtrier réel d'un homme avec l'ami de cet homme ? Pour soutenir une cause qu'il eût mieux valu ne pas rappeler, comment un esprit éclairé n'a-t-il pu trouver que ce misérable sophisme ?

L'émigration étoit-elle une mesure salutaire ou funeste ? On peut avoir sur ce point différentes opinions. Il faudroit d'abord savoir si cette mesure n'étoit point forcée; si des hommes insultés, brûlés dans leurs châteaux, poursuivis par les piques, traînés à l'échafaud, ne se sont point vus contraints d'abandonner leur patrie; si, trouvant dans les champs de leur exil des princes proscrits comme eux, ils n'ont pas dû leur offrir leurs bras. Ceux qui leur font un crime aujourd'hui d'être sortis de France ne savent-ils pas, par leur propre expérience, qu'il y a des cas où l'on est obligé de *fuir, de s'échapper la nuit par-dessus des murs, et d'aller confier sa vie à une terre étrangère ?* Peuvent-ils *nier* la persécution ? Les listes n'existent-elles pas ? ne sont-elles pas signées ? Une *seule* de ces listes ne se monte-t-elle pas à quinze ou dix-huit mille personnes, hommes, femmes, enfants et vieillards ?

Ferons-nous valoir une autre raison de la nécessité de l'émigration ? Ce n'est pas une loi écrite, mais c'est le droit coutumier des François : l'honneur. Partout où on le place, cet honneur, à tort ou à raison, *il oblige.* Quand on veut raisonner juste, il faut se mettre à la place de celui pour qui on raisonne. Une fois reconnu qu'un gentilhomme devoit aller se battre sur le Rhin, pouvoit-il n'y pas aller ? Mais par qui reconnu ? par le corps, par l'ordre de ce gentilhomme. L'ordre se trompoit. Soit : il se trompoit comme ce vieux roi de Bohême qui, tout aveugle qu'il étoit, voulut faire le coup de lance à Crécy, et y trouva la mort. Qui l'obligeoit à se battre, ce vieux roi aveugle ? L'honneur : toute l'armée entendra ceci.

Qu'a fait la noblesse pour le roi ? Elle a versé son sang pour lui à Haguenau, à Weissembourg, à Quiberon; elle supporte aujourd'hui pour lui la perte de ses biens. L'armée de Condé, qui, sous trois héros, combattoit à Berstheim en criant *vive le roi!* ne le tuoit pas à Paris [1].

Mais, en restant en France, les émigrés auroient sauvé le roi. Les royalistes anglois, qui ne sortirent point de leur pays, arrachèrent-ils à la mort leur malheureux maître? Est-ce aussi Clarendon et Falkland qui ont immolé Charles, comme Lally-Tolendal et Sombreuil ont égorgé Louis?

Qu'a fait le clergé pour le roi? Interrogez l'église des Carmes, les pontons de Rochefort, les déserts de Sinnamary, les forêts de la Bretagne et de la Vendée, toutes ces grottes, tous ces rochers où l'on célébroit les saints mystères en mémoire du roi-martyr ; demandez-le à tous ces apôtres qui, déguisés sous l'habit du laïque, attendoient dans la foule le char des proscriptions pour bénir en passant vos victimes; demandez-le à toute l'Europe, qui a vu le clergé françois suivre dans ses tribulations le fils aîné de l'Église, dernière pompe attachée à ce trône errant, que la religion accompagnoit encore lorsque le monde l'avoit abandonné. Que font-ils aujourd'hui ces prêtres qui vous importunent? Ils ne donnent plus le pain de la charité, ils le reçoivent. Les successeurs de ceux qui ont défriché les Gaules, qui nous ont enseigné les lettres et les arts, ne font point valoir les services passés ; ceux qui formoient le premier ordre de l'État sont

---

[1] M. le duc de Bourbon fut blessé d'un coup de sabre dans cette brillante affaire, et un boulet de canon pensa emporter à la fois les trois héros.

peut-être les seuls qui ne réclament point quelque droit politique; sublime exemple donné par les disciples de celui dont le *royaume n'étoit pas de ce monde!* Tant d'illustres évêques, doctes confesseurs de la foi, ont quitté la crosse d'or pour reprendre le bâton des apôtres. Ils ne réclament de leur riche patrimoine que les trésors de l'Évangile, les pauvres, les infirmes, les orphelins, et tous ces malheureux que vous avez faits.

Ah! qu'il faudroit mieux éviter ces récriminations, effacer ces souvenirs, détruire jusqu'à ces noms d'émigrés, de royalistes, de fanatiques, de révolutionnaires, de républicains, de philosophes, qui doivent aujourd'hui se perdre dans le sein de la grande famille! Les émigrés ont eu peut-être leurs torts, leurs foiblesses, leurs erreurs; mais, dire à des infortunés qui ont tout sacrifié pour le roi, que ce sont eux qui ont tué le roi, cela est aussi trop insensé et trop cruel! Et qui est-ce qui leur dit cela, grand Dieu!

Les émigrés nous apportent des fers. On regarde, et l'on voit d'un côté un roi qui nous apporte une Charte, telle que nous l'avions en vain cherchée, et où se trouvent les bases de cette liberté qui servit de prétexte à nos fureurs; un roi qui pardonne tout, et dont le retour n'a coûté à la France ni une goutte de sang ni une larme; on voit quelques François qui rentrent à moitié nus dans leur patrie, sans secours, sans protections, sans amis; qui ne retrouvent ni leurs toits ni leurs familles; qui passent sans se plaindre devant leur champ paternel labouré par une charrue étrangère, et qui mangent à la porte de leurs anciennes demeures le pain de la charité. On est obligé de faire pour eux des quêtes publiques : l'homme de Dieu [1], qui les suit comme par l'instinct du malheur, est revenu avec eux des terres lointaines ; il est revenu établir parmi nous, pour leurs enfants, les écoles qu'alimentoit la piété des Anglois. Il ne manqueroit plus, pour couronner l'œuvre, que d'établir ces écoles dans un coin de l'antique manoir de l'émigré, de lui préparer à lui-même une retraite dans ces hôpitaux fondés par ses ancêtres, et où son bien sert aujourd'hui à donner aux pauvres un lit qu'il n'a plus. Ce n'est pas nous qui faisons cette peinture, ce sont des membres de la Chambre des députés, qui n'ont point vu dans ces infortunés des triomphateurs, mais des victimes.

Et ces Vendéens, et ces chouans, *à qui tout est réservé*, vous importunent de leur faveur, de leur éclat ? leur pauvreté honorable, leur habit aussi ancien que leur fidélité, leur air étranger dans les palais, ont été pourtant l'objet de vos railleries, lorsque ces loyaux serviteurs sont accourus du fond de la France à la grande, à la merveilleuse nouvelle du retour inespéré de leur roi. Jetons les yeux autour de nous, et tâchons, si nous le pouvons, d'être justes. Par qui la presque totalité des grandes et des petites places est-elle occupée ? Est-ce par des chouans, des Vendéens, des *Cosaques*,

---

[1] M. l'abbé Carron.

des émigrés, ou par des hommes qui servoient l'autre ordre de choses? On n'envie point, on ne reproche point les places à ces derniers : mais pourquoi dire précisément le contraire de ce qui est? Il n'étoit pas si frappé de la prospérité des émigrés, ce maréchal de France qui a sollicité quelques secours pour de pauvres chevaliers de Saint-Louis : « Car, disoit-il noblement, ou il faut « leur ôter leur décoration, ou leur donner le moyen « de la porter. » Sous l'uniforme françois, il ne peut y avoir que des sentiments généreux.

Le véritable langage à tenir sur les émigrés, pour être équitable, c'est de dire que la vente de leurs biens est une des plus grandes injustices que la révolution ait produites; que l'exemple d'un tel déplacement de propriétés au milieu de la civilisation de l'Europe est le plus dangereux qui ait jamais été donné aux hommes; qu'il n'y aura peut-être point de parfaite réconciliation entre les François, jusqu'à ce qu'on ait trouvé le moyen, par de sages tempéraments, des indemnités, des transactions volontaires, de diminuer ce que la première injustice a de criant et d'odieux. On ne s'habituera jamais à voir l'enfant mendier à la porte de l'héritage de ses pères. Voilà ce qu'il y a de vrai d'un côté. Il est vrai, de l'autre, que le roi ni les Chambres n'ont pu violemment réparer une injustice par des actes qui auroient compromis la tranquillité de l'État; car enfin on a acheté sous la garantie des lois : les propriétés vendues ont déjà changé de main; il est survenu des enfants, des partages. En touchant à ces ventes, on troubleroit de nouvelles familles, on causeroit de nouveaux bouleversements. Il faut donc employer, pour guérir cette plaie, les remèdes doux qui viennent du temps; il faut qu'un esprit de paix préside aux mesures que l'on pourra prendre. Le désintéressement et l'honneur sont les deux vertus des François : avec un tel fonds, on peut tout espérer. On dit que le projet du roi est de donner chaque année une somme sur la liste civile pour secourir les propriétaires et favoriser les arrangements mutuels. Le roi est la gloire et le salut de la France.

CHAPITRE VII.

Singulière méprise sur l'émigration.

En examinant de plus près l'opinion des écrivains opposants, on s'aperçoit qu'ils sont tombés dans une singulière méprise, soit qu'ils l'aient fait à dessein, soit qu'ils aient erré de bonne foi. Ne sembleroit-il pas, à les entendre, que l'émigration entière vient de rentrer avec le roi? Ignore-t-on que presque tous les émigrés sont revenus en France, il y a déjà quatorze ou quinze ans; que les enfants de ces émigrés, soit volontairement, soit de force, les uns atteints par la conscription, les autres enlevés pour les écoles militaires; ceux-ci pressés par le défaut absolu de fortune, ceux-là obligés de servir pour soustraire leur famille à la persécution; que les enfants de ces émigrés, disons-

8.

nous, ont pris des places sous Buonaparte ? il a loué lui-même leur courage, leur désintéressement, et leur fidélité à leur parole quand une fois ils l'ont donnée ; beaucoup d'entre eux ont reçu des blessures sous ses drapeaux : des chefs de chouans, des Vendéens ont défendu leur patrie contre les ennemis. On comptoit dans nos armées les premiers gentilshommes de nos provinces, et les descendants de nos familles les plus illustres. Représentants de l'ancienne gloire de la France, ils assistoient, pour ainsi dire, à sa gloire nouvelle. Dans cette noble fraternité d'armes, ils oublioient nos discordes civiles, et en servant leur patrie, ils apprenoient à servir un jour leur roi. Ces hommes qui auroient pu regretter le rang et la fortune de leurs aïeux, ces rejetons des connétables et des maréchaux de France qui portoient le sac du soldat, nous menaceroient-ils de la *résurrection de tous les préjugés ?* Ils ont du moins appris que, dans le métier des armes, tout soldat est noble, et que le grenadier a ses titres de gentilhomme écrits sur le papier de sa cartouche.

C'est donc en vain que la malveillance cherche à créer des distinctions et des partis : il n'y en a point ; il n'y en peut pas avoir. Si Louis XVIII ne vouloit remplir les places que d'*hommes tout-à-fait étrangers à la révolution*, qui seroit pur à ses yeux ? Mais le roi, et ses preuves sont faites, est aussi impartial qu'il est éclairé ; il ne sépare point *ceux qui ont servi le roi de ceux qui ont servi la patrie.* Ne dénaturons point les faits pour soulager notre humeur; ne prêtons point au prince des sentiments qui ne sont pas les siens, et ne cherchons point à créer des partis, en prétendant en trouver là où il n'en existe pas.

CHAPITRE VIII.

Des derniers émigrés.

Ainsi, tout le raisonnement des pamphlets contre les émigrés, sophistique par la forme, n'est point solide par le fond : il porte sur une base fausse; car la grande, la véritable émigration est depuis long-temps rentrée en France. Elle a pris des intérêts communs avec le reste des François par des alliances, des places, des liens de reconnoissance, et des habitudes de société. Tout se réduit donc à cette petite troupe de proscrits que Louis XVIII ramena à sa suite. Voudriez-vous que, dans son exil, le roi n'eût pas conservé un ami? C'est ce qui arrive assez souvent aux princes malheureux. Vous êtes donc effrayés de quelques vieillards qui viennent, tout chargés d'ans et dépouillés par tant de sacrifices, se réchauffer un moment au soleil de la patrie? Nous avons déjà parlé de leur détresse; faudroit-il, pour mieux vous tranquilliser, qu'ils fussent encore durement rejetés par leur roi? « Compagnons vieillis avec moi dans la terre étran-« gère, leur diroit le monarque, me voilà revenu « dans mon palais; j'ai retrouvé mon peuple, mon « bonheur, la gloire de mes aïeux : vous, vous avez

« tout perdu pour moi; vos biens sont vendus, les
« cendres de vos pères dispersées : adieu, je ne
« vous connois plus. » Et où iront-ils, ces compagnons du malheur du roi, ceux qui ont dormi dans l'exil, la tête appuyée sur les fleurs de lis presque effacées par le sang et les larmes; ceux qui se consoloient, en entourant de leurs respects et de leurs communes misères le roi de l'adversité ? Ne permettez-vous point que Louis XVIII leur prête un coin de son manteau ? Voulez-vous qu'il prenne un air sévère quand il les voit, qu'il ne leur adresse jamais une de ces paroles qui paient en France tous les services ? Vous le voulez indulgent, miséricordieux, et vous exigez qu'il soit ingrat ? Admirons nos rois d'avoir été aimés dans le malheur, et d'aimer dans la prospérité.

CHAPITRE IX.

S'il est vrai qu'on soit plus inquiet aujourd'hui qu'on ne l'étoit au moment de la restauration.

« Au retour des Bourbons, dit-on encore, la joie
« fut universelle; il n'y eut qu'une opinion, qu'un
« sentiment : les anciens républicains, *particuliè-*
« *rement opprimés*, applaudirent franchement à la
« restauration. Aujourd'hui les partis renaissent,
« cette heureuse confiance est ébranlée, etc. » Nous avons été aussi témoin des premiers moments de la restauration, et nous avons observé précisément le contraire de ce que l'on avance ici. Sans doute

il y eut du bonheur, de la joie à l'arrivée des Bourbons, mais il s'y mêloit beaucoup d'inquiétude. Les anciens républicains étoient bien loin surtout d'être si satisfaits, d'applaudir avec tant de cordialité. Plusieurs d'entre eux songeoient à se retirer, et avoient tout préparé pour la fuite. Et en quoi avoient-ils été PARTICULIÈREMENT *opprimés sous* Buonaparte? Ils jouissoient d'une grande fortune; ils occupoient les premières places de l'État. Quoi! c'étoient les *Bourboniens*, les royalistes qui jouissoient de la faveur sous la tyrannie? On croit rêver.

La vérité est que la confiance ne fut point entière au premier moment du retour du roi : beaucoup de gens étoient alarmés, les provinces même agitées, incertaines, divisées; l'armée ne savoit si on lui compteroit ses souffrances et ses victoires; on craignoit les fers, on redoutoit les vengeances.

Mais peu à peu le caractère du roi étant mieux connu, les frayeurs se calmèrent; on vit luire l'aurore d'une paix et l'espérance d'un bonheur sur lesquels on ne comptoit presque plus. Rassurés sur les opinions qu'on avoit eues, sur les votes que l'on avoit émis, tous les partis placèrent dans le monarque une juste confiance.

Depuis ce temps le roi n'a cessé de prendre de nouvelles forces, et la France de marcher vers la prospérité. Chaque jour le très petit nombre d'opposants diminue; les contes absurdes, les terreurs populaires, s'évanouissent, le commerce renaît; les manufactures refleurissent; les impôts se paient;

une immense dette est comblée; l'armée n'a plus qu'un seul et même esprit; les prisonniers et les soldats licenciés sont retournés au sein de leurs familles; les officiers, avec une retraite honorable, jouissent dans leurs foyers de l'admiration due à leur courage; la conscription abolie ne fait plus trembler les mères; la plus entière liberté d'opinions dans les deux Chambres, dans les livres, dans les journaux, dans les discours, annonce que nous sommes enfin rendus à notre dignité naturelle: on se sent en pleine jouissance de ses droits. La main sur le cœur, de quoi se plaindroit-on? De qui et de quoi a-t-on peur? Jamais calme fut-il plus profond après la tempête? Les libelles que nous combattons ne sont-ils pas même la preuve de la plus entière liberté, comme de la force du gouvernement? Tout marche sans effort, sans oppression : les étrangers sont confondus et presque jaloux de notre paix et de notre prospérité. On n'entend parler ni de police, ni de dénonciation, ni d'un acte arbitraire du pouvoir, ni d'exécution, ni de réaction publique, ni de vengeance particulière.

Les magistrats ont seuls agi quand ils ont cru voir des coupables, et cela s'est borné à l'arrestation de quelques individus remis en liberté aussitôt que l'on a reconnu qu'ils n'avoient pas outrepassé la loi. On va, on vient, on fait ce qu'on veut. N'est-on pas content? les chemins sont ouverts; qu'on demande des passe-ports, qu'on emporte sa fortune, chacun est le maître : à peine rencontre-t-on un gendarme. Dans un pays où plus de quatre cent mille soldats ont été licenciés, il n'y a pour ainsi dire pas une porte fermée, et pas un voleur de grand chemin. Les créatures, les parents de Buonaparte sont partout; ils jouissent de la protection des lois. S'ils ont des pensions sur l'État, le roi les paie scrupuleusement. S'ils veulent sortir du royaume, rentrer, porter des lettres, en rapporter, envoyer des courriers, faire des propositions, semer des bruits et même de l'argent, s'assembler en secret, en public, menacer, répandre des libelles, en un mot *conspirer*, comme nous l'avons dit ailleurs, ils le peuvent; cela ne fait de mal à personne. Ce gouvernement de huit mois est si solide, que, fît-il aujourd'hui fautes sur fautes, il tiendroit encore, en dépit de ses erreurs. Le frère de Louis XVI, la famille de Louis XVI, la Charte qui garantit nos libertés, ce sont là des puissances que rien ne peut ébranler. Immobile sur son trône, le roi a calmé les flots autour de lui : il n'a cédé à aucune influence, à aucune impulsion, à aucun parti. Sa patience confond, sa bonté subjugue et enchaîne, sa paix se communique à tous. Il a connu les propos que l'on a pu tenir, les petites humeurs que l'on a témoignées, les folles démarches que l'on a pu faire : tout cela s'est évanoui devant son inaltérable sérénité. Lorsque autrefois, en Allemagne, il fut frappé d'une balle à la tête, il se contenta de dire : « Une ligne plus haut, et le roi de France s'appeloit « Charles X; » et il n'en parla plus. Lorsqu'il reçut l'ordre de quitter Mitteau, au milieu de l'hiver, il ne fit pas entendre une plainte. Cette magnanimité sans ostentation qui lui est particulière, ce sang-froid que rien ne peut troubler, le suivent aujourd'hui au milieu de ses prospérités. On lui adresse une apologie de la mort de son frère, il la lit, fait quelques observations, et la renvoie à son auteur. Et pourtant il est roi ! et pourtant il pleure tous les jours en secret la mort de ce frère ! En entrant pour la première fois aux Tuileries, le jour de son arrivée à Paris, il se jeta à genoux : « O mon frère, « s'écria-t-il, que n'avez-vous vu cette journée ! « Vous en étiez plus digne que moi. » Quand on s'approche de lui, il a toujours l'air de vous dire : « Où pourriez-vous trouver un meilleur père? « Laissez-moi panser vos blessures; j'oublie les « miennes pour ne songer qu'aux vôtres Est-ce à « mon âge, après mes malheurs, que je puis aimer « le trône pour moi-même? Je suis là pour vous; et « je veux vous rendre aussi heureux que vous avez « été infortunés. »

Quiconque jette les yeux autour de soi, au dedans et au dehors, et ne comble pas de bénédictions le prince que le ciel nous a rendu, n'est pas digne d'être gouverné par un tel prince.

CHAPITRE X.

Si le roi devoit reprendre les anciennes formules dans les actes émanés du trône.

Vient ensuite un autre genre de plainte : comme des enfants gâtés à qui l'on ne refuse rien, nous ne savons à qui nous en prendre de notre bonheur.

« Le roi a voulu recevoir la couronne comme un
« héritage, et non comme un don du peuple ; il
« s'est donné le titre de roi de France, et non de
« roi des François ; il a repris l'ancienne formule :
« Par la grâce de Dieu, etc. ».

Nous voulons une monarchie, ou nous n'en voulons point. Si nous la voulons, désirons-nous qu'elle soit élective ? Dans ce cas, nous avons raison de trouver mauvais que le roi ait daté sa Charte de l'an *dix-neuvième* de son règne, et de s'appeler *Louis XVIII*. Mais si, connoissant les inconvénients de la monarchie élective, nous revenons à la monarchie héréditaire, incontestablement la meilleure de toutes, le roi a dû dire : « Je règne, parce que
« mes ancêtres ont régné ; je règne par les droits
« de ma naissance ; sauf à moi à convenir avec mes
« peuples d'une forme d'institution qui régularise
« mon pouvoir, assure la liberté civile et politique,
« et soit agréable à tous. » Rien alors n'est plus conséquent que la conduite du roi : nous ne sommes point une république, et il n'a pas dû reconnoître la souveraineté du peuple : nous ne sommes point une monarchie élective, et il n'a pu revenir par voie d'élection. Si vous sortez de là, tout est confondu. Il semble toujours, à certains esprits exaltés, qu'un roi anéantit la loi, ou que la loi va faire disparoître le roi : loi et roi sont fort compatibles, ou plutôt c'est une et même chose, selon Cicéron et le bon sens.

C'est une chicane bien misérable encore que celle qui regarde le titre de *roi de France*. Les

Anglois ne sont-ils pas libres ? Cependant Charles II a daté la déclaration donnée à Breda de *l'an douzième de son règne,* et l'on dit Roi d'Angleterre (*King of England*), et non pas Roi des Anglois (*King of the English*). Est-il plus noble d'ailleurs que le roi soit, par son titre, *propriétaire* des François (Roi des François), que *propriétaire* de la France (Roi de France) ? Ne vaudroit-il pas mieux qu'il possédât la terre que l'homme ? Car Roi des François ne voudroit pas dire qu'il a été choisi, élu par eux, puisque la monarchie est héréditaire, mais qu'il en est le maître, le possesseur. Tous ces raisonnements sont, de part et d'autre, de méchantes subtilités : au fond il ne s'agit pas de tout cela. Sous la première race de nos rois, on disoit Roi des Francs, *Rex Francorum*. Pourquoi ? parce que les Francs étoient, non une nation, mais un petit peuple barbare et conquérant, presque sans lois, et surtout sans propriétés fixes : ils n'avoient donc alors qu'un général, qu'un capitaine, qu'un chef, qu'un roi, *Dux, Rex Francorum*. Sous la seconde race, le titre d'Empereur se mêla à celui de Roi, et n'emporta encore que l'idée d'un chef de guerre, *Imperator*. Sous la troisième race, on commença à dire Roi de France, *Rex Franciæ,* parce qu'alors le peuple franc, par son mélange avec les Gaulois et les Romains, étoit devenu une *nation* attachée au sol de la France, remplaçant les lois salique, gombette et ripuaire de la première race, les capitulaires de la seconde, par l'usage du droit romain, par des coutumes écrites, recueillies vers le temps de

Charles VIII[1], substituant des tribunaux sédentaires à des tribunaux errants, et marchant à grands pas vers la civilisation. Tout n'est pas dans le *Contrat social;* étudions un peu l'histoire de France : nous ne serons ni si prompts à condamner, ni si superbes dans nos assertions.

La formule, *par la grâce de Dieu*, se défend d'elle-même : tout est par la grâce de Dieu. Franchement, tâchons, si nous pouvons, d'être libres et heureux, et même, s'il le faut absolument, par la grâce de Dieu! Cela est un peu dur, il est vrai ; mais enfin on n'a pas toujours ce que l'on veut. Pour nous consoler, nous penserons que les plus grands philosophes ont cru qu'une formule religieuse étoit aussi favorable à la politique qu'à la morale. Cicéron remarque que la république romaine ne dut sa grandeur qu'à sa piété envers les dieux. Nos petites impiétés politiques auroient fait grand'pitié aux anciens. « Soit qu'on bâtisse une cité « nouvelle, dit Platon, soit qu'on en rebâtisse une « ancienne tombée en décadence, il ne faut point, « si on a du bon sens, qu'en ce qui appartient aux « dieux, aux temples, on fasse aucune innovation « contraire à ce qui aura été réglé par l'oracle. »

Enfin, dans toute constitution nouvelle, il est bon, il est utile qu'on aperçoive les traces des anciennes mœurs. Pourquoi la république françoise n'a-t-elle pu vivre que quelques moments ? C'est (indépendamment des autres causes qui l'ont fait

---

[1] La plus ancienne des coutumes recueillies est celle du Ponthieu, par ordre de Charles VIII, 1495.

périr) qu'elle avoit voulu séparer le présent du passé, bâtir un édifice sans base, déraciner notre religion, renouveler entièrement nos lois, et changer jusqu'à notre langage. Ce monument flottant en l'air, qui n'avoit d'appui ni dans le ciel ni sur la terre, s'est évanoui au souffle de la première tempête.

Au contraire, dans le pays où il s'est opéré des changements durables, on voit toujours une partie des anciennes mœurs se mêler aux mœurs nouvelles, comme des fleuves qui viennent à se réunir, et qui s'agrandissent en confondant leurs eaux. Dans la république romaine, on conserva la plus grande partie des institutions monarchiques : « Le « nom seul du roi fut changé, dit Cicéron, la chose « resta[1]. »

Ce nom même de roi fut jugé si sacré, qu'on le garda parmi les choses saintes, en l'attribuant au chef des sacrifices : *Rex sacrificulus* ou *Rex sacrorum*. A Athènes, la dignité de roi des sacrifices étoit le partage du second archonte, ἄρχων βασιλεὺς, et elle passoit pour une des premières de l'État. La constitution des Anglois porte de profondes marques de son origine gothique. « Le roi, dit Montes- « quieu, y conserve, avec une autorité limitée, « toutes les apparences de la puissance absolue. » Dans certains cas, on le sert à genoux, on lui parle dans le langage le plus soumis et le plus respectueux; en un mot, on lui parle comme à la loi, dont il est la principale source.

[1] *De Leg.* III, 7.

Il y a plus : presque toutes les coutumes normandes et les lois saxonnes subsistent encore en Angleterre, même celles qui paroissent aujourd'hui les plus éloignées de nos mœurs. Ainsi, dans quelques comtés, un mari peut exposer sa femme au marché public, ce qui remonte à l'ancien droit d'esclavage. Qui croiroit que dans un pays si libre on retrouve tout ce qui rappelle les siècles que nous appelons de servitude, et contre lesquels nous avons tant déclamé? C'est que nos voisins ont été plus raisonnables que nous; c'est que, pour fonder quelque chose, ils se sont servis de la base qu'ils ont trouvée; c'est qu'ils ont le bon esprit de laisser les lois caduques mourir de *mort*, sans hâter leur destruction par une violence dangereuse. Quelques politiques pourront prendre tout cela pour de l'esclavage ; et c'est avec cette exagération qu'on passe des excès de la démagogie à la soumission la plus lâche sous un tyran : rien de bon sans la raison.

Enfin, ce Guillaume III, ce monarque qu'on n'appela au trône d'Angleterre que sous la condition d'accepter la constitution de 1688, fut aussi roi, lui et ses successeurs, de droit divin et par la grâce de Dieu : *It was observed that,* dit Smollet, *the king who was made by the people, had it in his power to rule without them; to govern* jure divino, *though he was created* jure humano.

« On remarqua que le roi choisi par le peuple
« pouvoit, s'il le vouloit, gouverner sans le peuple
« et régner de *droit divin*, quoiqu'il eût été établi de
« *droit humain.* »

Les Anglois en sont-ils moins libres aujourd'hui ? N'est-ce pas, au contraire, ce qui a affermi chez eux la liberté, en lui donnant un caractère sacré ? Ainsi les mœurs de nos pères, conservées dans de vieilles formules, dans le souvenir de notre ancien droit politique, porteront quelque chose de religieux dans les institutions nouvelles. La monarchie françoise est un arbre antique dont il faut respecter le tronc, si nous voulons greffer sur ses branches de nouveaux fruits. Cet arbre de la patrie, qui nous a donné ses fruits pendant quatorze cents ans, peut encore en nourrir d'aussi beaux, quoique d'une autre espèce, si l'on sait bien profiter de sa sève. Fût-il d'ailleurs aussi desséché qu'il est vigoureux, à l'ombre de la religion, et *par la grâce de Dieu*, il auroit bientôt repris sa verdure : le bâton d'Aaron refleurit dans l'arche.

Il est fâcheux qu'une révolution si longue et si terrible ne nous ait pas mieux instruits, que nous en soyons encore à ces éléments de la politique, à nous disputer sur des mots : ayons la chose, sans nous embarrasser comment nous l'avons ; ayons une liberté monarchique et sage : peu importe que nous la tenions des mains d'un chancelier en simarre, et qu'elle parle le langage gothique des Harlay et des L'Hospital, ou plutôt il importe beaucoup qu'elle soit fille de nos mœurs, et qu'à ses traits nous reconnoissions notre sang.

CHAPITRE XI.

Passage d'une proclamation du roi.

Voici un autre grief : « Le roi a dit, dans une « de ses proclamations, que tout le monde con- « serveroit ses places, et cependant quelques per- « sonnes les ont perdues. »

Le reproche est étrange ! Le roi a-t-il pu prendre l'engagement de ne déplacer *absolument* qui que ce fût ? Quoi ! par le seul fait de la présence du roi, toutes les places de l'État seroient devenues *places à vie !* le moindre commis à la barrière se seroit trouvé dans le cas du chancelier ! Le moyen alors de gouverner ? Louis XVIII, comme Hugues Capet, auroit confirmé ou établi, en arrivant, le système des fiefs ! il y auroit eu autant de petits et de grands souverains qu'il y a de grandes et de petites places en France ! il ne restoit plus qu'à les rendre héréditaires. Le roi n'auroit pu renvoyer un juge prévaricateur, un receveur infidèle, un homme repoussé par l'opinion publique : il auroit fallu nommer, dans tous ces cas, un administrateur en attendant la démission ou la mort du titulaire.

Que veut donc dire cette phrase : « Tout le monde « conservera ses places ? » Elle veut dire, selon le sens commun, que tout homme contre lequel il n'y aura pas de raisons invincibles, soit du côté de la capacité, soit sous le rapport moral, restera dans le poste où le roi l'aura trouvé, ou bien qu'il sera appelé à d'autres fonctions; elle veut dire qu'on ne sacrifiera pas un parti à un autre; que le nom de royaliste et de républicain ne sera ni un droit d'admission, ni une cause d'exclusion; et qu'enfin les seuls et véritables titres aux places seront la probité et l'intelligence. Dans ce cas, le roi n'a-t-il pas suivi exactement ce qu'il avoit promis ? Nous avons déjà fait remarquer que la presque totalité des emplois étoit entre les mains des personnes qui ont servi l'ordre de choses détruit par la restauration.

De la plainte générale passant à la plainte particulière, on cite les membres du sénat qui n'ont pas été admis dans la Chambre des pairs. Il ne falloit pas toucher une pareille question : il ne falloit pas rappeler au public que tel homme qui a fait tomber la tête de Louis XVI reçoit une pension de 36,000 francs de la main de Louis XVIII. Loin de se plaindre il falloit se taire; il falloit sentir que de pareils exemples produisent un tout autre effet que d'attirer l'intérêt sur ceux dont on se fait les défenseurs. Tant de malheureux proscrits pour la cause royale, tant d'honnêtes républicains qui n'ont par-devers eux aucun crime, pourroient tomber dans le découragement. Les uns sont réduits, par leur loyauté, à la plus profonde misère; les autres sont restés dans leur première indigence, pour n'avoir pas voulu profiter de nos malheurs : ils se livréroient à des réflexions étranges à la vue de ces juges du roi qui possèdent des châteaux, des traitements, des cordons, des places, même et des honneurs. N'insistons pas sur cette idée : nous trouverions peut-être que les honnêtes gens n'ont jamais été mis à une plus rude épreuve ; et nous jetterions sur le bien et sur le mal, sur les bonnes et sur les mauvaises actions, des doutes capables d'ébranler la vertu même.

Dans la vérité, on ne fait pas sérieusement aux ministres du roi le reproche que nous examinons ; car on insinue qu'ils ont conservé dans la Chambre des pairs certains membres du sénat que (selon les auteurs des pamphlets) on auroit dû renvoyer ; d'où il résulte qu'on est conduit dans ces plaintes plus par un esprit de parti que par un sentiment de justice ; et qu'on est bien moins fâché que tel homme soit exclu de la Chambre des pairs, que fâché que tel autre homme y soit admis.

CHAPITRE XII.

Des alliés et des armées françoises.

A travers les déclamations, on voit percer une inimitié secrète contre les puissances alliées qui nous ont aidés à rompre nos chaînes.

Si les alliés sont entrés en France, à qui la faute en est-elle ? Est-ce au roi, ou à l'homme de l'île d'Elbe ? Y sont-ils entrés pour Louis XVIII ? Ils désiroient sans doute que les François, revenus de leurs erreurs, rappelassent leur souverain légitime ; ils le désiroient comme le moyen le plus prompt et le plus sûr de faire cesser les maux de l'Europe ;

ils le désiroient pour la cause de la justice, de l'humanité et des rois; ils le désiroient encore à raison de l'amitié particulière qu'ils portoient à Louis XVIII, de l'estime qu'ils faisoient de ses vertus : mais ce vœu secret de leur cœur étoit à peine pour eux une foible espérance. Ayant, après tout, d'autres intérêts que les nôtres, ils se devoient à leurs peuples de préférence à nos malheurs; ils ne pouvoient songer à prolonger sans fin les calamités de la guerre; ils auroient, quoique à regret, traité avec Buonaparte, s'il avoit voulu mettre la moindre justice dans ses prétentions. Combien de fois ne s'est-il pas vanté, pendant le congrès de Châtillon, d'avoir la paix dans sa poche? Une fois même on l'a crue signée, et en effet elle étoit près de l'être. Les Bourbons n'étoient pour rien dans ces mouvements, ou du moins ils n'y étoient que pour des vœux subordonnés aux chances de la guerre, aux événements et aux combinaisons politiques. Ils n'avoient ni soldats, ni argent, ni crédit. On n'avouoit pas même leur présence sur le continent; et à Paris c'étoit un problème de savoir si quelques-uns d'entre eux étoient ou n'étoient pas sortis d'Angleterre.

Les malheurs de la guerre ne peuvent donc être imputés à nos princes : la chose est si évidente qu'on n'a pas encore osé les leur reprocher. Très certainement (et nous le sentons peut-être plus vivement qu'un autre) c'est une chose peu agréable pour un peuple de voir les étrangers dans le cœur de son pays; mais l'événement arrivé par la faute d'un homme qui lui-même étoit étranger à la France, pourroit-on ne pas reconnoître ce que la conduite des ennemis a eu de noble et de généreux ? Ils ont donné à Paris un exemple unique dans l'histoire, et qui peut-être ne se renouvellera plus. Y avoit-il rien de plus insensé, de plus absurde, de plus déloyal que cette dernière guerre déclarée par Buonaparte à Alexandre ? Il sera éternellement beau, éternellement grand, d'être sorti des cendres de Moscou pour venir conserver les monuments de Paris. Et l'Autriche qui avoit tant fait de sacrifices, et la Prusse si cruellement ravagée, n'avoient-elles point de vengeances à exercer ? Et pourtant les souverains alliés, admirant notre courage, oubliant leurs injures, poussant la délicatesse jusqu'à ne pas vouloir entrer dans le palais de nos rois, n'ont paru attentifs qu'à notre bonheur. Refuserions-nous à l'un des premiers hommes de ce siècle, à lord Wellington, les éloges moins dus encore à ses talents qu'à son caractère ? Mais la part une fois faite, ces justes louanges une fois données à des monarques, à des hommes, à des peuples qui les méritent, nous rentrons dans tous nos droits. Ces louanges ne sont point prises sur celles qui appartiennent à nos armes. En quoi sommes-nous humiliés ? On est venu à Paris ? Hé bien, ne sommes-nous pas entrés dans presque toutes les capitales de l'Europe ? Si on cessoit d'être juste envers notre gloire, ce seroit à nous de nous en souvenir. Les Romains disoient : *L'amour* de la patrie ; nous, nous disons : *L'honneur* de la patrie. L'honneur est tout pour nous. Malheur à qui oseroit nous frapper dans cet honneur où un François place toute sa vie !

Mais, grâce à Dieu, personne ne nous dispute ce qui nous appartient légitimement. Qui donc méconnoît l'héroïsme de notre armée ? Sont-ce ces émigrés qui ont été accusés chez l'étranger de s'enorgueillir des victoires mêmes qui leur fermoient le chemin de leur patrie ? Qui ne connoît l'admiration du roi et de nos princes pour nos soldats ? L'armée françoise est tout l'honneur de la France : si ses succès n'avoient pas fait oublier nos crimes, dans quelle dégradation ne serions-nous pas tombés aujourd'hui ! Elle nous déroboit au mépris des nations, en nous couvrant de ses lauriers ; à chaque cri d'indignation échappé à l'Europe, elle répondoit par un cri de triomphe. Nos camps étoient un temple pour la gloire, un asile contre la persécution : là se réfugioient tous les François qui cherchoient à se soustraire aux violences des proconsuls. Nos soldats n'ont partagé aucune de nos fureurs. En Angleterre, le parlement vouloit sauver Charles Ier, et l'armée le fit mourir ; en France, la Convention conduisit Louis XVI à l'échafaud, et l'armée ne prit aucune part à ce crime : elle l'auroit sans doute prévenu[1], si elle n'eût été alors occupée à repousser les ennemis. Lorsqu'on lui ordonna de ne faire aucun quartier aux Anglois et aux émigrés, elle refusa d'obéir. Persécutée comme le reste de la France par des ingrats qui lui devoient tout,

---

[1] Voyez le Discours de M. de Lafayette dans l'ouvrage de M. Hüe.

elle étoit souvent sans solde, sans vivres et sans vêtements; elle se vit suivre par des commissaires, qui traînoient avec eux des instruments de mort, comme si le boulet ennemi n'emportoit pas encore assez de nos intrépides soldats! On envoyoit nos généraux au supplice; on faisoit tomber la tête du père de Moreau, tandis que ce grand capitaine reculoit les frontières de la France. C'est Pichegru, ce sont d'autres chefs fameux, qui conçurent les premiers l'idée de rendre le bonheur à notre pays, en rappelant notre roi. Honneur donc à cette armée si brave, si sensible, si touchée de la gloire, qui, toujours fidèle à ses drapeaux, oubliant les folies d'un barbare, retrouva assez de force, après la retraite de Moscou, pour gagner la bataille de Lutzen; qui, poussée et non accablée par le poids de l'Europe, se retira en rugissant dans le cœur de la France, défendit pied à pied le sol de la patrie, se préparoit encore à de nouveaux combats, lorsque placée entre un chef qui ne savoit pas mourir et un roi qui venoit de fermer ses blessures, elle s'élança toute sanglante dans les bras du fils de Henri IV!

Non, les événements glorieux ne sont ni oubliés, ni défigurés, comme on voudroit le faire croire; on n'a point perdu, quoi qu'on en dise, la *partie d'honneur :* cette partie-là ne sera jamais perdue par les François. Eh! n'est-elle pas mille fois gagnée, puisqu'elle nous a valu notre roi, et qu'elle nous a fait sortir d'esclavage? C'est un si grand bien d'être délivré du despotisme, qu'on ne sauroit trop l'acheter. Si jamais, ce qu'à Dieu ne plaise, notre repos devoit être encore troublé, des François peuvent retrouver des victoires; mais où retrouve-t-on un peuple lorsqu'une longue servitude l'a flétri? Pour nous, nous le dirons avec franchise, nous aimerions mieux la France resserrée dans les murs de Bourges, mais libre sous un roi légitime, qu'étendue jusqu'à Moscou, mais esclave sous un usurpateur; du moins on ne nous verroit pas adorer les fureurs et bénir les mépris d'un indigne maître, baiser ses mains dégouttantes du sang de nos fils, offrir des sacrifices à sa statue, et porter son buste orné de pourpre sur la tribune aux harangues. Les Romains étoient un grand peuple quand ils ne passoient pas la frontière des Samnites : qu'étoient-ils lorsque, gouvernés par Néron, ils commandoient sur les rives du Rhin et de l'Euphrate ?

CHAPITRE XIII.

De la Charte. Qu'elle convient aux deux opinions qui partagent la France.

Ici finit ce que notre tâche avoit de pénible : nous n'avons plus de sujets douloureux à rappeler. Le principal écrivain que nous avons combattu a raison dans les dernières pages de son ouvrage; il nous dit « que la Charte offre assez de garanties « pour nous sauver tous; qu'il faut nous créer une « opinion publique, nous attacher à notre patrie. » Belles paroles auxquelles nous souscrivons de grand cœur. Et qui pourroit se plaindre de cette Charte ? Elle réunit toutes les opinions, réalise toutes les espérances, satisfait tous les besoins. Examinons-en l'esprit : nous trouverons, dans cet examen, un nouveau sujet de reconnoissance pour le roi.

Les François, indépendamment des divisions politiques, naturelles et nécessaires à une monarchie, se partagent aujourd'hui en deux grandes classes : ceux qui ne sont pas obligés de travailler pour vivre, et ceux que la fortune met dans un état de dépendance : occupés de leur existence physique, les seconds n'ont besoin que de bonnes lois ; mais les premiers, avec le besoin des bonnes lois, ont encore celui de la considération. Ce besoin est dans tous les cœurs; il n'y a point de puissance humaine qui parvînt aujourd'hui à le détruire, ou qui le choquât impunément. C'est une conséquence nécessaire de l'égalité qui s'est établie dans l'éducation et dans les fortunes. Tout homme qui lit passe (et trop souvent pour son malheur) de l'empire des coutumes à l'empire de sa raison; mais enfin ce sentiment est noble en lui-même : le heurter seroit dangereux.

De plus, il faut se souvenir que depuis soixante ans les François se sont accoutumés à penser librement sur tous les sujets : depuis vingt ans, ils ont mis en pratique toutes les théories qu'ils s'étoient plu à former. Des essais sanglants sont venus les détromper; cependant les idées d'une indépendance légale et légitime ont survécu : elles existent partout, dans le soldat sous la tente, chez l'ouvrier dans sa boutique. Si vous voulez contrarier ces idées, les resserrer dans un cadre où elles ne peuvent plus entrer, elles feront explosion, et, en éclatant, causeront des bouleversements nouveaux. Il est donc nécessaire de chercher à les employer dans un ordre de choses où elles aient assez d'espace pour se placer et pour agir, et où cependant elles rencontrent une digue assez forte pour résister à leurs débordements.

C'est ce que le roi a merveilleusement senti, et c'est à quoi il a pourvu par la Charte; toutes les bases d'une liberté raisonnable y sont posées; et les principes républicains s'y trouvent si bien combinés, qu'ils y servent à la force et à la grandeur de la monarchie.

D'une autre part, vous ne pouvez pas arracher les souvenirs, ôter aux hommes les regrets de ce passé que l'on aime et que l'on admire d'autant plus qu'il est plus loin de nous. Si vous prétendez forcer les sentiments des vieux royalistes à se soumettre aux raisonnements du jour, vous produirez une autre espèce de réaction. Il faut donc trouver un mode de gouvernement où la politique de nos pères puisse conserver ce qu'elle a de vénérable, sans contrarier le mouvement des siècles. Hé bien! la Charte présente encore cette heureuse institution : là se trouvent consacrés tous les principes de la monarchie. Elle convient donc également, cette Charte, à tous les François : les partisans du gouvernement moderne parlent au nom des lumières qui leur semblent éclairer aujourd'hui l'esprit humain; les défenseurs des institutions antiques invoquent l'autorité de l'expérience : ceux-ci plaident la cause du passé, ceux-là l'intérêt de l'avenir. Les républicains disent : « Nous ne voulons pas retourner « à la féodalité, aux superstitions du moyen âge. » Les royalistes s'écrient : « Nous ne voulons pas, de « constitution en constitution, nous égarer dans de « vains systèmes, abandonner ces idées morales et « religieuses qui ont fait la gloire et le bonheur de « nos aïeux. » Aucun de ces excès n'est à craindre dans l'espèce de monarchie rétablie par le roi : dans cette monarchie viennent se confondre les deux opinions ; l'une ou l'autre comprimée produiroit de nouveaux désastres. Les idées nouvelles donneront aux anciennes cette dignité qui naît de la raison, et les idées anciennes prêteront aux nouvelles cette majesté qui vient du temps.

La Charte n'est donc point une plante exotique, un accident fortuit du moment : c'est le résultat de nos mœurs présentes; c'est un traité de paix signé entre les deux partis qui ont divisé les François : traité où chacun des deux abandonne quelque chose de ses prétentions pour concourir à la gloire de la patrie.

CHAPITRE XIV.

Objections des constitutionnels contre la Charte. De l'influence ministérielle et de l'opposition.

« Mais, disent les constitutionnels, la Charte est
« incomplète : il faudroit que la Chambre des pairs
« fût héréditaire ; que l'on pût entrer plus jeune à
« la Chambre des députés ; qu'il y eût un ministère
« et non pas des ministres [1] ; que les ministres fus-
« sent membres des deux Chambres ; que ces mi-
« nistres fussent de bonne foi ; que l'opposition ne
« fût pas une opposition sans richesses, sans pou-
« voir, sans influence, sans moyen de contre-ba-
« lancer l'influence ministérielle. Qu'est-ce qu'une
« ancienne et une nouvelle noblesse *conservée ?*
« Qu'est-ce que des lettres d'anoblissement, lors-
« que, par le fait, il n'y a qu'une noblesse poli-
« tique ? »

Les François auront-ils toujours cette impatience déplorable qui ne leur permet de rien attendre de l'expérience et du temps ? Quoi ! depuis le printemps dernier il n'y a pas eu assez de miracles ! Tout doit être aujourd'hui complet, parfait, achevé. La constitution angloise est le fruit de plusieurs siècles d'essais et de malheurs, et nous en voulons

---

[1] J'ai proposé toutes ces améliorations à Gand, dans mon *Rapport sur l'état de la France* : on a fait droit depuis à ce que je demandois alors. On voit du moins ma fidélité à mes idées. Voyez ci-après le *Rapport au roi.*

une sans défaut dans six mois! On ne se contente pas de toutes les garanties qu'offre la Charte, de ces grandes et premières bases de nos libertés; il faut sur-le-champ arriver à la perfection : tout est perdu, parce qu'on n'a pas tout. Au milieu d'une invasion, dans les dangers et dans les mouvements d'une restauration subite, on voudroit que le roi eût eu le temps de porter ses regards autour de lui, pour découvrir les éléments de ces choses que l'on réclame! Devoit-il tout précipiter? Ce qu'il a osé faire même n'est-il pas prodigieux? Nous qui commençons ce gouvernement, ne nous manque-t-il rien pour le bien conduire? Ne vaut-il pas mieux qu'il se corrige progressivement avec nous que de devancer notre éducation et notre expérience? Un seul article de la Charte place notre constitution au-dessus de toutes celles qui ont été jusqu'ici le plus admirées : nous sommes le premier peuple du monde dont l'acte constitutionnel ait aboli le droit de confiscation; par-là est à jamais tarie une source effroyable de corruption, de délation, d'injustices, de crimes. Et voilà le seul jugement que le roi ait porté sur la révolution, la seule condamnation dont il l'ait frappée!

On parle des ministres : on se fait une idée ridicule et exagérée de leur influence. D'abord ils sont responsables [1]; et c'est déjà une chose assez menaçante pour eux que ce glaive suspendu sur leur tête. Ensuite nous avons contre leur incapacité

[1] Je conviens qu'ils ne le sont pas assez : il faut absolument une loi.

une garantie qui tient à la nature même de nos institutions. Nous sommes à peu près sûrs que les hommes les plus distingués par leurs talents seront appelés au timon de l'État; car un homme absolument nul ne peut occuper long-temps une première place sous un gouvernement représentatif. Attaqué par la voix publique et dans les deux Chambres, il seroit bientôt obligé de descendre du poste où la seule faveur l'auroit fait monter. La nation est donc pour toujours à l'abri de ces ministres qui n'ont pour eux que l'intrigue, et dont l'impéritie a perdu plus d'États que les fautes mêmes des rois.

Soupçonner la bonne foi des ministres est absurde. Est-ce avec une nation aussi éclairée, aussi spirituelle, qu'on pourroit employer de petites ruses? Tous les yeux seroient à l'instant ouverts. Aujourd'hui il est dans l'intérêt du gouvernement de marcher à la tête des choses, et non d'être forcé de les suivre : il n'y a donc rien à craindre de ce côté.

Quant à l'opposition, nous convenons qu'elle ne peut jamais être en France de la même nature qu'en Angleterre. Parmi nous, les fortunes ne sont pas assez grandes, le patronage des familles n'est pas assez étendu pour que l'opposition trouve en elle-même de quoi résister à l'influence ministérielle. Mais si elle n'a pas cette force d'intérêts que lui donnent ses richesses chez nos voisins, elle exerce en revanche une force d'opinion bien plus vive. Qu'un homme de talent et de probité se trouve, non par contradiction, mais par conviction, opposé aux ministres, il obtiendra dans les deux Chambres, et dans la France entière, une prépondérance que tout le poids de la couronne pourroit seul balancer. Un discours éloquent et juste remuera bien autrement notre Chambre des députés, qu'un discours semblable prononcé dans la Chambre des communes en Angleterre. Sous ce rapport, notre nation est si sensible qu'il est à craindre qu'elle ne soit, comme Athènes, trop soumise aux inspirations de ses orateurs.

Les mystères de l'opinion et du caractère des peuples échappent à toutes les théories, et ne peuvent être soumis à aucun calcul. Observez ce qui se passe aujourd'hui dans la Chambre des députés : elle est laissée entièrement à elle-même ; l'influence que les ministres y exercent se réduit à quelques politesses qui ne changent pas le sort d'un seul député. Hé bien, qu'arrive-t-il ? La majorité suit tranquillement sa conscience, louant, blâmant ce qu'elle trouve de bon ou de mauvais. Une chose se fait particulièrement remarquer : toutes les fois qu'il s'est agi d'affaires d'argent, les Chambres n'ont pas hésité ; le noble désintéressement de la nation s'est montré dans toute sa franchise : ainsi la liste civile, les dettes du roi, n'ont pas rencontré d'opposition. On auroit pu croire que la loi sur les émigrés alloit échauffer les partis : au grand étonnement de tous, la Chambre a été plus favorable que la loi. Les François se croient déshonorés quand on les force à s'occuper de leurs intérêts.

Admirable générosité qui tient au génie d'une nation particulièrement monarchique et guerrière ! Admirable nation, si facile à conduire au bien ! Oh ! que ceux qui l'ont égarée ont été coupables !

Mais a-t-on traité d'autres sujets, les Chambres se sont divisées selon les principes et les idées de chacun : l'opposition ne s'est plus formée de tels et tels individus ; elle a grossi, diminué, grossi encore, sans égard à aucun parti : on auroit cru qu'il n'y avoit pas de ministres, tant on avoit oublié que c'étoient eux qui avoient proposé la loi, pour ne s'occuper que de la loi même. Nous ne connoissons rien de plus propre à honorer le caractère national que la conduite actuelle de nos deux Chambres ; on voit qu'elles ne cherchent que le bien de l'État : généreuses sur tout ce qui touche à l'honneur, attentives à nos droits politiques, elles ont voté l'argent sans opposition, et défendu la liberté de la presse avec chaleur. C'est qu'en effet cette dernière question pouvoit diviser et embarrasser les meilleurs esprits. Quand on voit d'un côté Genève mettre des entraves à la liberté de la presse, et de l'autre une partie de l'Allemagne et la Belgique proclamer cette liberté, on peut croire qu'il n'étoit pas si aisé de décider péremptoirement.

Nous avons montré par les faits mêmes combien il est difficile, chez une nation brillante et animée, de maîtriser les esprits. Les François ont toujours été libres au pied du trône : nous avions placé dans nos opinions l'indépendance que d'autres peuples ont mise dans leurs lois. Cette habitude de liberté dans la pensée fait que nous nous soumettons rarement sans condition aux idées d'autrui : le député qui auroit le plus promis à un ministre de voter dans le sens de ce ministre, au moment de la délibération pourroit bien lui échapper. Avec le caractère françois, l'opposition est plus à craindre que l'influence ministérielle.

CHAPITRE XV.

Suite des objections des constitutionnels. Ordre de la noblesse.

« Qu'est-ce, dit-on, qu'une noblesse qui n'est « pas celle de la Chambre des pairs ? Qu'est-ce que « des anoblissements, etc. »

Ceci tient à la racine des choses : il faut s'expliquer.

Montesquieu a donné l'honneur pour âme à la monarchie, et la vertu pour principe à la république. L'honneur, selon lui, réside surtout dans le corps de la noblesse, partie intégrante et nécessaire de toute monarchie qui n'est pas le despotisme.

Mais dans une monarchie mixte, les corps constitués tenant à la partie républicaine du gouvernement, l'un (la Chambre des pairs) à l'aristocratie, l'autre (la Chambre des députés) à la démocratie, il s'ensuit que les deux corps ont pour base, pour esprit et pour but, la vertu, c'est-à-dire la liberté, sans laquelle il n'y a point de vertu politique.

Où donc résidera essentiellement le principe de la monarchie ? dans la couronne ? Sans doute. Mais la couronne ne peut seule le défendre : elle seroit bientôt envahie par le principe républicain, et la constitution seroit détruite. Ainsi il faut en dehors de cette constitution un corps de noblesse qui soit comme la sauvegarde de la couronne, et l'auxiliaire du principe monarchique.

Maintenant observons que la noblesse n'est pas composée d'un seul et unique principe : elle en renferme évidemment deux, l'honneur et la vertu, ou la liberté. Quand elle agit en corps et par rapport à la monarchie en général, elle est conduite par l'honneur, elle est monarchique : quand elle agit pour elle-même, et d'après la nature de sa propre constitution, elle est mue par la liberté; elle est républicaine, aristocratique.

D'après ces vérités incontestables, voyons ce qui arrivoit à la noblesse dans l'ancienne monarchie, et de quelle manière elle se combinoit avec le corps politique.

La noblesse, sous la première et la seconde race de nos rois, se présentoit tout entière aux assemblées de la nation; alors les gentilshommes jouissoient *en corps*, et dans leur intégrité, de tous leurs droits : droits qui tenoient au principe de la liberté par leur principe aristocratique, et au principe de l'honneur par leur côté monarchique.

Sous la troisième race, quand les états-généraux succédèrent aux assemblées de mars et de mai, la noblesse se contenta d'envoyer des députés à ces états : alors elle ne jouit plus *en corps* de la plénitude de ses droits. La moitié de ces droits, ceux qui tenoient au principe de liberté, les droits républicains ou aristocratiques, furent transmis par elle à ses représentants, tandis qu'elle continuoit de garder *en corps* ses droits monarchiques, c'est-à-dire ceux qui découloient du principe d'honneur. Cela duroit jusqu'à la fin des états-généraux, où la mission des représentants de la noblesse venant à finir, cette noblesse réunissoit de nouveau ses deux principes, et les droits dérivés de ces deux sources.

Hé bien, la seule chose qui, sous le rapport de la noblesse, distingue aujourd'hui notre dernière constitution, c'est que ce qui n'arrivoit que par intervalles sous la vieille monarchie est devenu permanent dans la nouvelle.

La noblesse, représentée dans la Chambre des pairs, a transmis pour toujours à cette Chambre son principe de liberté, ses droits républicains et aristocratiques, tandis qu'elle reste au dehors conservatrice du principe d'honneur, fondement réel de la monarchie.

On voit par-là que cette noblesse n'est point du tout incompatible avec nos nouvelles institutions; qu'elle n'est point en contradiction avec la nature du gouvernement; que ce gouvernement n'a pu ni dû la détruire; qu'il a seulement divisé les éléments qui la composoient, séparé son double principe; et que la noblesse subsiste à la fois dans la Chambre des pairs comme pouvoir aristocratique, et hors de la Chambre des pairs comme force monarchique.

Elle n'exerce plus ses droits politiques, parce qu'elle en a remis l'usage à la Chambre des pairs, qui la représente sous les rapports républicains; mais elle exerce tous ses droits d'honneur; elle appuie de cette force, si grande en France, l'autorité monarchique, qui pourroit être envahie sans ce rempart.

Telle est l'action de ce corps qui vous paroît inutile, et qui n'est autre, par le fond, que celui de la Chambre des pairs. Il n'y a point deux noblesses dans l'État : il n'y en a qu'une, qui se divise en deux branches, et chacune de ces branches a des fonctions distinctes et séparées.

Loin donc de nuire à l'État, cette noblesse, toute d'honneur, réduite à son principe le plus pur, est un contre-poids placé hors du centre du mouvement pour régulariser ce mouvement et maintenir l'équilibre de l'État. C'est ensuite un refuge pour tous les souvenirs, pour toutes les idées qui, ne trouvant pas leur place dans les nouvelles institutions, ne manqueroient pas de les troubler. Les gentilshommes, en maintenant le principe même de la monarchie, seront encore les conservateurs des traditions de l'honneur, les témoins de l'histoire, les hérauts d'armes des temps passés, les gardiens des vieilles chartes et les monuments de la chevalerie. Considérés seulement comme propriétaires, ces hommes distingués par leur éducation deviendront, comme nous le dirons bientôt, une excellente pépinière d'officiers, d'orateurs et d'hommes d'État.

Tout ceci n'est point une théorie plus ou moins ingénieuse, imaginée pour expliquer une constitution qui n'a point eu d'exemple chez les autres peuples. Il y a aussi, en Angleterre, une ancienne noblesse, plus fière de descendre des Bretons, des Saxons, des Danois, des Normands, des Aquitains, que d'occuper un siége dans la Chambre des pairs. Cette noblesse étoit autrefois si hautaine, que nul ne pouvoit s'asseoir à la table d'un baron s'il n'étoit chevalier. Aujourd'hui elle est aussi entêtée de son blason, de ses quartiers, que les patriciens, à Rome, étoient orgueilleux de leur naissance et de leur droit d'images., *jus imaginum*. Le fief appartient entièrement à l'aîné, selon la coutume de Normandie. Il y a des hérauts d'armes et des rois d'armes qui tiennent registre de tous les nobles des provinces[1]. Cette noblesse détruit-elle la noblesse politique fondée dans cette même Chambre des pairs? Non, mais elle sert à augmenter le poids et la dignité de la couronne. A Athènes même, ne considéroit-on pas ces familles de nobles qui remontoient au temps des rois?

Une fois prouvé qu'un corps de noblesse intermédiaire peut et doit exister dans une monarchie mixte, qu'il n'y dérange aucun des ressorts politiques, on n'a pas besoin de défendre les anoblissements. Le roi d'Angleterre fait aussi des chevaliers et des baronnets. Il y a une autre sorte d'anoblissement qui s'acquiert par la profession des arts

---

[1] Smith, *De Reg. Angl.*; La Roque, *Traité de la Noblesse.*

libéraux, ou en vivant d'un revenu libre; dans ce cas, l'anobli reçoit les armoiries qu'il choisit des mains du héraut d'armes. Ces récompenses du souverain ne détruisent point l'égalité devant la loi, et sont un moyen d'encourager le mérite et la vertu.

CHAPITRE XVI.

Objections des royalistes contre la Charte.

Les royalistes disent : « C'est en invoquant les
« progrès des lumières avec les mots de liberté et
« d'égalité que l'on a précipité la France dans tous
« les malheurs; le nom même de constitution est
« odieux et presque ridicule. On ne transporte point
« ainsi chez un peuple le gouvernement d'un autre
« peuple : les gouvernements naissent des mœurs,
« et sont fils du temps; restons, François, et ne
« soyons pas Anglois; ce qui est bon pour eux est
« mauvais pour nous. Nous sommes trop légers
« pour nous occuper sérieusement des soins publics,
« trop faciles à nous enflammer, trop enclins aux
« discours inutiles, trop peu épris du bien général,
« pour avoir des assemblées délibérantes. Nous
« aurons toujours de l'honneur, fondement de notre
« monarchie, mais nous n'aurons point cet esprit
« public qui tient à un autre principe de gouverne-
« ment. Notre position continentale même ne nous
« permet pas de pareilles formes politiques. Tandis
« que, dans les deux Chambres, nous délibèrerons

« sur la levée d'une armée, les ennemis arriveront
« à Paris. Si le roi, au contraire, dispose à son gré
« des soldats, il détruira quand il voudra notre
« prétendue constitution. »

On voit que des deux côtés nous ne dissimulons point les objections, et que nous les présentons dans toute leur force.

Nous avouerons d'abord que l'on a si étrangement abusé de ces mots, *progrès des lumières, constitution, liberté, égalité,* qu'il faut du courage aujourd'hui pour s'en servir dans un sens raisonnable. Les plus énormes crimes ont été commis, les doctrines les plus funestes se sont répandues au nom des lumières. Le ridicule et l'horreur sont venus s'attacher à ces phrases philosophiques, prodiguées sans mesure par des libellistes et des assassins. On a égorgé les blancs pour prouver la nécessité d'affranchir les noirs : la raison a servi à détrôner Dieu, et le perfectionnement de l'espèce humaine nous a fait descendre au-dessous de la brute.

Mais, d'un autre côté, n'avons-nous pas reçu une autre leçon ? Pour nous sauver des systèmes d'une philosophie mal entendue, nous nous sommes précipités dans les idées opposées. Qu'en est-il advenu ? Qui voudroit, qui oseroit aujourd'hui vanter le pouvoir arbitraire ? Les excès d'un peuple soulevé au nom de la liberté sont épouvantables, mais ils durent peu, et il en reste quelque chose d'énergique et de généreux. Que reste-t-il des fureurs de la tyrannie, de cet ordre dans le mal, de cette sécurité dans la honte, de cet air de contentement dans la douleur, et de prospérité dans la misère? La double leçon de l'anarchie et du despotisme nous enseigne donc que c'est dans un sage milieu que nous devons chercher la gloire et le bonheur de la France. Prenons-y garde, d'ailleurs : si, exaspérés par le souvenir de nos maux, nous les attribuons tous aux lumières, on nous dira que la dévastation du Nouveau-Monde, les massacres de l'Irlande et ceux de la Saint-Barthélemy ont été causés par la religion; que si Louis XVI a été traîné à l'échafaud par des philosophes, Charles Ier y a été conduit par des fanatiques. Cette manière de raisonner de part et d'autre ne vaut donc rien : ce qui est bon reste bon, indépendamment du mauvais usage que les hommes en ont pu faire.

Cette difficulté sur les mots une fois écartée, venons au fond des objections.

On dit : « Les gouvernements sont fils des mœurs « et du temps. Restons François; ne transportons « point chez nous les institutions d'un autre peuple, « bonnes pour eux, mauvaises pour nous. »

Il y a ici grande erreur. Il ne faut pas s'imaginer du tout que la forme actuelle de notre gouvernement soit une chose absolument nouvelle pour nous; que, de plus, elle ait été inventée par les Anglois, et qu'avant eux personne n'avoit songé qu'il pût exister un gouvernement participant des trois pouvoirs, monarchique, aristocratique et démocratique.

D'abord, tous les anciens ont pensé que le

meilleur gouvernement possible seroit celui qui réuniroit ces trois pouvoirs. C'étoit l'opinion de Pythagore et d'Aristote. « Je conclus avec Platon, « dit Cicéron, que la meilleure forme de gouverne- « ment est celle qui offre l'heureux mélange de la « royauté, de l'aristocratie et de la démocratie [1]. » C'étoit ce qu'avoit fait Lycurgue [2] à Sparte. Écoutons Polybe : « Le plus parfait de tous les gouver- « nements ne seroit-il pas celui dont les pouvoirs « se serviroient de contre-poids, où l'autorité du « peuple réprimeroit la trop grande puissance des « rois, et où un sénat choisi mettroit un frein à la « licence du peuple [3] ? »

Tacite partageoit cette opinion : il pensoit, à la vérité, qu'un tel gouvernement étoit si parfait, qu'il ne pouvoit exister chez les hommes [4]. Mais nous avons fait remarquer ailleurs qu'il avoit été réservé au christianisme de réaliser ce beau songe des plus grands génies de l'antiquité [5]. En effet, le gouvernement représentatif est né des institutions chrétiennes.

Des autorités imposantes ne prouveroient pas que des peuples doivent renverser leur gouvernement, lorsqu'il est établi, pour en prendre un plus parfait; mais quand ces peuples ont changé de constitution au milieu d'une révolution violente, si la nouvelle constitution se trouve être dans les formes regardées comme les plus belles, par un

---

[1] *Fragm. Republ.*, lib. II.   [2] Architas *in Stob.*
[3] Polyb., *Excerpt.*, lib. VI, cap. VIII et IX.
[4] Tac. *Ann.* IV, 33.   [5] *Génie du Christianisme.*

Lycurgue, un Aristote, un Platon, un Polybe, un Tacite, cela doit donner de la confiance : on peut croire qu'on ne s'est pas tout-à-fait trompé.

Montesquieu, après avoir fait un éloge pompeux du gouvernement anglois, prétend qu'on en découvre l'origine chez les Germains peints par Tacite [1], et que ce beau système a été trouvé dans les bois.

S'il en est ainsi, en l'adoptant aujourd'hui, nous ne ferions nous-mêmes, comme les Anglois, que reprendre le gouvernement de nos pères ; mais soit qu'il vienne des Francs, nos aïeux, soit qu'il ait été produit par la religion chrétienne, soit qu'il découle de ces deux sources, il est certain qu'il est conforme à nos mœurs actuelles, qu'il ne les contrarie point, et qu'il n'est point parmi nous une production étrangère.

Dans le moyen-âge, toute l'Europe, excepté peut-être l'Italie et une partie de l'Allemagne, eut à peu près la même constitution : les cortès en Espagne, les états-généraux en France, les parlements en Angleterre, étoient fondés sur le système représentatif. L'Europe, marchant d'un pas égal vers la civilisation, seroit arrivée pour tous les peuples à un résultat semblable, si des causes locales et des événements particuliers n'avoient dérangé l'uniformité du mouvement.

La France eut à repousser des invasions, sa noblesse périt presque tout entière aux champs de

---

[1] *Esprit des Lois*, liv. IX, chap. VI.

Crécy, de Poitiers et d'Azincourt. Des armées régulières, établies de bonne heure par nos rois, achevèrent de rendre les gentilshommes inutiles, sinon comme chefs, du moins comme soldats. Les fiefs, par suite du renversement des fortunes, commencèrent à tomber dans les mains des roturiers. La partie aristocratique de la constitution perdant ses forces, la partie monarchique accrut les siennes. Les communes, vexées par les bizarreries de la féodalité, cherchèrent à se mettre à l'abri sous l'autorité royale. L'invariable succession de nos monarques affermissoit chaque jour les racines du trône. Une fois l'équilibre rompu, le gouvernement représentatif cessa de suivre sa direction naturelle. Au lieu de se fixer et de se régulariser, comme en Angleterre, il se désunit, et laissa prédominer la couronne. Les états-généraux, rarement convoqués, et toujours dans des moments de troubles, voulurent profiter de ces moments pour ressaisir leurs droits, et commencèrent à ne paroître plus que des corps turbulents et dangereux : sachant qu'ils seroient bientôt dissous, ils se hâtoient de tout envahir, dans l'espoir de conserver quelque chose. Cette conduite acheva de les discréditer. S'ils avoient été appelés à des époques fixes, ils n'auroient pas montré cette jalousie; et, au lieu de ne songer qu'à eux-mêmes, ils se seroient occupés de l'État. Tout se resserra donc autour d'un trône éclatant qu'occupoient tour à tour les meilleurs et les plus grands princes, tandis qu'une autre partie du pouvoir des états-généraux tomboit entre les mains du parlement de Paris.

Ce corps puissant s'étoit élevé lentement et en silence : d'abord ambulant, ensuite sédentaire à Paris, il avoit acquis, par son intégrité et ses lumières, une considération méritée. Dès son origine il avoit sapé les fondements de la féodalité, et circonscrit les juridictions seigneuriales. La cour des pairs, laïques et ecclésiastiques, qui formoit la haute-cour ou le grand conseil du roi, se réunissoit au parlement dans les causes importantes, avec les princes du sang, et quelquefois avec le roi même. Cette réunion donna au parlement quelque chose de la composition des états-généraux. Ceux-ci n'étant convoqués que de loin à loin, le peuple s'habitua à regarder le parlement comme le corps qui les remplaçoit dans l'intervalle des sessions. Le droit de remontrance fit entrer dans ce corps une partie du droit public, relatif à la levée des impôts. Ainsi croissant en renommée par la vertu, la science et la gravité de ses magistrats, par la sagacité de ses décisions, le parlement se trouva peu à peu investi d'une puissance politique d'autant plus respectable, qu'elle étoit jointe à la puissance judiciaire. À l'époque des troubles de la ligue, placé à la tête d'une faction, il exerça presque toutes les fonctions des états-généraux, et décida des droits de Henri IV à la couronne. Les états-généraux convoqués sous Louis XIII n'ayant rien produit, et Richelieu ayant achevé la ruine du pouvoir aristocratique, le parlement resta seul chargé de défendre le peuple contre la couronne, et une véritable révolution fut accomplie dans l'État. On a pu reprocher aux parlements quelques erreurs; mais ces erreurs ne peuvent balancer les services qu'ils ont rendus à la France : ils l'ont éclairée dans les temps de ténèbres, défendue contre la barbarie féodale; et, après l'érection de la monarchie absolue sous Louis XIV, ils ont été, de fait, les seuls représentants, et souvent les représentants courageux de nos libertés.

L'Angleterre, partie du même but, arriva à un autre terme. Ses guerres d'Écosse n'étoient rien pour elle, et ne menaçoient point son existence; ses guerres de France, soutenues par des François, furent heureuses. Rassurée contre les dangers du dehors, elle put s'occuper au dedans de son administration politique. Les querelles de ses rois affoiblirent la puissance monarchique, et fortifièrent la partie aristocratique du gouvernement. La noblesse demeura long-temps souveraine : ce ne fut que sous le règne de Henri VII que les comtés, jusqu'alors héréditaires, se changèrent en titre de dignité. L'autorité militaire des gentilshommes ne diminua presque point, parce qu'on ne fut point obligé d'avoir de bonne heure, comme en France, des troupes disciplinées. Le génie d'Alfred, perpétué dans l'institution des jurés, avoit fait entrer par l'ordre judiciaire les idées démocratiques dans le principe de l'État. Le gouvernement féodal, inconnu des Saxons, introduit en Angleterre par la conquête des Normands, n'y jeta jamais de profondes racines. Plus tard, Édouard III renonça à la langue françoise, ordonna que les actes publics fussent écrits en anglois, et fit revivre ainsi une partie de l'ancien esprit des Germains.

Le parlement (autrement les états-généraux) conserva pour toutes ces causes son autorité primitive : souvent assemblé, bientôt il ne fut plus possible au monarque de marcher sans lui. L'orgueil des grands barons anglois fit que le conseil du roi, ou la Chambre des pairs, des barons, des lords (ce qui est la même chose sous différents noms), ne se mêla point aux chevaliers ou simples gentilshommes dans les assemblées de la nation. Les communes, appelées par Leicester, sous Henri VIII, à ces assemblées, se réunirent aux chevaliers, après en avoir été séparées quelque temps. Ainsi se formèrent dans le parlement d'Angleterre deux Chambres distinctes, tandis qu'en France l'égalité des gentilshommes, pauvres ou riches, ne permit point à la noblesse de se diviser en deux corps, et nos états-généraux, délibérant en commun, bien qu'ils votassent par ordre, se trouvèrent avoir manqué l'établissement de la balance de leurs pouvoirs.

Enfin la révolution religieuse produite par la violence de Henri VIII diminua l'influence de l'ordre du clergé dans la Chambre des lords. Le pouvoir aristocratique, affoibli à son tour par cet événement, vit par ce même événement s'augmenter le pouvoir démocratique dans la Chambre des communes. A peu près égales en force, les trois puissances de la monarchie primitive s'attaquèrent et en vinrent à une lutte sanglante, sous les règnes malheureux des Stuarts : aucune des trois n'étant parvenue à opprimer les deux autres, la constitution des Anglois sortit de ce terrible et dernier combat.

Ainsi, nous avons eu autrefois le même gouvernement que l'Angleterre; et nous conservons en nous, comme elle les avoit en elle-même, tous les principes de son gouvernement actuel. Voltaire observe très bien quelque part que le parlement d'Angleterre n'est autre chose qu'une imitation perfectionnée de nos états-généraux; et d'Aguesseau dit, avec autant de fondement, que l'on retrouve toutes nos lois dans les vieilles lois de la Grande-Bretagne.

Dans des questions de cette importance et de cette nature, il faut marcher le flambeau de l'histoire à la main : c'est le moyen de se guérir de beaucoup de préventions et de préjugés. Il n'est donc pas question dans tout ceci de se faire Anglois; l'Europe, qui penche avec nous vers un système de monarchie modérée, ne se fera pas angloise : ce que l'on a, ce que l'on va avoir est le résultat naturel des anciennes monarchies. L'Angleterre a devancé la marche générale d'un peu plus d'un siècle, voilà tout.

CHAPITRE XVII.

Suite des objections. Que nous avons essayé inutilement de diverses constitutions. Que nous ne sommes pas faits pour des assemblées délibérantes.

On se récrie avec une sorte de justice sur la multitude de nos constitutions : mais est-ce une raison pour ne pas en trouver une qui nous convienne ? Combien de fois les Anglois en changèrent-ils avant d'arriver à celle qu'ils ont aujourd'hui ? Le rump, le conseil des officiers de Cromwell, les différentes sectes religieuses, enfantoient chaque jour des institutions politiques, que l'on se hâtoit de proclamer comme des chefs-d'œuvre : cela a-t-il rendu ridicule leur dernière constitution, et nui à son excellence et à son autorité ?

Nous ne sommes pas faits, ajoute-t-on, pour des assemblées délibérantes. Mais n'en avons-nous jamais eu de ces assemblées ? Autre erreur historique, plus frappante encore que la première. Nos pères étoient-ils moins ardents que nous ? Ces Francs, qu'Anne Comnène vit passer à Constantinople, qui étoient si impétueux, si vaillants, qui ne pouvoient consentir à se tenir découverts devant Alexis; ces Francs irascibles, impatients, volontaires, n'avoient-ils pas des conseils de baronnie, des assemblées de province, des états-généraux de la langue d'oil et de la langue d'oc ? Lorsque, sous Philippe de Valois, s'éleva la querelle entre les juridictions seigneuriales et ecclésiastiques, vit-on jamais rien de plus grave que ce qui se passa alors ? C'étoient pourtant les deux premiers ordres de la monarchie, qui, dans toute leur puissance, luttoient pour leurs priviléges. La cause fut plaidée devant Philippe : Pierre de Cugnières, chevalier, personnage vénérable, tenant à la fois à la robe et à l'épée, pour mieux convenir aux deux hautes parties contendantes, portoit la parole en qualité d'avocat général et de conseiller du roi. Cette première réclamation du droit civil contre le droit canonique produisit dans la suite l'*appel comme d'abus*, sauvegarde de la justice : dans le temps des bonnes mœurs, tout fait naître les bonnes lois. On admira dans cette grande affaire la piété et la justice du roi, la respectueuse hardiesse de l'orateur de la partie civile, et la dignité du clergé. Ce fut un beau spectacle que celui de ces prélats et de ces chevaliers jurant sur leurs croix et sur leurs épées de s'en rapporter à l'intégrité du roi, plaidant la cause de la religion et de la noblesse devant un monarque fils aîné de l'Église, et le premier comme le plus ancien gentilhomme de son royaume.

Quatre ou cinq siècles plus haut, nous trouvons ces mêmes François délibérant aux assemblées de Mars et de Mai; et, pour que nous n'en puissions douter, le temps nous a transmis leurs décisions dans le recueil des Capitulaires. Plus haut encore, nous les verrons fixant par les lois gombette, allemande, ripuaire et salique, le tarif des blessures. Leur terrible justice consistoit alors à imposer leur épée : ils parloient éloquemment sur ce droit public de leur façon. Ils discutoient sur la longueur, la largeur et la profondeur de la plaie : s'ils avoient fait tomber une partie du crâne d'un homme, ils consentoient à payer quelques sous d'or ; plus si cet homme étoit Franc, moins s'il étoit Romain ou Gaulois. Mais il falloit que l'os abattu en valût la peine, et que lancé à travers un espace de douze pas, il fît résonner un bouclier. Enfin, dans les forêts de la Germanie, nous apercevons nos pères délibérant autour d'une épée nue, plantée au milieu du Mallus, ou décidant de la paix ou de la guerre, la coupe à la main : « Alors que le cœur, dit « Tacite, ne peut feindre, et qu'il est disposé aux en- « treprises généreuses. »

Pourquoi donc le peuple, qui a toujours parlé et délibéré en public dans les temps de sa barbarie, comme à l'époque de sa civilisation, qui a produit des ministres et des magistrats comme Suger, Nogaret, Pierre de Cugnières, Sully, L'Hospital, de Thou, Mathieu Molé, Lamoignon, d'Aguesseau ; des publicistes comme Bodin et Montesquieu ; des orateurs comme Massillon et Bossuet, n'entendroit-il rien aux lois et à l'éloquence ? Enfin, n'avons-nous pas déjà vingt-cinq années d'expérience ? Et n'est-ce rien pour un peuple comme celui-ci, qu'un quart de siècle ? Quelques-uns de nos ministres actuels ont paru à la tribune avec éclat, et connoissent tous les fils qui font mouvoir le corps politique. Nos erreurs passées nous serviront de leçons ; nous en avons déjà la preuve dans la modération et le bon esprit des deux Chambres.

CHAPITRE XVIII.

Suite des objections. Notre position continentale.

« Notre position continentale nous oblige à avoir
« une nombreuse armée : si cette armée dépend des
« Chambres, nous serons envahis avant que les
« Chambres aient délibéré ; si la couronne dispose
« des soldats, la couronne peut opprimer les deux
« Chambres. »

Cette objection, la plus spécieuse de toutes, se résout comme celle de l'opposition, par la puissance de l'opinion. Croit-on de bonne foi que si l'ennemi étoit sur la frontière, les Chambres pussent refuser une armée au roi ; que des propriétaires voulussent se laisser envahir ? Loin de se rendre populaires par ce refus, elles soulèveroient contre elles la nation. Chez un peuple si sensible à l'honneur, si épris de la gloire des armes, la foule passeroit à l'instant dans le parti de la couronne, et la constitution seroit anéantie. D'ailleurs une invasion est-elle si subite, si imprévue, que l'on n'en ait pas reçu des avis long-temps d'avance ? Est-ce avec une poignée de soldats qu'une nation voisine entreroit en France ? N'auroit-elle pas été obligée de rassembler des troupes, de les faire marcher ; n'aurions-nous rien su de ses mouvements et de ses préparatifs ?

Toutefois, comme il ne s'agit point d'imiter les Anglois, de se laisser dominer par des systèmes, d'adopter entièrement une constitution, sans égard aux habitudes, aux mœurs, à la position d'un peuple, comme si le même vêtement convenoit à tous les hommes, il est évident qu'il faut laisser au pouvoir exécutif en France une bien plus grande force qu'en Angleterre. Le roi doit être plus libre dans ses mouvements, parce que la France est plus grande, plus exposée aux combinaisons de la politique extérieure. L'Angleterre n'a rien à craindre pour son existence d'un ennemi étranger; mais en France, il peut survenir une guerre qui mette l'État en péril. Beaucoup d'intérêts que l'on soumet à la discussion publique chez nos voisins demandent parmi nous du secret, et ne pourroient être débattus sans danger dans nos deux Chambres. En France, il est essentiel de regarder toujours à deux choses : au gouvernement du dedans, et aux affaires du dehors. Tandis qu'on se livreroit à des abstractions politiques, et qu'on auroit l'œil fixé sur les astres, on pourroit tomber dans un abîme. Pour prévenir ce malheur, il faut que le trône, placé comme un bouclier devant nous, nous garantisse de tous les coups qu'on voudroit nous porter : il faut qu'il soit en avant-garde de la nation; qu'environné d'éclat et de dignité, il en impose par sa puissance et par sa splendeur. L'autorité du roi doit être dégagée de beaucoup d'entraves pour agir avec vigueur et rapidité; elle doit avoir, dans certains cas, quelque chose de la dictature à Rome; et c'est surtout dans ce moment que nous devons tendre à augmenter le pouvoir monarchique, à l'investir de toute la force nécessaire au salut de l'État. Notre monarchie, toute libre au dedans, doit rester toute militaire au dehors. En Angleterre, l'armée est presque une affaire de luxe; en France, c'est une chose de première nécessité. C'est par cette raison que le militaire et la noblesse auront toujours dans notre France une tout autre considération que celle dont ils jouissent en Angleterre. Chez nos voisins, un riche brasseur de bière, un manufacturier opulent, peuvent paroître à la patrie aussi dignes des places et des honneurs qu'un capitaine, parce qu'en effet ils sont autant, et plus que lui, nécessaires à la prospérité commune; mais en France, le soldat qui nous met à l'abri de la conquête, qui nous garantit du joug étranger, est un homme qui non-seulement exerce la profession la plus noble, mais qui suit encore la carrière la plus utile à l'État. De là doivent naître des différences essentielles dans l'opinion des deux pays, et conséquemment des différences considérables dans les institutions politiques. L'air bourgeois ne convient point à notre liberté; et les François ne la suivront qu'autant qu'elle saura cacher son bonnet sous un casque.

Mais ceci nous ramène à la seconde partie de l'objection. Si vous donnez, dit-on, au roi une pareille force, il détruira la liberté et opprimera les deux Chambres.

Ce seroit sans doute un grand malheur, si notre nouveau gouvernement plaçoit continuellement la France entre la servitude et la conquête; mais il n'en est pas ainsi. Le roi peut être absolu pour les affaires du dehors, sans être oppresseur au dedans. L'opinion publique vient encore ici à notre secours. Dans l'état actuel des choses, on ne pourroit faire impunément violence aux députés : à l'instant l'impôt seroit suspendu ; il faudroit, pour le lever, autant de régiments que de villages, autant d'armées que de provinces. Nous n'attribuons rien de trop ici à l'opinion. Elle est si puissante que Montesquieu n'a pas craint d'en faire le seul principe de la monarchie : la liberté est un principe, un fait ; mais l'honneur n'est que la plus belle des opinions. Il a eu raison, Montesquieu ; et l'opinion a toujours tout fait en France. Nous en avons une preuve aussi noble qu'éclatante : tout esclave, en mettant le pied sur le sol françois, est libre. Est-ce en vertu d'une loi positive ? Non, c'est en vertu de l'opinion ; et cette opinion, transformée en coutume, a force de loi devant les tribunaux.

Sous l'ancienne monarchie l'opinion tenoit pour ainsi dire lieu de charte. Un couplet, une plaisanterie, une remontrance, arrêtoient, comme par enchantement, les entreprises du pouvoir. Tout devenoit un frein contre l'autorité absolue, jusqu'à la politesse de nos mœurs. Pourquoi donc cette opinion, si puissante autrefois, auroit-elle perdu sa force ? Pourquoi ne seroit-elle plus rien, précisément parce qu'elle peut s'exprimer avec plus de liberté ? Mais il n'en est pas ainsi : nous voyons tous les jours qu'un article de gazette fait nos craintes et nos espérances.

Il est aisé, dira-t-on, de se tirer d'affaire en répondant par des dénégations, en disant : « Cela « n'arrivera pas; » en se jetant dans de grands raisonnements sur l'opinion. Comme l'avenir n'est pas là pour vous démentir, on peut sortir ainsi d'embarras; mais on ne fait pas naître la conviction.

Nous comprendrions cette réplique, si elle nous étoit faite par d'autres que par ceux qui pourroient nous l'adresser; car, que disent ces personnes quand on attaque l'ancien ordre de choses; quand on leur soutient, par exemple, qu'aucun homme n'étoit à l'abri d'un coup d'État, de la violence d'un ministre? Elles répondent que cela n'arrivoit pas, et que l'opinion s'opposoit à ces actes arbitraires du pouvoir. Elles ont raison de répondre ainsi, et leur réponse est fort bonne; mais alors elles doivent trouver juste qu'on oppose à leur attaque les mêmes armes et qu'on se couvre du même bouclier. Remarquez qu'il ne seroit pas question, dans le cas qu'on nous propose, d'un fait obscur, d'une persécution individuelle et presque ignorée : il ne s'agiroit rien moins que des deux Chambres refusant une armée au roi, ou du roi faisant marcher des soldats contre les deux Chambres. Certes, si l'opinion peut avoir une influence prononcée, c'est dans un moment pareil.

Au reste, il y a des choses qui ne peuvent être appuyées de démonstrations mathématiques, et qui n'en restent pas moins prouvées. Tout n'est pas positif dans la science du gouvernement : le système des finances en Angleterre ne repose-t-il pas sur une fiction? Il y a des mystères de politique, comme il y a des mystères de religion : le jeu des constitutions, leur marche, leur influence, sont d'une nature inexplicable. Combinés avec les mœurs, les passions et les événements, les corps politiques, attirés, repoussés, balancés, combattus, produisent des effets que toute la sagacité humaine ne peut calculer. Ce vague, cette incertitude, ces grandes choses qui ne produisent rien, ces petites causes d'où sortent tant de grands résultats, ces illusions, cette puissance de l'opinion si souvent trompeuse, se retrouve dans tout ce qui touche aux gouvernements, dans tout ce qui prend place dans l'histoire. Par exemple, n'est-on pas toujours tenté de supposer des talents supérieurs à l'homme qui joue un rôle extraordinaire? Souvent cet homme est moins que rien. La gloire a ses méprises comme la vertu : il y a des temps surtout où la fortune célèbre ses fêtes; espèces de saturnales où l'esclave s'assied sur le trône du roi. Quand on vient à regarder de près les hommes qui conduisent le monde dans ces temps de délire, on demeure plus étonné de leur néant qu'on n'étoit surpris de leur existence; on est frappé du peu de talent qu'il faut pour décider du sort des empires; et l'on reconnoît qu'il y a dans les affaires humaines quelque chose de fatal et de secret qu'on ne sauroit expliquer.

CHAPITRE XIX.

S'il seroit possible de rétablir l'ancienne forme de gouvernement.

Enfin quand les objections contre le nouvel ordre de choses seroient aussi fortes qu'elles nous semblent peu solides, voici qui répond à tout : on ne peut pas faire que ce qui est ne soit pas, et que ce qui n'est pas existe. Le roi nous a donné une charte : notre devoir est donc de la soutenir et de la respecter. Il y a d'ailleurs aujourd'hui une opinion générale qui domine toutes les opinions particulières : c'est l'opinion *européenne*, opinion qui oblige un peuple de suivre les autres peuples. Quand de toutes parts tout s'avance vers un but commun, il faut, bon gré mal gré, se laisser aller au cours du temps.

Avant la découverte de l'imprimerie, lorsque l'Europe étoit sans chemins, sans postes, presque sans communications; lorsqu'il étoit difficile et dangereux d'aller de Paris à Orléans, parce que le seigneur de Montlhery, un Montmorency, faisoit la guerre au roi de France; ce qui se passoit dans un pays pouvoit rester long-temps ignoré dans un autre. Mais aujourd'hui qu'une nouvelle arrive en quinze jours de Pétersbourg à Paris; que l'on reçoit en quelques minutes aux Tuileries une dépêche de Strasbourg et même de Milan; que toutes les nations se connoissent, se sont mêlées, savent mutuellement leur langue, leur histoire; que l'imprimerie est devenue une tribune toujours ouverte, où chacun peut monter et faire entendre sa voix ; il n'est aucun moyen de s'isoler, et d'échapper à la marche européenne.

Les hommes ont mis en commun un certain nombre de connoissances que vous ne pouvez plus leur retirer. Le roi l'a jugé ainsi, parce qu'il est profondément éclairé, et il nous a donné la Charte. Est-ce donc parce que nous manquions autrefois d'une constitution ? Non, sans doute. Eh ! pourquoi n'aurions-nous pas eu de constitution ? Parce qu'elle n'étoit pas écrite ! la constitution de Rome et celle d'Athènes l'étoient-elles ? Seroit-il même exactement vrai de dire que celle dont l'Angleterre jouit actuellement est une constitution écrite ? Certes, il seroit fort extraordinaire que la France eût existé comme nation pendant douze cents ans sans gouvernement et sans lois. L'ancienne constitution de la monarchie étoit excellente pour le temps : Machiavel, qui s'y connoissoit, en fait l'éloge. Rien n'étoit plus parfait que la balance des trois ordres de l'État tant que cette balance ne fut point rompue. Rien de plus admirable et de plus complet que les ordonnances des rois de France : là se trouvent consacrés tous les principes de nos libertés. Il n'y a peut-être pas un seul cas d'oppression qui n'y soit prévu, et auquel nos monarques n'aient essayé d'apporter remède. Il est bien remarquable que les anciens troubles de la France aient eu pour cause des guerres étrangères et des opinions religieuses, et que jamais ces troubles n'aient été produits par l'ordre politique.

Les hommes, dans l'ancienne France, étoient classés moins par les divisions politiques que par la nature de leurs devoirs : ainsi, le premier ordre de l'État étoit celui qui prioit Dieu pour le salut de la patrie, et qui soulageoit les malheureux. Cette fonction étoit regardée comme la plus sublime, et elle l'étoit en effet. Le guerrier suivoit le prêtre, parce que l'homme qui verse son sang pour la défense de la patrie, et dont le métier est de mourir, est un homme plus noble que celui qui s'est consacré à des travaux mécaniques. Remarquez qu'au temps de la féodalité, les vassaux allant à la guerre, il en résultoit que le laboureur étoit soldat : aussi, dans nos opinions, l'épée et le soc de la charrue étoient nobles, et le gentilhomme ne dérogeoit point en labourant le champ de son père. Les communes venoient ensuite, et s'occupoient des arts utiles à la société. On ne sauroit croire à combien de vertus cette division, dans l'ordre des devoirs, étoit favorable, à quels sacrifices elle condamnoit le prêtre, à quelle générosité, à quelle délicatesse dans les sentiments elle forçoit le gentilhomme; tandis qu'elle entretenoit dans la classe la plus nombreuse la fidélité, la probité, le respect des lois et des mœurs. C'est ce qui a fait, n'en doutons point, la longue existence de l'ancienne monarchie.

Malheureusement ce bel édifice est écroulé. Il ne s'agit pas de savoir s'il étoit plus solide et plus parfait que celui qu'on vient d'élever; si l'ancien gouvernement, fondé sur la religion comme les gouvernements antiques, produit lentement par nos mœurs, notre caractère, notre sol, notre climat, éprouvé par les siècles, n'étoit pas plus en harmonie avec le génie de la nation, plus propre à faire naître de grands hommes et des vertus, que le gouvernement qui le remplace aujourd'hui. Il n'est pas question d'examiner encore si ce qu'on appelle le progrès des lumières est un progrès réel ou une marche rétrograde de l'esprit humain, un retour vers la barbarie, une véritable corruption de la religion, de la politique et du goût. Tout cela peut se soutenir : ceux qui prendroient en main cette cause ne manqueroient pas de raisons puissantes, et surtout de sentiments pathétiques, pour justifier leur opinion. Mais il faut dans la vie partir du point où l'on est arrivé. Un fait est un fait. Que le gouvernement détruit fût excellent ou mauvais, il est détruit ; que l'on ait avancé, que l'on ait reculé, il est certain que les hommes ne sont plus dans la place où ils se trouvoient il y a cent ans, bien moins encore où ils étoient il y a trois siècles. Il faut les prendre tels qu'ils sont, et ne pas toujours les voir tels qu'ils ne sont pas, et tels qu'ils ne peuvent plus être : un enfant n'est pas un homme fait ; un homme fait n'est pas un vieillard.

Quand nous voudrions tous que les choses fussent arrangées autrement qu'elles le sont, elles ne pourroient l'être. Déplorons à jamais la chute de l'ancien gouvernement, de cet admirable système dont la durée seule fait l'éloge ; mais enfin notre admiration, nos pleurs, nos regrets, ne nous rendront pas Du Guesclin, La Hire et Dunois. La vieille monarchie ne vit plus pour nous que dans l'histoire, comme l'oriflamme que l'on voyoit encore toute poudreuse dans le trésor de Saint-Denis, sous Henri IV : le brave Crillon pouvoit toucher avec attendrissement et respect ce témoin de notre ancienne valeur; mais il servoit sous la cornette blanche triomphante aux plaines d'Ivry, et il ne demandoit point qu'on allât prendre au milieu des tombeaux l'étendard des champs de Bouvines.

Nous avons montré ailleurs[1] que les éléments de l'ancienne monarchie ont été dispersés par le temps et par nos malheurs : l'esprit du siècle a pénétré de toutes parts ; il est entré dans les têtes et jusque dans les cœurs de ceux qui s'en croient le moins entachés.

Il y a plus : si ceux qui pensent, sans y avoir bien réfléchi, qu'il est possible de rétablir l'ancien gouvernement, obtenoient la permission de tenter cet ouvrage, nous les verrions bientôt, perdus dans un chaos inextricable, renoncer à leur entreprise. D'abord, pas un d'entre eux ne désireroit remettre les choses absolument telles qu'elles étoient : autant de provinces, autant d'avis, de prétentions, de systèmes ; on voudroit détruire ceci, conserver cela, chacun iroit, à main armée, demander à son voisin compte de sa propriété.

Se représente-t-on ce que deviendroit la France le jour où l'on remettroit en vigueur les ordonnances relatives aux preuves de noblesse exigées

---

[1] *De l'État de la France au mois de mars et au mois d'octobre de la même année.* (Voyez page 75.)

des officiers de l'armée ? Supposons encore que le roi régnant seul, et ayant toujours à payer 1700 millions de dettes, sans compter les dépenses courantes, eût dit à son ministre des finances de lui présenter un plan ; que le ministre eût formé son plan tel que nous l'avons vu ; que, sans pouvoir expliquer ses raisons, sans pouvoir entrer dans la discussion publique de ses moyens, le ministre, muni d'un arrêt du conseil, eût voulu mettre ce plan à exécution : nous demandons encore ce que seroit devenue la France ? Le parlement de Paris, forcé à l'enregistrement, n'auroit-il fait aucune remontrance ? Les parlements de provinces n'auroient-ils point élevé la voix ? Les pays d'états n'auroient-ils point réclamé ? la noblesse et le clergé n'auroient-ils point fait valoir leurs priviléges ? Les peuples, toujours disposés à refuser l'impôt, émus par toutes ces oppositions, ne se seroient-ils point révoltés ? Une pareille résistance au moment où un levain de discorde fermentoit encore parmi nous, nous auroit, n'en doutons point, précipités dans une nouvelle révolution. Eh bien, grâce à la Charte, le budget discuté dans les deux Chambres a semblé nécessaire par le fait, ingénieux dans ses ressources : il a passé paisiblement ; et le peuple, satisfait d'avoir été consulté dans ses représentants, s'est soumis à des impôts qui jadis l'auroient soulevé d'un bout à l'autre de la France.

Mais il y a dans le nouvel ordre de choses des personnes qui vous déplaisent, qui vous semblent odieuses. Eh bien, elles passeront ; la France restera. Les esprits, après une révolution, sont lents à se calmer. On se rappelle d'avoir vu tel homme dans telle circonstance : on ne peut se persuader que cet homme soit devenu un bon citoyen, qu'il puisse être employé utilement. C'est un mal inévitable; mais ce mal ne doit pas faire renoncer au bien de la patrie. En 1605, Henri IV partoit pour le Limousin; il y avoit déjà seize années qu'il étoit monté sur le trône, et pourtant Malherbe lui disoit :

> Un malheur inconnu glisse parmi les hommes,
> Qui les rend ennemis du repos où nous sommes :
> La plupart de leurs vœux tendent au changement;
> Et comme s'ils vivoient des misères publiques,
> Pour les renouveler ils font tant de pratiques,
> Que qui n'a point de peur n'a point de jugement.
> Nous voyons les esprits nés à la tyrannie,
> Ennuyés de couvrir leur cruelle manie,
> Tourner tous leurs conseils à notre affliction;
> Et lisons clairement dedans leur conscience
> Que s'ils tiennent la bride à leur impatience,
> Nous n'en sommes tenus qu'à sa protection (*d'Henri IV*).
>
> Qu'il vive donc, Seigneur, et qu'il nous fasse vivre!

Après la restauration de Charles II en Angleterre, les esprits restèrent agités. Le premier moment de joie une fois passé, les hommes qui avoient suivi des principes opposés dans le cours de la révolution continuèrent à se haïr. Les whigs et les torys descendirent de ces factions. Il y avoit même quelques furieux qui regardoient les régicides condamnés comme des martyrs de la *bonne vieille cause*, « of the old good cause. » Ils prétendoient qu'à leur mort Harrison, Cook et Peter avoient été très certainement *revêtus du Seigneur,* « cloathed with the Lord. » Ils n'étoient couverts que du sang de leur roi.

Concluons de tout ceci que ceux qui regrettent l'ancien gouvernement doivent s'attacher au nouveau, parce qu'il est très bon en soi, parce qu'il est le résultat obligé des mœurs du siècle, parce qu'enfin la fatale nécessité a détruit l'autre, et qu'on ne se soustrait point à la nécessité.

CHAPITRE XX.

Que le nouveau gouvernement est dans l'intérêt de tous. Ses avantages pour les hommes d'autrefois.

Il nous en a coûté beaucoup pour démontrer à des hommes dignes de tous les respects qu'ils ne peuvent pas obtenir ce qu'ils désirent. Nous regrettons peut-être autant et plus qu'eux ce qui a cessé d'exister; mais enfin nous ne pouvons pas faire que le dix-neuvième siècle soit le seizième, le quinzième, le quatorzième. Tout change, tout se détruit, tout passe. On doit, pour bien servir sa patrie, se soumettre aux révolutions que les siècles amènent; et, pour être l'homme de son pays, il faut être l'homme de son temps. Hé! qu'est-ce qu'un homme de son temps? C'est un homme qui, mettant à l'écart ses propres opinions, préfère à tout le bonheur de sa patrie; un homme qui n'adopte aucun système, n'écoute aucun préjugé, ne cherche point l'impossible, et tâche de tirer le meilleur parti des éléments qu'il trouve sous sa main; un homme qui, sans s'irriter contre l'espèce humaine, pense qu'il faut beaucoup donner aux circonstances, et que dans la société il y a encore plus de foiblesses que de crimes : enfin, c'est un homme éminemment raisonnable, éclairé par l'esprit, modéré par le caractère, qui croit, comme Solon, que dans les temps de corruption et de lumière il ne faut pas vouloir plier les mœurs au gouvernement, mais former le gouvernement pour les mœurs.

Notre Charte constitutionnelle a précisément ce dernier caractère; il nous reste à montrer qu'elle est également favorable aux intérêts des sujets et du monarque.

Nous dirons à la noblesse[1] : De quoi pouvez-vous vous plaindre? La Charte vous garantit tout ce qu'il y avoit d'essentiel dans votre ancienne existence. Si elle n'a pu faire que vous jouissiez de quelques droits depuis long-temps détruits dans l'opinion avant de l'être par les événements, elle vous assure d'autres avantages. Vous occupiez les places d'officiers dans l'armée : eh bien, vous pouvez encore les remplir; seulement vous les partagerez avec les François qui ont reçu une éducation honorable. On ne vous fait en cela aucune injustice : il en étoit ainsi autrefois dans la monarchie. Aux yeux de nos rois, le premier titre d'un guerrier,

---

[1] Tout ce qui suit et tout ce qui précède mecontenta d'abord les hommes que je voulois consoler : aujourd'hui ces mêmes hommes me rendent justice ; ils ont pris part au gouvernement représentatif, et ils en ont connu les ressources.

étoit la valeur. « Pour être faits chevaliers, dit du
« Tillet, ils ont toujours choisi le chevalier le plus
« renommé en prouesse et chevalerie, et non celui
« qui est du plus haut lignage, n'ayant égard qu'à
« la seule vaillance [1]. »

Autrefois, quels étoient l'espoir et l'ambition d'un
gentilhomme? De devenir capitaine après quarante
années de service, de se retirer sur ses vieux jours
avec la croix de Saint-Louis et une pension de
600 francs [2]. Aujourd'hui, s'il suit la carrière militaire, un avancement rapide le portera aux premiers rangs. A moins d'une étrange faveur ou d'une
action extraordinaire, un cadet de Gascogne ou de
Bretagne seroit-il jamais devenu, sous l'ancien régime, colonel, général, maréchal de France? Si,
réunissant toute sa petite fortune, il faisoit un effort pour venir solliciter quelque emploi à Paris,
pouvoit-il aller à la cour? Pour jouir de la vue de
ce roi qu'il défendoit avec son épée, ne lui falloit-il
pas être présenté, avoir monté dans les carrosses?
Quel rôle jouoit-il dans les antichambres des ministres? Qu'étoit-ce, en un mot, aux yeux d'un
monde ingrat et frivole, qu'un pauvre gentilhomme
de province? Souvent d'une noblesse plus ancienne
que celle des courtisans qui occupoient sa place au

---

[1] *Recueil des rois de France.*

[2] On a dit que c'étoit là précisément ce qu'il y avoit de beau
dans l'ancien ordre de choses : c'est confondre les choses, et
mieux sentir que bien raisonner. Ne s'aperçoit-on pas que plus le
gentilhomme se montre ici admirable, moins le *gouvernement* paroît
généreux, et que l'éloge de l'un est la critique de l'autre?

Louvre, il ne recevoit de ces enfants de la faveur que des refus et des mépris. Ce brave représentant de l'honneur et de la force de la monarchie n'étoit qu'un objet de ridicule par sa simplicité, son habit et son langage : on oublioit que Henri IV parloit gascon, et que son pourpoint étoit percé au coude.

Le temps de ces dédains est passé : dans les provinces, vous gentilshommes, vous jouirez de la considération attachée à votre famille ; à Paris, vous entrerez partout, en entrant dans le palais de vos rois. Une carrière immense et nouvelle s'ouvre pour vous auprès de cette ancienne carrière militaire qui ne vous est point fermée. Vous pouvez être élus membres de la Chambre des députés : redoutables [1] à ces ministres qui vous repoussoient autrefois, vous serez courtisés par eux; devenus pairs du royaume, appelés peut-être au timon de l'État, nouveaux chefs de votre antique famille, et patrons de votre province, ce sort éclatant sera l'ouvrage de vos propres mains. Qu'est-ce que l'ancien gouvernement pouvoit vous offrir de comparable? Nous ne vous entretenons ici que de vos intérêts matériels; nous ne vous parlons pas de cette gloire, partage certain de celui qui consacre ses jours à défendre le roi, à protéger le peuple, à éclairer la patrie, de celui qui soutient, avec les autels de la religion, les droits de la raison universelle, et qui combat pour les principes de cette liberté sage

[1] J'aurois l'air de prophétiser après l'événement, si heureusement les *Reflexions politiques* n'avoient été publiées au mois de décembre 1814.

sans laquelle, après tout, il n'y a rien de digne et de noble dans la vie humaine.

Burnet, réfléchissant sur la révolution qui a donné à l'Angleterre cette constitution tant admirée, observe que de son temps les gentilshommes anglois avoient de la peine à s'y soumettre, *trouvant mauvais que le roi ne fût pas assez roi*[1]. Eh bien, ces gentilshommes qui se plaignoient alors, sont les ancêtres des Pitt, des Burke, des Nelson, des Wellington; leur roi est devenu un des plus puissants rois de la terre; leur pays s'est élevé au plus haut degré de prospérité, sous une constitution qui répugnoit d'abord à leur raison, à leurs mœurs, à leurs souvenirs.

Qui pourroit donc s'opposer, parmi nous, à la généreuse alliance de la liberté et de l'honneur? Ces deux principes ne sont-ils pas, comme nous l'avons prouvé, ceux qui constituent essentiellement la noblesse? Pourquoi un gentilhomme n'obtiendroit-il pas, dans l'ordre nouveau de la monarchie, toute la considération dont il jouissoit dans l'ordre ancien? La constitution, loin de lui rien ravir, lui rend cette importance aristocratique qu'il avoit perdue, et dont les ministres du pouvoir, tantôt par ruse, tantôt par force, avoient mis tous leurs soins à le dépouiller. Excepté dans les cas si rares de l'assemblée des états-généraux, quelle part la noblesse avoit-elle aux opérations du gouvernement? N'étoit-ce pas le parlement de Paris

---

[1] *Réflex. sur les Mém. hist. de la Grande-Bretagne*, pag. 54.

qui exerçoit les droits politiques? Il étoit pourtant assez dur, pour l'antique corps de la noblesse, de n'influer en rien dans la chose publique, de voir l'État marcher à sa ruine, sans être même appelé à donner son opinion [1]. Quelques droits féodaux, tombés en désuétude, valent-ils les droits politiques qui sont rendus aux gentilshommes? Ces droits conservés par la Chambre des pairs, tandis qu'ils peuvent (eux gentilshommes) entrer dans la Chambre des députés, sont des biens qui compensent pour la noblesse les petits avantages de l'ancien régime, nous voulons dire de l'ancien régime tel qu'il étoit, tout affoibli et tout dénaturé à l'époque de la révolution. Rien n'empêche, après tout, un gentilhomme d'être citoyen comme Scipion, et chevalier comme Bayard : l'esclavage n'est point le caractère de la noblesse. Dans tous les temps, en mourant avec joie pour ses princes, elle a défendu respectueusement, mais avec fermeté, ses droits contre les prérogatives de la couronne. Elle redevient aujourd'hui une barrière entre le peuple et le trône, comme elle l'étoit autrefois. Lorsque Charles Ier leva l'étendard de la guerre civile, la noblesse angloise courut se ranger autour de son roi; mais avant de combattre pour lui, elle lui déclara qu'en le défendant contre les rebelles, elle ne prétendoit point servir à opprimer la liberté des peuples; et que si l'on vouloit employer ses armées à un pareil usage, elle seroit obligée de se retirer.

[1] La noblesse n'exerçoit de droits politiques que dans les pays d'États.

Ce généreux esprit anime également la noblesse françoise : nos chevaliers sont les défenseurs du pauvre et de l'orphelin. « Eh, Dieu! disoit Bertrand « Du Guesclin à Charles V, faites venir avant les « chaperons fourrés, c'est à savoir, prélats et avocats « qui mangent les gens. A tels gens doit-on faire « ouvrir les coffres, et non pas à pauvres gens qui « ne font que languir? Je vois aujourd'hui advenir « le contraire : car celui qui n'a qu'un peu, on lui « veut tollir; et celui qui a du pain, on lui en offre. »

Peut-être direz-vous que, dépouillés de certains hommages qu'on vous rendoit, et qui vous distinguoient, vous avez perdu le caractère extérieur de la noblesse. Mais, à différentes époques, et dans diverses assemblées des états-généraux, les gentilshommes avoient renoncé à d'importantes prérogatives. Ils avoient consenti à la répartition égale des impôts. Si donc les derniers états-généraux se fussent séparés sans que la révolution eût eu lieu, la noblesse, privée de ses privilèges par l'abandon volontaire qu'elle en avoit fait, se fût-elle pour cela regardée comme anéantie? Non sans doute : appliquez ce raisonnement à l'état actuel. Toutefois il nous paroîtroit nécessaire qu'à l'avenir on accordât à la noblesse, comme aux chevaliers romains, quelques-uns de ces honneurs qui annoncent son rang aux yeux du peuple; sans quoi les degrés constitutionnels de la monarchie ne seroient point marqués, et nous aurions l'air d'être soumis au niveau du despotisme oriental. Il faut surtout que les pairs jouissent des plus grands privilèges, qu'ils aient des places désignées dans les fêtes publiques, qu'on leur rende des honneurs dans les provinces; qu'en un mot, on reconnoisse tout de suite en eux les premiers hommes de l'État.

Au reste, comme nous ne voulons rien dire qui ne soit fondé en raison et de la plus stricte vérité, nous ne prétendons pas que tous les avantages dont nous avons parlé dans ce chapitre puissent être recueillis immédiatement. La carrière militaire, par exemple, sera quelque temps fermée à cause du grand nombre d'officiers demeurés sans emploi, et qui doivent être préférés. Mais quel qu'eût été le gouvernement établi par la restauration, cet inconvénient auroit toujours existé. La renaissance de l'ancienne monarchie n'auroit pu ni diminuer le nombre, ni effacer les droits de tant de François qui ont versé leur sang pour la patrie. Ainsi la Charte n'entre pour rien dans cet embarras du moment. D'ailleurs, comme nous l'avons fait observer en parlant de l'émigration, un très grand nombre de gentilshommes sont déjà placés dans l'armée. Enfin, ce n'est pas toujours pour soi qu'on bâtit dans cette vie. C'est aux peuples que sont permis *le long espoir et les vastes pensées*.

Quant à la haute noblesse, dont nous n'avons point parlé à propos de la Charte, elle y trouve si évidemment son avantage, qu'il seroit superflu de s'attacher à le montrer. Comme c'étoit elle surtout qui avoit le plus perdu dans la destruction du pouvoir aristocratique de la France, c'est elle aussi qui gagne le plus à l'ordre de choses qui rétablit ce pouvoir. Les hommes qui portent ces noms historiques auxquels la gloire a depuis long-temps accoutumé notre oreille, rentrent dans la possession de leurs droits : c'est un sort assez remarquable de servir à fonder la nouvelle monarchie dans la Chambre des pairs de Louis XVIII, après avoir formé la base de l'ancienne monarchie dans la Cour des pairs de Hugues Capet.

Ainsi la Charte, qui rend aux gentilshommes leur ancienne part au gouvernement, et qui les rapproche en même temps du peuple pour le protéger et le défendre, ne fait que les rappeler au premier esprit de leur ordre. Les plus hautes et les plus brillantes destinées s'ouvrent devant eux : il leur suffit, pour y atteindre, de bien se pénétrer de leur position, sans regarder en arrière, et sans lutter vainement contre le torrent du siècle.

CHAPITRE XXI.

Que la classe la plus nombreuse des François doit être satisfaite de la Charte.

Ceci n'a plus besoin d'être prouvé. Tout ce que nous avons dit le démontre suffisamment : la Charte nous fait jouir enfin de cette liberté que nous avons achetée au prix du plus pur sang de la France. Elle donne un but à nos efforts, elle ne rend pas vains tant de malheurs et tant de gloire; en investissant l'homme de sa dignité, elle ennoblit nos erreurs. Chacun peut se justifier à ses propres yeux, chacun peut se dire : « Voilà ce que j'avois

« désiré. Les droits naturels sont reconnus ; tous les
« François appelés aux emplois civils, aux grades
« militaires, à la tribune des deux Chambres, peu-
« vent également s'illustrer au service de la patrie. »
Ce n'est point une espérance, c'est un fait. Et tel
homme qui peut se dire aujourd'hui : « Je suis pair
« de France sous le roi légitime, » doit trouver que la
Charte est déjà une assez belle chose, et qu'il est un
peu différent d'être pair sous Louis XVIII, ou d'être
sénateur sous Buonaparte.

Qu'auroient pu attendre les vrais républicains
dans l'ordre politique que la restauration a détruit ?
L'égale admission aux places ? aux honneurs ? Ils
en jouissent sous le roi légitime : ils n'en auroient
jamais joui sous l'étranger. Déjà les distinctions
les plus outrageantes étoient établies. Il étoit plus
difficile d'approcher du dernier subalterne du
palais que de pénétrer aujourd'hui jusqu'à la personne du monarque. Ceux qui ont voulu sincèrement la liberté doivent bénir la Charte. Pou-
voient-ils raisonnablement espérer un résultat aussi
heureux de leurs efforts et de nos discordes ? Quel
seroit l'homme assez insensé pour rêver la république après l'expérience ? L'étendue de la France,
le génie de la nation ; mille souvenirs odieux ne
s'opposent-ils pas d'une manière invincible à cette
forme de gouvernement ? Quiconque trouveroit
qu'il est esclave avec la représentation des deux
Chambres, qu'il est esclave avec le droit de péti-
tion, avec l'abolition de la confiscation, avec la
sûreté des propriétés, l'indépendance personnelle,

la garantie contre les coups d'État, prouveroit qu'il n'a jamais été de bonne foi dans ses opinions, et qu'il ne sera jamais digne d'être libre.

CHAPITRE XXII.

Que le trône trouve dans la Charte sa sûreté et sa splendeur.

Quant au roi, seroit-il plus le maître en vertu des anciens règlements que par la Charte qu'il nous a donnée? D'un bout de la France à l'autre, une loi passée dans les deux Chambres met à sa disposition notre vie, nos enfants, notre fortune. Qu'il parle au nom de la loi, et nous allons tous nous immoler pour lui. A-t-il à essuyer ces remontrances sans fin, souvent justes, mais quelquefois inconsidérées, quand il a besoin du plus foible impôt? Rencontre-t-il dans toutes les provinces, dans toutes les villes, dans tous les villages, des priviléges, des coutumes, des corps qui lui disputent les droits les plus légitimes, ôtent au gouvernement l'unité d'action et la rapidité de la marche? Derrière les deux Chambres, rien ne peut l'atteindre; uni aux deux Chambres, sa force est inébranlable. Les orages sont pour ses ministres; la paix, le respect et l'amour sont pour lui. S'il est entraîné vers la gloire militaire, qu'il demande, il aura des soldats. S'il chérit les arts et les talents, un gouvernement représentatif est surtout propre à les faire éclore. S'il se plait aux idées politiques, s'il cherche à perfectionner les institutions de la patrie; oh! comme tout va seconder ce penchant vraiment royal!

Et pourquoi les Bourbons seroient-ils ennemis de tout changement dans le système politique ? Celui qui vient de finir avoit-il toujours existé ? La monarchie a changé de forme de siècle en siècle.

La race auguste et immortelle des rois capétiens a vu, immobile sur ce trône, passer à ses pieds nos générations, nos révolutions et nos mœurs ; elle a survécu aux coups que nos bras parricides lui ont quelquefois portés, et elle n'en recueille pas moins dans son sein ses enfants ingrats. Nous devons tout à cette famille sacrée, elle nous a faits ce que nous sommes ; elle existoit pour ainsi dire avant nous ; elle est presque plus françoise que la nation elle-même. Sous les deux premières races, tout étoit romain et tudesque, gouvernement, mœurs, coutumes et langage. La troisième race a affranchi les serfs, institué la représentation nationale par les trois ordres, les parlements ou cours de justice, composé le code de nos lois, établi nos armées régulières, fondé nos colonies, bâti nos forteresses, creusé nos canaux, agrandi et embelli nos cités, élevé nos monuments, et créé jusqu'à la langue qu'ont parlée Du Guesclin et Turenne, Ville-Hardouin et Bossuet, Alain Chartier et Racine. Louis XVIII nous rendra florissants et heureux avec deux Chambres, de même que ses pères nous ont rendus puissants avec les états-généraux. Il trouvera lui-même sa grandeur dans nos nouvelles destinées. La monarchie renaît dans ses antiques racines, comme un lis qui a perdu sa tige pendant la saison des tempêtes, mais qui sort au printemps du sein de la terre : *ex omnibus floribus orbis elegisti tibi lilium unum* [1].

CHAPITRE XXIII.

Conclusion.

Toute l'Europe paroit disposée à adopter le système des monarchies modérées : la France, qui a donné cette impulsion générale, est maintenant forcée de la suivre. Rallions-nous donc autour de notre gouvernement. Que l'amour pour le roi et pour le pays natal, que l'attachement à la Charte, composent désormais notre esprit!

Grâce au roi, au roi seul, nous conservons tout entière la France de Louis XIV. Vauban en a posé les limites mieux qu'elles ne seroient marquées par les fleuves et les montagnes. L'étendue naturelle d'un empire n'est point fixée par des bornes géographiques, quoi qu'on en puisse dire, mais par la conformité des mœurs et des langages : la France finit là où on ne parle plus françois. Ces citoyens de Hambourg et de Rome, qui corrompoient notre langue dans le sénat, qui n'avoient et ne devoient avoir pour nous qu'une juste haine, auroient amené notre ruine comme peuple, de même que les Gaulois et les autres nations subjuguées détruisirent la patrie de Cicéron en entrant dans le sénat romain. Nous sommes encore ce que nous étions. Un million de soldats sont encore prêts, s'il le faut, à défendre des millions de laboureurs. Notre terre, comme une mère prévoyante, multiplie ses trésors

[1] Esp.

et ses secours, bien au-delà du besoin de ses enfants. Quatre cent mille étrangers et nos propres soldats ont ravagé nos provinces, et deux mois après on a été obligé de faire une loi pour la libre exportation des grains. Que manque-t-il à cet antique royaume de Clovis, dont saint Grégoire-le-Grand louoit déjà la force et la puissance? Nous avons du fer, des forêts et des moissons; notre soleil mûrit les vins de tous les climats; les bords de la Méditerranée nous fournissent l'huile et la soie, et les côtes de l'Océan nourrissent nos troupeaux. Marseille, qui n'est plus, comme du temps de Cicéron, *battue des flots de la Barbarie*, appelle le commerce du monde ancien, tandis que nos ports, sur l'autre mer, reçoivent les richesses du Nouveau-Monde. A chaque pas se retrouvent dans la France les monuments de trois grands peuples, des Gaulois, des Romains et des François. Cette France fut surnommée la mère des rois : elle envoya ses enfants régner sur presque tous les trônes de l'Europe, et jusqu'au fond de l'Asie. Sa gloire, qui ne passera point, croîtra encore dans l'avenir. Transformés par de nouvelles lois, les François recommencent des destinées nouvelles. Nous aurons même un avantage sur les peuples qui nous ont précédés dans la carrière où nous entrons; car ils y ont déjà vieilli, et nous, nous y descendons avec la vigueur de la jeunesse.

Accoutumés aux grands mouvements depuis tant d'années, remplaçons la chaleur des discordes et l'ardeur des conquêtes par le goût des arts et les glorieux travaux du génie. Ne portons plus nos regards au dehors; écrions-nous, comme Virgile, à l'aspect de notre belle patrie :

> Salve, magna parens frugum. . . . .
> Magna virum !

Et pourquoi ne le pas dire avec franchise ! Certes, nous avons beaucoup perdu par la révolution; mais aussi n'avons-nous rien gagné ? N'est-ce rien que vingt années de victoires ? N'est-ce rien que tant d'actions héroïques, tant de dévouements généreux ? Il y a encore parmi nous des yeux qui pleurent au récit d'une noble action, des cœurs qui palpitent au nom de patrie.

Si la foule s'est corrompue, comme il arrive toujours dans les discordes civiles, il est vrai de dire aussi que dans la haute société les mœurs sont plus pures, les vertus domestiques plus communes; que le caractère françois a gagné en force et en gravité. Il est certain que nous sommes moins frivoles, plus naturels, plus simples; que chacun est plus soi, moins ressemblant à son voisin. Nos jeunes gens, nourris dans les camps ou dans la solitude, ont quelque chose de mâle ou d'original qu'ils n'avoient point autrefois. La religion, dans ceux qui la pratiquent, n'est plus une affaire d'habitude, mais le résultat d'une conviction forte; la morale, quand elle a survécu dans les cœurs, n'est plus le fruit d'une instruction domestique, mais l'enseignement d'une raison éclairée. Les plus grands intérêts ont occupé les esprits; le monde entier a passé devant nous. Autre chose est de défendre sa vie, de voir tomber et s'élever les trônes, ou d'avoir pour unique entretien une intrigue de cour, une promenade au bois de Boulogne, une nouvelle littéraire. Nous ne voulons peut-être pas nous l'avouer; mais au fond ne sentons-nous pas que les François sont plus hommes qu'ils ne l'étoient il y a trente ou quarante ans? Sous d'autres rapports, pourquoi se dissimuler que les sciences exactes, que l'agriculture et les manufactures ont fait d'immenses progrès? Ne méconnoissons pas les changements qui peuvent être à notre avantage; nous les avons payés assez cher.

Cessons donc de nous calomnier, de dire que nous n'entendons rien à la liberté : nous entendons tout, nous sommes propres à tout, nous comprenons tout. En lui témoignant de la considération et de la confiance, cette nation s'élèvera à tous les genres de mérite. N'a-t-elle pas montré ce qu'elle peut être dans les moments d'épreuve ? Soyons fiers d'être François, d'être François libres sous un monarque sorti de notre sang. Donnons maintenant l'exemple de l'ordre et de la justice, comme nous avons donné celui de la gloire; estimons les autres nations sans cesser de nous estimer. Les révolutions et les malheurs ont des résultats heureux, lorsqu'on sait profiter des leçons de l'infortune : les fureurs de la Ligue ont sauvé la religion; nos dernières fureurs nous laisseront un état politique digne des sacrifices que nous avons faits.

Que tous les bons esprits se réunissent pour

prêcher une doctrine salutaire, pour créer un centre d'opinions d'où partiront tous les mouvements. Les Chambres doivent s'attacher étroitement au roi, afin que le roi soit plus libre d'exécuter les projets qu'il médite pour le bonheur de son peuple. Loyauté dans les ministres, bonne foi de tous les côtés : voilà notre salut. Respect et vénération pour notre souverain ; liberté de nos institutions, honneur de notre armée, amour de notre patrie : voilà les sentiments que nous devons professer. Hors de là nous nous perdrons dans des chimères, dans de vains regrets, dans des humeurs chagrines, des récriminations pénibles ; et, après bien des contestations, le siècle nous ramènera de force à ces principes dont nous aurons voulu nous écarter. Nous le voyons, par exemple : il y a vingt-six ans que la révolution est commencée. Une seule idée a survécu ; l'idée qui a été la cause et le principe de cette révolution, l'idée d'un ordre politique qui protége les droits du peuple sans blesser ceux des souverains. Croit-on qu'il soit possible d'anéantir aujourd'hui ce que les fureurs révolutionnaires et les violences du despotisme n'ont pu détruire ? La Convention nous a guéris pour jamais du penchant à la république ; Buonaparte nous a corrigés de l'amour pour le pouvoir absolu. Ces deux expériences nous apprennent qu'une monarchie limitée, telle que nous la devons au roi, est le gouvernement qui convient le mieux à notre dignité comme à notre bonheur.

RAPPORT
SUR L'ÉTAT DE LA FRANCE,

AU 12 MAI, 1815,

FAIT AU ROI DANS SON CONSEIL A GAND.[1]

IRE,

Le seul malheur qui menaçât encore l'Europe, après tant de malheurs, est arrivé. Les souverains, vos augustes alliés, ont cru qu'ils pouvoient être impunément magnanimes envers un homme qui ne connoît ni le prix d'une conduite généreuse, ni la religion des traités. Ce sont là de ces erreurs qui tiennent à la noblesse du caractère : une âme droite et élevée juge mal de la bassesse et de l'artifice, et

---

[1] Lorsque nous arrivâmes de Gand, de très bons royalistes d'ailleurs, mais qui s'étoient laissé surprendre, cherchèrent à justifier leur enthousiasme pour un personnage trop fameux; ils disoient : Vous ne savez pas quels services il nous a rendus; vous n'étiez pas ici pendant les Cent-Jours; vous n'avez pas connu l'esprit de la France, etc.

Il est assez bizarre de supposer que des personnes qui avoient passé de longues années en France sous le règne de Buonaparte, qui n'en avoient été absentes que trois mois, qui, pendant ces trois mois, étoient restées à quelques lieues de la frontière; qui,

le sauveur de Paris ne pouvoit pas bien comprendre le destructeur de Moscou.

Buonaparte, placé par une fatalité étrange entre les côtes de la France et de l'Italie, est descendu, comme Genséric, *là où l'appeloit la colère de Dieu.* Espoir de tout ce qui avoit commis et de tout ce qui méditoit un crime, il est venu; il a réussi. Des hommes accablés de vos dons, le sein décoré de vos ordres, ont baisé le matin la main royale que le soir ils ont trahie. Sujets rebelles, mauvais François, faux chevaliers, les serments qu'ils venoient de vous faire à peine expirés sur leurs lèvres, ils sont allés, le lis sur la poitrine, jurer pour ainsi dire le parjure à celui qui se déclara si souvent lui-même traître, félon et déloyal.

Au reste, sire, le dernier triomphe qui couronne et qui va terminer la carrière de Buonaparte n'a rien de merveilleux. Ce n'est point une révolution véritable; c'est une invasion passagère. Il n'y a

---

pendant ces trois mois, recevoient tous les jours des nouvelles de Paris, publiques ou secrètes, à vingt heures et quelquefois à seize heures de date; qui étoient au centre des armées et de la diplomatie européenne, et conséquemment au centre de toutes les intelligences et de tous les rapports; qui voyoient à chaque moment arriver auprès du roi, des François de la capitale et des provinces; il est assez bizarre, dis-je, de supposer que la France étoit devenue pour ces personnes un pays totalement inconnu. Aussi, si l'on veut bien lire ce rapport avec quelque attention, on verra que nous n'étions pas trop mal instruit à Gand de ce qui se passoit à Paris; que nous avions bien prévu le prompt dénoûment de cette courte tragédie, et que nous avions peut-être mieux jugé le jeu des factions et l'état des partis que ceux qui étoient placés plus près du théâtre.

point de changement réel en France; les opinions n'y sont point altérées. Ce n'est point le résultat inévitable d'un long enchaînement de causes et d'effets. Le roi s'est retiré un moment; la monarchie est restée tout entière. La nation, par ses larmes et par le témoignage de ses regrets, a montré qu'elle se séparoit de la puissance armée qui lui imposoit des lois.

Ces bouleversements subits sont fréquents chez tous les peuples qui ont eu l'affreux malheur de tomber sous le despotisme militaire. L'histoire du Bas-Empire, celle de l'empire ottoman, celle de l'Égypte moderne et des régences barbaresques en sont remplies. Tous les jours au Caire, à Alger, à Tunis, un bey proscrit reparoît sur la frontière du désert; quelques mamelouks se joignent à lui, le proclament leur chef et leur maître. Pour réussir dans son entreprise, il n'a besoin ni d'un courage extraordinaire, ni de combinaisons savantes, ni de talents supérieurs : il peut être le plus commun des hommes, pourvu qu'il en soit le plus méchant. Animées par l'espoir du pillage, quelques autres bandes de la milice se déclarent : le peuple consterné tremble, regarde, pleure et se tait : une poignée de soldats armés en impose à la foule sans armes. Le despote s'avance au bruit des chaînes, entre dans la capitale de son empire, triomphe, et meurt.

Sire, il y a long-temps que le ciel vous éprouve; il veut faire de vous un monarque accompli. Vos royales vertus, s'il y manquoit encore quelque

13.

chose, reçoivent aujourd'hui, sous la main de Dieu, leur dernière perfection. Dans tous les pays où vous avez porté la double majesté du trône et du malheur, oubliant vos propres infortunes, vous n'avez songé qu'à celles de votre peuple. Les yeux attachés sur cette France, dont vous apercevez en quelque sorte la frontière, et dont vous voulez connoître les maux pour y apporter le remède, vous m'ordonnez de vous présenter le tableau de l'état politique et des dispositions morales de la nation. Je vais, sire, soumettre à vos lumières une suite de faits et de réflexions. Je parlerai sans détours : Votre Majesté, qui sait tout voir, saura tout entendre.

§ Ier.

Actes et décrets pour l'intérieur.

Buonaparte arrive à Paris le **20** mars au soir ; le ravisseur de nos libertés se glisse dans le palais de nos rois à l'heure des ténèbres ; le triomphateur, porté *sur les bras de ses peuples,* envahit le château des Tuileries par une issue secrète, tant il compte sur l'amour de ses sujets ! La frayeur et la superstition accompagnent ses pas dans ces salles une seconde fois abandonnées qui avoient revu la fille de Louis XVI.

L'histoire remarquera peut-être que Buonaparte est rentré cette année dans Paris, à peu près à la même époque où les alliés y pénétrèrent l'année dernière. Son orgueil humilié le ramène dans cette ville, qui ne fut jamais prise sous nos rois, et que son ambition punie a livrée à la conquête; il vient rétablir sa police là où un général russe exerça la sienne il n'y a pas encore un an, grâce au vaste génie, aux merveilleuses combinaisons de ce vrai conservateur de l'honneur françois! Vous parûtes, sire, et les étrangers se retirèrent : Buonaparte revient, et les étrangers vont rentrer dans notre malheureuse patrie. Sous votre règne, les morts retrouvèrent leurs tombeaux, les enfants furent rendus à leurs familles; sous le sien, on va voir de nouveau les fils arrachés à leurs mères, les os des François dispersés dans les champs : vous emportez toutes les joies, il rapporte toutes les douleurs.

A peine Buonaparte a-t-il repris le pouvoir, que le règne du mensonge commence. En lisant les journaux du 20 et ceux du 21 du mois de mars, on croit lire l'histoire de deux peuples. Dans les premiers, trente mille gardes nationales, trois mille volontaires, dix mille étudiants de toute espèce poussoient des cris de rage contre le tyran : dans les seconds, ils bénissent sa présence! L'enthousiasme éclatoit, dit-on, sur son passage, lorsqu'on sait qu'il n'a été reçu que par le silence de la consternation et de la terreur. Sire, votre triomphe étoit alors plus réel et plus touchant : c'étoit celui d'un père! Les bénédictions suivoient vos pas, et votre cœur est encore ému de ces derniers cris de *vive le roi!* que vous avez entendus retentir à travers les gémissements et les sanglots dans les dernières chaumières de la France!

Chaque jour a vu depuis éclore une imposture. Il a fallu d'abord avancer quelques mensonges hardis pour décourager les bons et encourager les méchants. Ainsi on a publié qu'il n'y auroit point de guerre, que Buonaparte s'entendoit avec les alliés, que l'archiduchesse Marie-Louise arrivoit avec son fils. La fausseté de ces faits devoit bientôt se découvrir : mais on gagnoit toujours du temps. Dans ce gouvernement, le mensonge est organisé, et entre comme moyen d'administration dans les affaires. Il y a des mensonges pour un quart d'heure, pour une demi-journée, pour un jour, pour une semaine. Un mensonge sert pour arriver à un autre mensonge, et, dans cette série d'impostures, l'esprit le plus juste a souvent de la peine à saisir le point de vérité.

Des proclamations ont annoncé d'abord l'oubli de tout ce qui a été fait, dit et écrit sous le gouvernement royal. Les individus ont été déclarés libres, la nation libre, la presse libre; on ne veut que la paix, l'indépendance et le bonheur du peuple. Tout le système impérial est changé. L'âge d'or va renaître : Buonaparte sera le Saturne de ce nouveau siècle d'innocence et de prospérité, et il ne dévorera plus ses enfants. Voyons si la pratique a déjà répondu à la théorie.

C'est au *Champ de Mai* que la nation doit être régénérée; on y donnera des aigles aux légions; on y couronnera (vraisemblablement par contumace) l'héritier de l'empire; on y fera le dépouillement des votes pour ou contre l'Acte additionnel aux constitutions. J'aurai soin d'indiquer, vers la fin de ce rapport, quel est vraisemblablement le but réel de cette grande assemblée.

En attendant l'acceptation de l'Acte additionnel qui va rendre le peuple françois à l'indépendance, on commence à faire jouir la France du gouvernement le plus libéral : Buonaparte l'a partagée en sept grandes divisions de police ! Les sept lieutenants sont investis des mêmes pouvoirs qu'avoient autrefois ce qu'on appeloit les directeurs généraux. On sait encore aujourd'hui à Lyon, à Bordeaux, à Milan, à Florence, à Lisbonne, à Hambourg, à Amsterdam, ce que c'étoit que ces protecteurs de la liberté individuelle. Dans le nombre des sept personnes qui doivent rassurer les citoyens, et les défendre du despotisme, quatre au moins ont eu ou auroient pu avoir la gloire, en 1793, d'être nommées à de semblables emplois.

Au-dessus de ces lieutenants se trouvent placés, dans une hiérarchie de plus en plus favorable à la liberté, des commissaires extraordinaires, à la manière des représentants du peuple sous le règne de la Convention.

La police nous apprend qu'elle ne va plus servir qu'à répandre la philosophie ; qu'elle n'agira plus que d'après des principes de vertu ; qu'elle est la source des lumières et la base de tous les gouvernements libres.

Elle enseigne à ses respectables agents qu'il faut, selon les circonstances, creuser à de *grandes profondeurs*, ou savoir seulement écouter et entendre c'est-à-dire qu'il faudra, selon le besoin, corrompre le serviteur, inviter le fils à trahir son père, ou seulement répéter ce qu'on a reçu sous le sceau du secret.

La chose religieuse est aussi soumise à la police; et la conscience, qui jadis relevoit immédiatement de Dieu, obéira maintenant à un espion.

Par le pouvoir constitutionnel de Votre Majesté, il étoit loisible à vos ministres, pendant l'année 1815, d'éloigner des tribunaux de justice les magistrats qui ne paroîtroient plus avoir la confiance publique. Huit ou dix seulement ont été écartés, et l'on en connoît trop la raison.

Quelle mesure arbitraire! s'écrie le gouvernement actuel de la France; et à l'instant même il déplace une foule de magistrats irréprochables dans leur conduite, éminents par leurs lumières, et étrangers à tous mouvements politiques.

Il s'étoit même permis une chose plus violente, sur laquelle l'opinion l'a forcé de revenir. L'acte qui institue les notaires étant de pure forme, n'a jamais été annulé par les gouvernements révolutionnaires qui se sont succédé en France; et toutefois Buonaparte a voulu révoquer celui qui instituoit trois avoués et huit notaires, uniquement parce qu'ils avoient été installés sous le gouvernement royal.

Il n'a pas plus respecté les places administratives et militaires. Sur quatre-vingt-trois préfets, vingt-deux seulement ont été conservés, et ces vingt-deux restants ont presque tous été changés de préfecture ; quarante-trois colonels ont reçu leur destitution.

Cette liberté entière, qui sort de la police comme de sa source ; ce respect pour les lois, les places et les hommes, viennent évidemment de la liberté de la presse; car la censure est abolie, et la direction de la librairie supprimée. Il est vrai que si la presse est libre, Vincennes est ouvert; et, par mesure de sûreté, les journaux et la librairie sont restés provisoirement sous la main de M. le duc d'Otrante.

La censure généreuse que les ministres de Buonaparte osent reprocher à votre ministère étoit bien plus établie pour eux que pour nous : elle forçoit le public à se taire sur le passé. Sous le roi, du moins, on ne parloit de certains hommes qu'avec le ton de l'impartialité, et encore uniquement pour repousser leurs imprudentes attaques.

Buonaparte a cherché un autre succès dans l'abolition de l'*exercice*, cette grande difficulté de l'impôt sur les boissons. D'abord, si les droits réunis étoient odieux, qui les avoit établis ? N'étoit-ce pas Buonaparte ? Il ne fait donc que changer son propre ouvrage ; ensuite cette abolition décrétée n'aura son effet qu'au premier du mois de juin de cette année. Buonaparte, qui compte sur sa fortune, espère bien qu'avant cette époque quelque événement viendra à son secours. Il ne faut pas lui demander de quel droit le chef d'un peuple libre se permet de toucher à l'impôt, et d'indiquer un mode de perception autre que celui prescrit par la loi ; ce n'est pas une question pour lui : il sait, et cela lui suffit, que selon le besoin de sa politique il peut retrancher ou feindre de retrancher un impôt trop désagréable au peuple. S'il se trouve pressé par les événements, n'a-t-il pas la grande ressource de ne pas payer ses dettes? Le trésor est toujours assez plein quand la violence y pourvoit, et que l'on paie non ce que l'on doit, mais ce que l'on veut. Pour sortir d'embarras, il a encore les séquestres, les confiscations, les exactions, les dons *volontaires* forcés.

Vous, sire, qui régniez par les lois, l'ordre et la justice, qui ne pouviez ni ne vouliez chercher des trésors dans les mesures arbitraires et les larmes de vos sujets; vous qui mettiez votre bonheur à acquitter des dettes que vous n'aviez pas contractées, dettes d'autant moins obligatoires, qu'elles n'avoient été faites que pour vous fermer le chemin du trône; vous, sire, vous n'avez employé, en montant sur ce trône, d'autres moyens de plaire à vos peuples que ceux qui naissoient naturellement de vos vertus. La banqueroute faite ou projetée ne vous a pas paru un système de finance digne de la France et de vous. Supprimer dans le moment un impôt même odieux, vous auroit paru une libéralité criminelle; mais je conviens que, pour le maintenir, il falloit tout le courage d'un roi légitime, dont les intentions paternelles sont connues et vénérées. Un usurpateur ne pouvoit prendre une résolution aussi noble, et préférer au présent cet avenir qu'il ne verra point.

Ce que je dis sur la ressource des futures spoliations n'est point, sire, une conjecture plus ou moins probable. Je ne me permets de parler à Votre Majesté que d'après des documents officiels. Les spoliations sont visiblement annoncées, la dépouille du citoyen est promise au soldat dans le rapport sur la Légion-d'Honneur : il y est dit qu'on remplacera, par des biens situés en France, une partie des dotations de l'armée. Et de quels biens s'agit-il ? Indubitablement des vignes de Bordeaux, des oliviers de Marseille, en un mot, de tous les biens des particuliers et des villes qui auront manifesté leur attachement à la cause des Bourbons.

Sire, le soixante-sixième article de la Charte porte : « La peine de la confiscation des biens est « abolie, et ne pourra être rétablie. » Ainsi Votre Majesté, dépouillée si long-temps de ses domaines par ses ennemis, n'a trouvé d'autres moyens de se venger d'eux qu'en abolissant l'odieux principe de la confiscation des biens. De quel côté est le gouvernement équitable ? De quel côté est le véritable roi ?

Vous aviez encore aboli la conscription ; vous croyiez, sire, avoir pour jamais délivré de ce fléau votre peuple et le monde. Buonaparte vient de le rappeler ; seulement il l'a produit sous une autre forme, en évitant une dénomination odieuse. Le décret sur la garde nationale est ce que la révolution a enfanté jusqu'à ce jour de plus effrayant et de plus monstrueux : trois mille cent trente bataillons se trouvent désignés, à raison de sept cent vingt hommes ; ils formeront un total de deux millions deux cent cinquante-trois mille six cents hommes. A la vérité, il n'y a de rendus mobiles à présent que deux cent quarante bataillons, choisis parmi les chasseurs et les grenadiers, représentant cent soixante-douze mille huit cents hommes. On n'est pas encore assez fort pour faire marcher le reste ; mais cela viendra à l'aide de la grande machine du Champ-de-Mai.

Cet immense coup de filet embrasse la population entière de la France, et comprend ce que les masses et les conscriptions n'ont jamais compris. En 1793, la Convention n'osa prendre que sept années, les hommes de dix-huit à vingt-cinq ans. Ils marcheront aujourd'hui de vingt à soixante. Réformés, non réformés ; mariés, non mariés ; remplacés, non remplacés ; gardes d'honneur, volontaires, tout enfin se trouve enveloppé dans cette proscription générale. Buonaparte, fatigué de décimer le peuple françois, veut l'exterminer d'un seul coup. On espère, par la terreur des polices, obliger les citoyens à s'inscrire. Des comités de réforme ne sont établis que par une nouvelle dérision, comme les anciennes commissions de la liberté de la presse et de la liberté individuelle auprès du sénat. Heureusement, sire, des faits matériels et des influences morales contribueront à diminuer le danger de cette désastreuse conscription. Il ne reste que très peu de fusils dans les arsenaux de la France : par suite de l'invasion de l'année dernière, plusieurs manufactures d'armes ont été démontées ou détruites. Des piques seroient susceptibles d'être forgées assez vite pour être mises aux mains de la multitude ; mais cette arme offre peu de ressource, et l'on ne veut pas sans doute renouveler le décret pour la formation des compagnies en blouse bleue, en *braccha,* en bonnet gaulois. Quant à cette valeur, qui supplée chez les François à toutes les armes, il est certain que les gardes nationales ne l'emploieront point contre Votre Majesté. Toute la force morale de la France et le torrent de l'opinion sont absolument pour le roi. Dans beaucoup de départements la garde nationale ne se lèvera point, ou ne se formera qu'avec une difficulté extraordinaire ; enfin, le citoyen opprimé par le militaire se laissera moins subjuguer si on lui donne des armes; et Buonaparte, au lieu de fondre un peuple qui le hait dans une armée qu'il séduit, perdra peut-être une soldatesque dévouée dans une population ennemie.

Pour contre-balancer ce grand arrêt de mort, on devoit s'attendre à quelque mesure philanthropique. Aussi Buonaparte, qui demande la vie de deux millions de François, s'attendrit sur le sort des habitants de la Bourgogne et de la Champagne. Il ne sauroit trop, il est vrai, dédommager les victimes de son ambition, puisque c'est lui qui attira les étrangers dans le cœur de la France ; qui les ramena, pour ainsi dire par la main, des plaines du Borysthène aux rives de la Loire : il est juste de secourir les malheureux qu'on a faits. Votre Majesté avoit mis à soulager les tristes victimes de l'usurpateur, non la stérile ostentation d'un charlatan d'humanité, mais la bonté féconde d'un père. Votre auguste frère alloit, sire, dans les ruines des chaumières embrasées, essuyer les larmes qu'il n'avoit pas fait répandre. La religion venoit au secours de ses œuvres charitables, et rouvroit dans tous les cœurs les sources de la pitié. Ce n'étoit point par des impôts pesants pour une autre partie du peuple qu'on secouroit le peuple; le malheureux n'étoit point mis à contribution pour le malheureux; l'humanité n'excluoit point la justice.

Sire, vous aviez tout édifié, et Buonaparte a tout détruit. Vos lois abolissoient la conscription et la confiscation; elles ne permettoient ni l'exil, ni l'emprisonnement arbitraire; elles laissoient aux représentants du peuple le soin d'asseoir les contributions; elles assuroient, avec un droit égal aux honneurs, la liberté civile et politique. Buonaparte paroît, et la conscription recommence, et les fortunes sont violées. La Chambre des pairs et celle des députés sont dissoutes. L'impôt est changé, modifié, dénaturé par la volonté d'un seul homme; les grâces accordées aux défenseurs de la patrie sont rappelées ou du moins contestées. Votre maison civile et militaire est condamnée; un décret oblige quiconque a rempli des fonctions ministérielles à s'éloigner de Paris, à prêter un serment, sous peine de prendre contre les contrevenants telle mesure qu'il appartiendra : mots vagues qui laissent le plus libre champ à l'arbitraire. Le tyran reprend ainsi une à une les victimes auxquelles il promettoit oubli et repos dans ses premières proclamations. On compte déjà de nombreux séquestres, des arrestations, des exils, des lois de bannissement ; treize victimes sont portées sur une liste de mort. Sire... vous-même, vous êtes proscrit vous et les descendants de Henri IV, et la fille de Louis XVI ! Vous ne pourriez, dans ce moment, sans courir le risque de la vie, mettre le pied sur cette terre où vous fîtes tant de bien, où vous essuyâtes tant de larmes, où vous rendîtes tant d'enfants à leurs pères, où vous ne répandîtes pas une goutte de sang, où vous apportâtes la paix et la liberté ! Quand Votre Majesté, après vingt-trois ans de malheurs, remonta sur le trône de ses aïeux, elle trouva devant elle les juges de son frère. Et ces juges vivent ! Et vous leur avez conservé avec la vie tous les droits du citoyen ! Et ce sont eux qui rendent aujourd'hui contre votre personne sacrée, contre votre auguste famille, contre vos serviteurs fidèles, des arrêts de mort et de proscription ! Et tous ces actes où la violence, l'injustice, l'hypocrisie, le disputent à l'ingratitude, sont rendus au nom de la liberté !

§ II.

Extérieur.

La politique extérieure de Buonaparte offre les mêmes contradictions de conduite et de langage : tout étant faux dans sa puissance, tout étant en opposition avec son caractère, tout doit être faux dans ce qu'il dit et dans ce qu'il fait. Maintenant il veut tromper le monde entier, et il tombera dans ses propres piéges. Votre Majesté pénètrera, dans sa haute sagesse, les motifs qui le font agir, lorsque j'essaierai de développer l'esprit du gouvernement actuel de l'usurpateur, et de montrer l'homme derrière le masque : à présent je ne m'occupe que des faits.

Le but de Buonaparte est d'endormir les puissances au dehors par des protestations de paix, comme il cherche à tromper les François au dedans par le mot de liberté. Cette paix est la guerre, cette liberté est l'esclavage. D'un côté il offre d'exécuter le traité de Paris; de l'autre il ne soutient l'esprit de son armée qu'en lui promettant la Belgique, les limites *naturelles* du Rhin, et cette belle Italie, objet de ses prédilections filiales. Le ministre des affaires étrangères de Buonaparte fait dans le *Moniteur* de singuliers raisonnements : « Son maître, dit-il, propose de tenir le traité de « Paris. Les puissances alliées, pour toute réponse, « font marcher leurs armées. Or, si les puissances « n'en vouloient qu'à un seul homme, comme elles « le prétendent, elles n'auroient pas besoin de six « cent mille soldats pour l'attaquer. Donc, conclut « M. le duc de Vicence, c'est au peuple françois « qu'elles font la guerre. » Mais si ces puissances acceptent le traité de Paris avec Louis XVIII, et si elles le rejettent avec Buonaparte, n'est-il pas clair qu'un seul homme fait ici toute la différence, et qu'elles n'en veulent réellement qu'à un seul homme?

Les puissances alliées n'ont pas le droit de s'immiscer dans les affaires de France. Non, et elles déclarent elles-mêmes qu'elles ne prétendent point régler nos institutions politiques. Mais quand les François, opprimés par une faction, voient reparoître à leur tête l'ennemi du genre humain, l'homme qui a porté le fer et la flamme chez toutes les nations de l'Europe, n'est-ce pas le devoir des souverains d'écarter le nouveau péril qui les menace? Qui peut se fier à la parole de Buonaparte? Qui croira à ses sermens? Par ses protestations pacifiques, il ne veut que gagner du temps et rassembler ses légions.

Convient-il à la France elle-même, convient-il aux États voisins de laisser subsister au centre du monde civilisé une poignée de militaires parjures, qui, maîtrisant jusqu'à l'armée, disposent à leur gré du sceptre de saint Louis, le donnent et le reprennent au gré de leur caprice! Quoi! un souverain légitime pourra être arraché des bras de son peuple par une horde de janissaires! Quoi! tous les gouvernemens pourront être mis en péril, sans qu'on ait le droit de chercher à arrêter ces violences! Ce qui se fait sans inconvénient pour l'Europe chez les corsaires de l'Afrique, peut-il s'accomplir également chez les François sans danger pour l'ordre social? Ne doit-on pas prendre contre les mœurs et les mameloucks de la moderne Égypte, autant de précautions que contre la peste qui nous vient de ce pays? Les souverains de la Russie, de l'Allemagne, de l'Angleterre, de l'Espagne, du Portugal, de la Sicile, de la Suède, du Danemarck, consentiront-ils à recevoir, par droit d'exemple, la couronne de la main de leurs soldats? Enfin, les nations qui chérissent les lois, la paix, la liberté, sont-elles décidées à mettre tous ces biens sous la protection du despotisme militaire?

Si Buonaparte étoit aussi pacifique que ses ministres nous l'annoncent, feroit-il tous les jours des actes d'agression contre les cours étrangères? Il s'efforce, mais en vain, de rendre infidèles à leur patrie les régiments suisses; il promet la demi-solde aux officiers belges qui ont cessé d'être sujets de la France; il insulte le noble souverain qui, lui-même éprouvé par le malheur, a reçu si généreusement son illustre compagnon d'infortune. Buonaparte se flatte d'être aimé dans la Belgique; il se trompe, il y est détesté. Ses conscriptions, ses gardes d'honneur, ses persécutions religieuses, l'ont rendu un objet d'horreur pour les habitants de ces belles provinces.

Sire, je sens trop combien tout ce que je viens de dire est déchirant pour votre cœur. Nous partageons dans ce moment votre royale tristesse. Il n'y a pas un de vos conseillers et de vos ministres qui ne donnât sa vie pour prévenir l'invasion de la France. Sire, vous êtes François, nous sommes François! Sensibles à l'honneur de notre patrie, fiers de la gloire de nos armes, admirateurs du courage de nos soldats, nous voudrions, au milieu de leurs bataillons, verser jusqu'à la dernière goutte de notre sang pour les ramener à leur devoir, ou pour partager avec eux des triomphes légitimes. Nous ne voyons qu'avec la plus profonde douleur les maux prêts à fondre sur notre pays; nous ne pouvons nous dissimuler que la France ne soit dans le plus imminent danger : Dieu ressaisit le fléau qu'avoient laissé tomber vos mains paternelles; et il est à craindre que la rigueur de sa justice ne passe la grandeur de votre miséricorde! Ah, sire! à la voix de Votre Majesté, les étrangers respectant le descendant des rois, l'héritier de la bonne foi de saint Louis et de Louis XII, sortirent de la France! Mais si les factieux qui oppriment vos sujets prolongeoient leur règne, si vos sujets trop abattus ne faisoient rien pour s'en délivrer, vous ne pourriez pas toujours suspendre les calamités qu'entraîne la présence des armées. Du moins votre royale sollicitude s'est déjà assurée par des traités qu'on respectera l'intégrité du territoire françois, qu'on ne fera la guerre qu'à un seul homme. Vous êtes encore accouru au secours de votre peuple, et vous avez transformé en amis généreux ceux qui auroient pu se montrer ennemis implacables.

14.

§ III.

Reproches faits au gouvernement royal.

Tromper la France et l'Europe est donc le premier moyen employé par Buonaparte pour fonder sa nouvelle puissance; le second est de calomnier le gouvernement royal. Parmi les reproches adressés au ministère de Votre Majesté, plusieurs sont appuyés sur des faits évidemment faux; un grand nombre sont absurdes. Quelques-uns ont un côté vrai, à les considérer isolément, et non dans l'ensemble des choses.

Buonaparte assure que le domaine extraordinaire ayant été dissipé par le gouvernement royal, il compte le remplacer *par des biens* en France, qui serviront à la donation de qui il appartiendra.

Le domaine extraordinaire et le domaine privé représenteroient à peu près la somme de 480 millions. Sur cette somme totale, 150 ou 157 millions du domaine extraordinaire, et 100 millions du domaine privé, ont servi dans le dernier budget à payer les dettes de l'État, ou plutôt ont été portés en déduction de ces dettes. Étoit-ce le roi qui les avoit contractées, ces dettes? Étoit-il le dévastateur ou le réparateur de l'État?

Cent cinquante millions dus par les puissances étrangères entroient dans le calcul des 480 millions du domaine extraordinaire. Les alliés sont venus chercher en France la quittance de ces

150 millions; et ce n'est pas encore le roi qui l'a donnée, puisque c'est Buonaparte qui a conduit les étrangers à Paris. Voilà donc plus de 400 millions du domaine extraordinaire qui ont nécessairement disparu, et dont votre ministère ne peut être responsable.

Les 100 millions restants du domaine extraordinaire se composoient de l'emprunt de Saxe, montant de 13 à 17 millions; de 15 ou 20 millions sur le Mont-Napoléon de Milan; de quelques millions sur le Mont-Napoléon de Naples: de cent dix actions sur les canaux; de quelques millions sur les salines du Peccais; de plusieurs maisons; des sommes dues par la famille de Buonaparte et par différents particuliers; les billets des débiteurs, entre autres un billet de Jérôme Buonaparte pour la somme d'un million, sont demeurés avec les valeurs ci-dessus énoncées dans la caisse du domaine extraordinaire. La seule somme prélevée par le ministère de Votre Majesté sur le domaine extraordinaire, est une somme de 8 millions en effets sur la place, appliquée aux réparations du Louvre, à celles de Versailles, et à l'achat de plusieurs maisons sur le Carrousel. De ces 8 millions, 4 seulement avoient été dépensés à l'époque du 20 mars.

Dénué des documents qui pourroient donner à ces calculs une précision rigoureuse, il se peut faire que des erreurs se soient glissées dans le résultat que j'offre ici à Votre Majesté; mais ces erreurs ne sont ni graves ni nombreuses, et cet aperçu général suffit pour prouver la mauvaise foi et détruire les calomnies de Buonaparte.

Quant au séquestre mis sur les biens de la famille de Buonaparte, entre les raisons d'État, trop évidentes aujourd'hui, qui obligeoient le ministère de faire apposer promptement ce séquestre, on vient de voir que la famille de Buonaparte devoit plusieurs millions à la France : les billets de ces dettes se trouvoient à la caisse du domaine extraordinaire, et représentoient une valeur empruntée à ce domaine. La saisie des biens des débiteurs absents étoit une conséquence nécessaire des sommes qu'ils devoient à l'État.

Pour parler sans doute aux passions de la dernière classe du peuple, on a prétendu que les diamants de la couronne étoient une propriété de l'État.

Si quelque chose appartient aux Bourbons, héritiers des Capets et des Valois, ce sont des diamants achetés de leurs propres deniers, et par cette raison même appelés *joyaux de la couronne*. Le plus beau de ces joyaux, le Régent, offre dans son nom seul la preuve incontestable qu'il étoit une propriété particulière. Je ne parle pas, sire, du droit que vous avez, et que consacre la Charte, de prendre toute mesure nécessaire au salut de l'État dans les temps de crise : mettre à couvert les richesses qui peuvent tomber entre les mains de l'ennemi est pour le roi un de ses devoirs les plus impérieux. Loin donc de faire un crime aux ministres de Votre Majesté d'avoir soustrait à Buonaparte les propriétés de l'État, on pourroit plutôt leur reprocher de lui avoir laissé 30 millions en espèces, et 42 millions en effets. Dans une pareille circonstance, Buonaparte auroit-il manqué de vider le trésor public et même de spolier la Banque? Bien plus, son gouvernement n'essaya-t-il pas l'année dernière d'emporter aussi les diamants de la couronne? Tous ces reproches sont donc un mélange de dérision et d'absurdité. Votre ministère, en laissant à Buonaparte 72 millions, pourroit être accusé d'un excès de bonne foi; mais ce sont là de ces fautes que commet la probité, et que la conscience absout.

On a voulu dire que le gouvernement royal, infidèle à la Charte et à ses promesses, avoit tourmenté les acquéreurs de domaines nationaux. Pour prendre connoissance de ces prétendus délits, une commission a été nommée par Buonaparte. Quel a été le résultat de ses recherches?

Le gouvernement royal méconnoissoit, dit-on, la gloire de l'armée! Qui a plus admiré nos guerriers que les Bourbons? qui les a plus noblement récompensés? Qu'il me soit permis de rappeler que, dans un écrit publié sous les yeux de Votre Majesté, écrit qu'elle a daigné honorer de sa sanction royale, j'ai parlé des sentiments et des triomphes de notre armée avec une justice qui a paru exciter la reconnoissance du soldat[1]. Faut-il se repentir de ces éloges? Non, sire, l'infidélité de

---

[1] Voyez, ci-dessus, les *Réflexions politiques.*

quelques chefs et la foiblesse d'un moment ne peuvent effacer tant de gloire : les droits de l'honneur sont imprescriptibles, malgré les fautes passagères qui peuvent en ternir l'éclat.

Enfin, sire, vient la grande accusation de despotisme. Le despotisme des Bourbons! Ces deux mots semblent s'exclure. Et c'est Buonaparte qui accuse Louis XVIII de despotisme! Il faut bien compter sur la stupidité ou sur la perversité des hommes pour avancer des calomnies aussi grossières. Les plus audacieux mensonges ne coûtent rien à l'usurpateur; il ne rougit point de tomber dans les contradictions les plus manifestes; car en même temps qu'il représente le gouvernement royal comme violent et tyrannique, il lui reproche l'incapacité et la foiblesse.

Étoit-il tyrannique le gouvernement qui craignoit si fort de blesser les lois, qu'il a mieux aimé s'exposer aux plus grands périls que d'employer l'autorité arbitraire pour arrêter des conspirateurs? Étoit-il tyrannique le gouvernement qui, armé de la loi de la censure, laissoit publier contre lui les écrits les plus séditieux?

A-t-on vu sous le règne de Louis XVIII, comme sous celui de Buonaparte, plus de sept cents personnes retenues dans les prisons après avoir été acquittées par les tribunaux?

Le roi a-t-il cassé les décisions des jurés? Le général Excelmans a-t-il été arrêté depuis le jugement qui déclaroit son innocence?

Si les généraux d'Erlon et Lallemant avoient

tenté sous Buonaparte ce qu'ils ont fait sous le roi, vivroient-ils encore?

Quoi, sire, vous avez pardonné non-seulement toutes les fautes, mais encore tous les crimes! Après tant de malheurs, tant de souvenirs amers, tant de sujets de vengeance, un généreux oubli a tout effacé! Vous avez reçu dans votre palais, et ceux qui vous avoient servi, et ceux qui vous avoient offensé; vous n'avez fait aucune distinction entre le fils innocent et le fils repentant; vous avez réalisé dans toute son étendue, dans toute sa simplicité, la touchante parabole de l'enfant prodigue; et on ose parler de la tyrannie des Bourbons!

Ah, sire! quand tout le peuple rassemblé sous vos fenêtres, la veille de votre départ, témoignoit, tantôt par sa morne tristesse, tantôt par ses cris d'amour, combien il chérissoit son père; quand les paysans de l'Artois et de la Flandre vous suivoient en vous comblant de bénédictions, ce n'étoit pas un tyran qu'ils pleuroient! Que le fils que vous avez privé de son père, que le citoyen que vous avez dépouillé se lève et vous accuse. Buonaparte osera-t-il porter le même défi à la France?

Mais, sire, vos ministres n'étoient pas de bonne foi: ils vouloient détruire la Charte. Le nouveau gouvernement de la France, employant les moyens les plus odieux pour attaquer le gouvernement royal, a fait rechercher soigneusement tous les papiers qui pouvoient accuser celui-ci. On a trouvé, dans une armoire secrète de l'appartement d'un de vos ministres, des lettres qui devoient révéler d'importants mystères. Hé bien! qu'ont-elles appris au public, ces lettres confidentielles, inconnues, cachées, qu'on a eu la maladresse de publier (car la passion fait aussi des fautes, et les méchants ne sont pas toujours habiles)? Elles ont appris que vos ministres, différant entre eux sur quelques détails, étoient tous d'accord sur le fond; qu'ils pensoient qu'on ne pouvoit régner en France que par la Charte et avec la Charte; et que les François aimant et voulant la liberté, il falloit suivre les mœurs et les opinions du siècle.

Si nous possédions les papiers secrets de Buonaparte, il est probable que nous y trouverions des révélations d'une tout autre nature.

Oui, sire, et c'est ici l'occasion d'en faire la protestation solennelle : tous vos ministres, tous les membres de votre conseil sont inviolablement attachés aux principes d'une sage liberté; ils puisent auprès de vous cet amour des lois, de l'ordre et de la justice, sans lesquels il n'est point de bonheur pour un peuple. Sire, qu'il nous soit permis de vous le dire avec le respect profond et sans bornes que nous portons à votre couronne et à vos vertus : nous sommes prêts à verser pour vous la dernière goutte de notre sang, à vous suivre au bout de la terre, à partager avec vous les tribulations qu'il plaira au Tout-Puissant de vous envoyer, parce que nous croyons devant Dieu que vous maintiendrez la constitution que vous avez donnée à votre peuple; que le vœu le plus sincère de votre âme royale est la liberté des François. S'il en avoit été autrement, sire, nous serions toujours morts à vos pieds pour la défense de votre personne sacrée, parce que vous êtes notre seigneur et maître, le roi de nos aïeux, notre souverain légitime; mais, sire, nous n'aurions plus été que vos soldats; nous aurions cessé d'être vos conseillers et vos ministres.

Sire, un roi qui peut écouter un pareil langage n'est pas un tyran; ceux à qui votre magnanimité permet de tenir ce langage ne sont pas des esclaves. Avec la même sincérité, sire, nous avouerons que votre ministère a pu tomber dans quelques méprises. Quel est le gouvernement établi au milieu d'une invasion étrangère, du choc de tous les intérêts, des cris de toutes les passions, qui n'eût pas commis de plus graves erreurs? Le gouvernement usurpateur vient de nous donner une leçon utile: il n'a pas perdu un moment pour éloigner des préfectures et des tribunaux les hommes qu'il a présumé ennemis de son autorité, ou indifférents à sa cause; il a pensé qu'un magistrat qui le matin avoit administré dans un sens ne pouvoit pas le soir administrer dans un autre: il ne faut jamais placer un homme entre la honte et le devoir, et le forcer, pour éviter l'une, à trahir l'autre.

Si le ministère de Votre Majesté n'a pas suivi rigoureusement ce principe, c'étoit pour s'attacher plus scrupuleusement à la lettre de vos proclamations royales, qui, par une bonté infinie, promettoient à tous les François la conservation de leurs places et de leurs honneurs. Ainsi ce n'est pas le défaut de sincérité, c'est toujours le trop de bonne foi qu'il faudroit reprocher à vos ministres.

Éviter les excès de Buonaparte, ne pas trop multiplier, à son exemple, les actes administratifs, étoit une pensée sage et utile. Cependant, depuis vingt-cinq ans, les François s'étoient accoutumés au gouvernement le plus actif que l'on ait jamais vu chez un peuple : les ministres écrivoient sans cesse; les ordres partoient de toutes parts : chacun attendoit toujours quelque chose; le spectacle, l'acteur, le spectateur changeoient à tous les moments. Quelques personnes semblent donc croire qu'après un pareil mouvement, détendre trop subitement les ressorts seroit dangereux. C'est, disent-elles, laisser des loisirs à la malveillance, nourrir les dégoûts, exciter des comparaisons inutiles. L'administrateur secondaire, accoutumé à être conduit dans les choses mêmes les plus communes, ne sait plus ce qu'il doit faire, quel parti prendre. Peut-être seroit-il bon, dans un pays comme la France, si long-temps enchanté par les triomphes militaires, d'administrer vivement dans le sens des institutions civiles et politiques, de s'occuper ostensiblement des manufactures, du commerce, de l'agriculture, des lettres et des arts. De grands travaux commandés, de grandes récompenses promises, des distinctions éclatantes accordées aux talents, des prix, des concours publics, donneroient une autre tendance aux mœurs, une autre direction aux esprits : le génie du prince, particulièrement formé pour le règne des arts, répandroit sur eux un éclat immortel. Certains de trouver dans leur roi le meilleur juge, le politique le plus habile, l'homme d'État le plus instruit, les François ne craindroient plus d'embrasser une nouvelle carrière ; les triomphes de la paix leur feroient oublier les succès de la guerre ; ils croiroient n'avoir rien perdu en changeant laurier pour laurier, gloire pour gloire.

Votre ministère, malgré sa vigilance, ses soins, son attention de tous les moments, n'a pu prévenir ce qui étoit hors de sa puissance : quelques vanités ont choqué quelques vanités. Il est bien essentiel de soigner, en France, cet amour-propre si dangereux et si susceptible ; si on le satisfait à peu de frais, il s'aigrit pour peu de chose ; et de cette source misérable peuvent encore renaître d'épouvantables révolutions. Mais les ministres, établis pour diriger les affaires humaines, ne peuvent pas toujours régler les passions des hommes.

Enfin, sire, vous vous apprêtiez à couronner les institutions dont vous aviez posé la base, en attendant dans votre sagesse l'instant propre à l'accomplissement de vos projets. Vous saviez qu'en politique il ne faut rien précipiter ; vous vous étiez donné quelque temps pour essayer nos mœurs, connoître l'esprit public, étudier les changements que la révolution et vingt-cinq années d'orages avoient apportés dans le caractère national. Suffisamment instruit de toutes ces choses, vous aviez déterminé une époque pour le commencement de la pairie héréditaire; le ministère eût acquis plus d'unité; les ministres seroient devenus membres des deux Chambres, selon l'esprit même de la Charte; une loi eût été proposée afin qu'on pût être élu membre de la Chambre des députés avant quarante ans, et que les citoyens eussent une véritable carrière politique. On alloit s'occuper d'un code pénal pour les délits de la presse, après l'adoption de laquelle loi la presse eût été entièrement libre; car cette liberté est inséparable de tout gouvernement représentatif. On avoit, d'ailleurs, reconnu l'inutilité, ou plutôt le danger d'une censure, qui, n'empêchant pas le délit, rendoit les ministres responsables des imprudences des journaux.

Dieu a ses voies impénétrables et ses jugements imprévus; il a voulu suspendre un moment le cours des bénédictions que Votre Majesté répandoit sur ses sujets. De ces Bourbons, qui avoient ramené le bonheur dans notre patrie désolée, il ne reste plus en France que les cendres de Louis XVI! Elles règnent, sire, dans votre absence; elles vous rendront votre trône comme vous leur avez rendu un tombeau.

Mais, au milieu de tant d'afflictions, combien aussi de consolations pour le cœur de Votre Majesté! L'amour et les regrets de tout un peuple vous suivent et vous accompagnent; des prières s'élèvent de toutes parts pour vous vers le ciel; votre retraite d'un moment est une calamité publique. Je vois autour de leur roi les vieux compagnons de son infortune, ces vétérans de l'exil et du malheur, qui sont revenus à leur poste; j'aperçois ces grands capitaines, si chers à l'armée, qu'ils n'ont jamais conduite que dans les sentiers de l'honneur, vrais représentants de la valeur françoise et de la foi militaire. D'autres maréchaux, qui n'ont pu suivre vos pas, ont refusé de violer les serments qu'ils vous avoient faits, plus glorieux dans leur repos que lorsqu'ils triomphoient sur les champs de bataille. Une foule de généraux, de colonels, d'officiers et de soldats, déposent aussi des armes qu'ils ne peuvent plus porter pour leur roi. Les gardes nationales du royaume, celle de Paris à leur tête, expriment leur douleur par le silence de leurs rangs incomplets et déserts, et rappellent de tous leurs vœux le père qu'ils gardoient, le noble chef que vous leur aviez donné. Dans les emplois civils, dans la magistrature, Votre Majesté a pareillement trouvé une multitude de sujets fidèles : les uns ont quitté leurs places, les autres ont refusé d'humiliantes faveurs. Il s'est rencontré des hommes qui, se croyant négligés, auroient pu être tentés de suivre une autre fortune; et pourtant ils n'ont point trahi le devoir; ainsi, dans ces jours d'épreuve, l'honneur, comme la honte, a eu ses triomphes et ses surprises.

Parmi vos ministres, sire, les uns ont été assez heureux pour s'attacher à vos pas, les autres pour souffrir sous la main de Buonaparte. Les chefs les plus habiles de leurs administrations ont imité leur exemple : plus leurs talents sont éminents, plus ils sont heureux de les consacrer à Votre Majesté, et de les refuser à l'usurpateur.

Le clergé n'a point perdu l'habitude des persécutions : reprenant avec joie sa croix nouvelle, il refuse à l'impie cette touchante prière qui demande au ciel le salut du roi. Les deux Chambres, qui conservoient avec Votre Majesté le dépôt sacré de la liberté publique, l'ont courageusement défendue. Rome, dans le siècle des Fabricius, eût nommé avec orgueil un citoyen tel que le président de la Chambre des députés. Sa proclamation, sa protestation, au sujet des avis de M. le duc d'Otrante, resteront, sire, comme un monument de votre règne et des nobles sentiments que vous savez inspirer.

Ajoutons, sire, que votre famille vient d'attacher à votre couronne une nouvelle gloire. Si MONSIEUR, votre digne frère, si Mgr le duc de Berry, si Mgr le duc d'Orléans, placés dans des circonstances pénibles, n'ont pu rallier une foule désarmée, ils ont montré, au milieu des trahisons et des perfidies, l'élévation, le courage, la loyauté, naturels au sang des Bourbons. Ne croit-on pas voir et entendre le Béarnois, lorsque Mgr le duc de Berry, sortant des portes de Béthune, se précipitant au-devant d'une troupe de rebelles, les appelant à la fidélité ou au combat, les trouvant sourds à sa voix, répond à ceux qui l'invitoient à faire un exemple : « *Comment « voulez-vous frapper des gens qui ne se défendent « pas ?* »

L'entreprise héroïque de Mgr le duc d'Angoulême

prendra son rang parmi les hauts faits d'armes de notre histoire. Sagesse et audace du plan, hardiesse d'exécution, tout s'y trouve. Le prince, jusqu'alors éloigné des champs de bataille par la fortune, se précipite sur la gloire aussitôt qu'il l'aperçoit, et la ressaisit comme une portion du patrimoine de ses pères : mais la trahison arrête un fils de France aux mêmes lieux où elle avoit laissé passer Buonaparte. Que de malheurs Mgr le duc d'Angoulême eût évités à notre patrie, s'il avoit pu arriver jusqu'à Lyon ! Un soldat rebelle, qui avoit vu ce prince au milieu du feu, disoit, en admirant sa valeur : « *Encore une* « *demi-heure, et nous allons crier vive le roi !* »

Mais, que dire de la défense de Bordeaux par MADAME ? Non, ce n'étoient pas des François que les hommes qui ont pu tourner leurs armes contre la fille de Louis XVI ! Quoi ! c'est l'orpheline du Temple, celle qui a tant souffert par nous et pour nous, celle à qui nous ne pouvons jamais offrir trop d'expiations, d'amour et de respects, que l'on vient de chasser à coups de canon de sa terre natale ! Grand Dieu ! et pour mettre à sa place l'assassin du duc d'Enghien, le tyran de la France et le dévastateur de l'Europe ! Les balles ont sifflé autour d'une femme, autour de la fille de Louis XVI ! Si elle rentre en France, on lui appliquera les décrets contre les Bourbons, c'est-à-dire qu'on la traînera à l'échafaud de son père et de sa mère ! Elle a paru, au milieu de ces nouveaux périls, telle qu'elle se montra, dans sa première jeunesse, au milieu des assassins et des bourreaux. Fille de France, héritière de Henri IV et de Marie-Thérèse, nourrie de tribulations et de larmes, éprouvée par la prison, les persécutions et les dangers, que de raisons pour savoir mépriser la vie! Je ne voudrois en preuve de la réprobation du gouvernement de Buonaparté que d'avoir laissé insulter madame la duchesse d'Angoulême; la représenter baisant les mains des soldats pour les engager à rester fidèles, l'appeler une *femme furieuse*, à l'instant où ses vertus, ses malheurs et son courage excitoient l'admiration de toute la terre, c'est se condamner au mépris comme à l'exécration du genre humain.

§ IV.

Esprit du gouvernement.

Sire, les empires se rétablissent autant par la mémoire des choses passées que par le concours des faits présents. Les souvenirs que Votre Majesté et son auguste famille ont laissés en France vous y préparent un prompt retour. Mais il est encore d'autres causes qui rendent la chute de Buonaparte infaillible. Je ne parle pas de la guerre étrangère, elle suffiroit seule pour le renverser; je parle des principes de mort qui existent dans son gouvernement même : c'est par l'examen de la nature et de l'esprit de son gouvernement que je terminerai ce rapport.

A peine, sire, votre retraite momentanée eut-elle suspendu le règne des lois, que votre royaume se vit menacé d'une alliance hideuse entre le despotisme et la démagogie : on promit à vos peuples une liberté d'une espèce nouvelle. Cette liberté devoit naître au Champ-de-Mai, le bonnet rouge et le turban sur la tête, le sabre du mamelouck et la hache révolutionnaire à la main, entourée des ombres de ces milliers de victimes sacrifiées sur les échafauds, dans les campagnes brûlantes de l'Espagne, dans les déserts glacés de la Russie : le marchepied de son trône eût été le corps sanglant du duc d'Enghien, et son étendard la tête de Louis XVI.

Buonaparte, rentré en France, a senti qu'il ne pouvoit régner, dans le premier moment, par les principes qui avoient contribué à précipiter sa chute. Le gouvernement du roi avoit répandu une si grande liberté, qu'on ne pouvoit se jeter tout à coup dans l'arbitraire sans révolter les esprits. Le roi, tout absent qu'il étoit, forçoit le tyran à ménager les droits du peuple ; bel hommage rendu à la légitimité ! D'une autre part, l'homme que l'on avoit vu tremblant sous les pieds des commissaires étrangers qui le conduisoient comme un malfaiteur à l'île d'Elbe, n'étoit plus, aux yeux de la nation, le vainqueur d'Austerlitz et de Marengo ; il ne pouvoit plus commander de par la Victoire. Déjà contenu dans ses excès par la nouvelle direction de l'opinion publique, il trouvoit encore devant lui des hommes disposés à lui disputer le pouvoir.

Ces hommes étoient d'abord ceux qu'on peut appeler les républicains de bonne foi : délivrés des chaînes du despotisme et des lois de la monarchie, ils désiroient garder cette indépendance républicaine impossible en France; mais qui du moins est une noble erreur. Venoient ensuite ces furieux qui composoient l'ancienne faction des Jacobins. Humiliés de n'avoir été sous l'empire que des espions de police d'un despote, ils étoient résolus à reprendre pour leur propre compte cette liberté de crimes dont ils avoient cédé pendant quinze années le privilége à un tyran.

Mais, ni les républicains ni les révolutionnaires, ni les satellites de Buonaparte, n'étoient assez forts pour établir leur puissance séparée, ou pour se subjuguer les uns les autres. Menacés au dehors d'une invasion formidable, poursuivis au dedans par l'opinion publique, ils comprirent que s'ils se divisoient, ils étoient perdus. Afin d'échapper au danger, ils ajournèrent leurs querelles : les uns apportoient à la défense commune leurs systèmes et leurs chimères ; les autres, leur contingent de terreur, de tyrannie et de perversité. Il est probable qu'ils n'étoient pas de bonne foi dans ce pacte effrayant; chacun se promit en secret de le tourner à son avantage aussitôt que le péril seroit passé, et chacun chercha d'avance à s'assurer de la victoire.

Dans les premiers jours, les indépendants semblèrent être les plus forts, et Buonaparte paroissoit subjugué. Il s'étoit vu forcé d'appeler aux premières places de l'État des hommes qu'intérieurement il déteste : il en coûte à son orgueil d'obéir à ceux qu'il avoit condamnés à le servir ou à se taire. Au commencement du consulat, il fut de même obligé de feindre des sentiments qui n'étoient pas dans son cœur; mais il sapa peu à peu les fondements de l'édifice qu'il avoit élevé; à mesure que ses forces croissoient, il se débarrassoit de quelques principes et de quelques hommes. Le tribunat fut d'abord épuré, ensuite détruit; il ne conserva que deux corps politiques subjugués par la terreur, l'un pour lui livrer l'or, l'autre pour lui prodiguer le sang de la France.

Il suit aujourd'hui la même route : il n'embrasse la liberté que pour l'étouffer. L'assemblée du Champ-de-Mai est sa grande machine. A la faveur d'un spectacle nouveau, de ces scènes préparées d'avance, qu'il joue d'une manière si habile, au milieu des cris des soldats, il espère obtenir une levée en masse, ou, ce qui revient au même, faire décréter la marche de toutes les gardes nationales du royaume : ce qu'il veut avant tout, ce sont les moyens de la victoire; quand il l'aura obtenue, il jettera le masque, se rira de la constitution qu'il aura jurée, et reprendra à la fois son caractère et son empire. Aujourd'hui, avant le succès, les mameloucks sont jacobins; demain, après le succès, les Jacobins deviendront mameloucks : Sparte est pour l'instant du danger, Constantinople pour celui du triomphe.

Il étoit impossible que les gens habiles dont Buonaparte est environné ne devinassent pas sa pensée : mais comment le prévenir? D'un côté, ils ne veulent plus le tyran pour maître; de l'autre, ils en ont encore besoin pour général; ils redoutent ses triomphes, et ses triomphes leur sont nécessaires; il faut qu'ils se défendent contre l'Europe, et Buonaparte seul peut les défendre. Dans cette position désespérée, liés, associés avec lui par la force des événements, ils avoient conçu l'espoir de l'enchaîner si fortement qu'il seroit hors d'état de leur nuire quand la guerre lui auroit rendu des forces. Ils retomboient ainsi dans l'erreur où ils étoient déjà tombés au commencement du consulat; ils croyoient de nouveau dominer Buonaparte par l'ascendant d'une république, quoiqu'ils dussent être détrompés par l'expérience. Pleins de cette pensée, ils laissoient quelques enfants perdus presser les mesures révolutionnaires : les bonnets rouges avoient reparu; on entendoit chanter la *Marseilloise;* un club établi à Paris correspondoit et correspond encore avec d'autres clubs dans les provinces; on annonçoit la résurrection du *Journal des Patriotes;* on oublioit que le peuple est las, que tout tend aujourd'hui au repos, comme en 1793 tout tendoit au mouvement : les déclamations, les formes, les enseignes révolutionnaires, que l'on essayoit de reproduire, ayant cessé d'être l'expression d'une opinion réelle, ne sont plus que la révoltante parodie d'une tragédie épouvantable. Et quelle confiance pourroient inspirer aujourd'hui les hommes de 1793 ? Ne sait-on pas ce qu'ils entendent par la liberté, l'égalité, les droits de l'homme ? Sont-ils plus moraux, plus sincères, plus sages après leurs crimes qu'avant leurs crimes ? Est-ce parce qu'ils se sont souillés de tous les excès qu'ils sont devenus capables de toutes les vertus? On n'abdique pas le crime aussi facilement qu'on abdique une couronne; et le front que ceignit l'affreux diadème en conserve des marques ineffaçables.

Toutefois, sire, ces graves considérations n'arrêtoient pas les partis en France. Il ne s'agissoit pas pour eux de savoir ce qui étoit possible dans l'avenir, mais d'obéir à ce que le présent commandoit : ainsi quelques hommes se berçoient toujours du projet d'une constitution républicaine. Il paroît qu'on avoit conçu la pensée de faire descendre Buonaparte du haut rang d'empereur à la condition modeste de généralissime ou de président de la république. Juste punition de son orgueil! il ne seroit sorti de l'île d'Elbe avec tous ses projets d'ambition, de grandeur, de dynastie, que pour humilier sa pourpre, ses faisceaux, ses aigles, ses victoires devant d'insolents citoyens. Le bonnet rouge apprit à Buonaparte à porter des couronnes; le bonnet rouge dont on charge aujourd'hui la tête de ses bustes lui annonce-t-il de nouveaux diadèmes? Non : c'est une vie qui s'accomplit; c'est le cercle qui se ferme : on ne recommence pas sa fortune.

Les républicains se promettoient la victoire; tout sembloit favoriser leurs projets. On parloit de placer le prince de Canino au ministère de l'intérieur, le lieutenant général comte Carnot au ministère de la guerre, le comte Merlin à celui de la justice. Buonaparte, en apparence abattu, ne s'opposoit point à des mouvements révolutionnaires, qui, en dernier résultat, fournissoient des hommes à son armée. Il se laissoit même attaquer dans des pamphlets : on lui prêchoit, en le tutoyant, la liberté et l'égalité; il écoutoit ces remontrances d'un air contrit et docile. Tout à coup échappant aux liens dont on avoit cru l'envelopper, il renverse les barrières républicaines, et proclame de sa propre autorité, non une constitution, mais un *Acte additionnel* aux constitutions de l'empire. Les citoyens seront appelés à consigner leurs votes touchant cet Acte sur des registres ouverts aux secrétariats des diverses administrations; et tout le travail de l'assemblée du Champ-de-Mai se réduira au dépouillement d'un scrutin.

Buonaparte gagne, par cette publication, deux points essentiels : supposant d'abord que rien n'est détruit dans ce qu'il appelle *ses constitutions*, il regarde l'empire comme existant; il évite les contestations sur son titre et sur sa réélection. Ensuite il se place hors de l'atteinte du Champ-de-Mai, puisqu'il soustrait l'Acte additionnel à l'acceptation des électeurs, et leur interdit, par le fait, toute discussion politique. Ainsi cette assemblée, à qui l'on attribuera peut-être le droit de voter la mort de deux millions de François, n'aura pas celui de décréter leur liberté.

Au reste, sire, la nouvelle constitution de Buonaparte est encore un hommage à votre sagesse : c'est, à quelques différences près, la Charte constitutionnelle. Buonaparte a seulement devancé, avec sa pétulance accoutumée, les améliorations et les complémens que votre prudence méditoit. Quelle simplicité de croire que s'il n'avoit rien à craindre de l'Europe, il respecteroit tout ce qu'il promet dans son Acte additionnel; qu'il laisseroi écrire tout ce qu'on voudra, qu'il n'exileroit, ne fusilleroit personne! Il en seroit de la Chambre des pairs et de celle des députés comme il en a été du Tribunat, du Sénat et du Corps-Législatif.

Nous voyons, sire, dans le considérant de l'Acte additionnel, que Buonaparte, s'occupant d'une grande *confédération* européenne (c'est-à-dire la conquête des États voisins), avoit ajourné la liberté de la France.

Il en est arrivé ce léger malheur, que quatre ou cinq millions de François morts pour le *système fédératif* n'ont pu jouir de la liberté que Buonaparte réservoit aux générations présentes. Que diront aujourd'hui ceux qui trouvoient mauvais que Votre Majesté s'intitulât *roi par la grâce de Dieu*, qu'elle eût gardé l'initiative des lois, qu'elle se fût réservé l'espace d'une année pour l'épuration des tribunaux et la nomination des juges à vie? L'Acte additionnel conserve ces dispositions. Que diront ceux qui oseroient blâmer le roi d'avoir donné la Charte de sa pleine autorité, au lieu de l'avoir reçue du peuple? Buonaparte imite cet exemple. — Mais il soumet sa constitution à l'acceptation de la nation! A qui la soumet-il? à des citoyens qui iront s'inscrire sur un registre dans une municipalité. Si les votes sont peu nombreux, s'ils sont contre l'Acte additionnel, aura-t-on égard à ces oppositions? Qui vérifiera les signatures? N'en introduira-t-on pas sur les rôles autant que bon semblera? Qui osera réclamer? Comment l'assemblée du Champ-de-Mai s'assure-t-elle de la fidélité des maires, des sous-préfets, chargés de recueillir les votes, surtout lorsque les *commissaires extraordinaires* auront renouvelé les administrations d'un bout de la France à l'autre? Si quelque chose pouvoit ressembler à l'assentiment du peuple, ne seroit-ce pas celui des colléges électoraux au Champ-de-Mai? Et pourquoi interdit-on tout examen aux électeurs? Mais pourquoi me perdre moi-même dans cet examen inutile? Je raisonne comme s'il étoit encore question de régularité, de pudeur, de bonne foi : et l'acceptation de l'Acte est préjugée par un décret, et sa promulgation ordonnée d'avance!

Dans l'Acte additionnel, je n'aperçois rien sur l'abolition de la confiscation des biens : je vois que la propriété n'est plus une condition nécessaire pour être élu membre de la Chambre des représentants; que l'armée est appelée à donner son suffrage, que les anciennes constitutions, les sénatus-consultes ne sont point rapportés, et deviennent comme des armes secrètes dans les arsenaux de la tyrannie.

Voilà Buonaparte tout entier : il se réserve la confiscation des biens, remet aux non-propriétaires la défense de la propriété, pose les principes du gouvernement militaire, et cache ses desseins dans les chaos de ses lois. Ceux qui chérissent sincèrement les idées libérales peuvent-ils supporter des choses aussi monstrueuses? Tout cela n'est-il pas un mélange de dérision et d'impudence? N'est-ce pas à la fois, et dans le même moment, reconnoître et violer un principe, admettre la souveraineté du peuple et s'en moquer? N'est-ce pas toujours montrer la même astuce, la même mauvaise foi, la même domination de caractère?

Oserai-je parler au roi du dernier article de l'Acte additionnel? Par cet article, le peuple françois cède tous ses droits à l'usurpateur, excepté celui de rappeler les Bourbons : donc si Buonaparte vouloit ouvrir à Votre Majesté les chemins de la France, il ne le pourroit plus; et si, d'un autre côté, le peuple vouloit vous rapporter votre couronne, cela lui seroit impossible, parce que Buonaparte, en vertu des institutions impériales, a seul le droit d'assembler le peuple. Si l'on avoit pu douter des sentiments de la France, ce dernier article les proclameroit : les mauvaises consciences se trahissent; l'excès de la précaution annonce l'excès de la crainte; interdire au peuple françois le droit de rappeler son roi, c'est prouver qu'il veut le rappeler.

Toutefois Buonaparte s'est embarrassé dans ses propres adresses : l'Acte additionnel lui sera fatal. Si cet Acte est observé, il y a dans son ensemble assez de liberté pour renverser le tyran; s'il ne l'est pas, le tyran n'en deviendra que plus odieux. D'un autre côté, Buonaparte perd tout à la fois, par cet

Acte, et la faveur des républicains et la force révolutionnaire du jacobinisme : les démagogues ne veulent ni de la pairie, ni des deux Chambres ; ce qu'ils veulent surtout, c'est l'égalité absolue : ils préféreroient même à ces institutions de Buonaparte son ancien despotisme ; du moins ce joug étoit un niveau. Enfin, comme l'Acte additionnel n'est, après tout, que la Charte, qu'est-ce que les François auront gagné au retour de l'usurpateur ? Vont-ils de nouveau soutenir une guerre cruelle, exposer leur patrie à une seconde invasion pour obtenir précisément ce qu'ils avoient sous le roi, avec la paix, la considération et le bonheur ? Ne se trouvent-ils pas à peu près dans la même position que les alliés par rapport au traité de Paris ? Ceux-ci disent à Buonaparte : « Nous voulons le traité de Paris ; mais nous le voulons sans vous, parce qu'un autre que vous en tiendra toutes les conditions, et que vous n'en remplirez aucune. »

Les François diront à Buonaparte : « Nous voulons la Charte constitutionnelle ; mais nous ne la voulons qu'avec le roi, parce qu'il y sera fidèle, et que vous l'auriez bientôt violée. » Ainsi, quelque parti que prenne Buonaparte, qu'il soit tyran, jacobin, constitutionnel, on trouve toujours que ses triomphes sont des défaites, et que son despotisme, ses violences, ses ruses, viennent, sire, échouer devant votre autorité légale, votre modération constante, et votre parfaite sincérité..

Il n'y a de salut que dans le roi : l'Europe connoît sa foi, sa loyauté, sa sagesse ; elle ne peut trouver de garantie que dans son trône et dans sa parole. Sire, vous êtes l'héritier naturel de tous les pouvoirs usurpés dans votre royaume. Toutes les révolutions en France se feront pour vous. Indépendamment de ses droits, Votre Majesté a sur ses ennemis un avantage immense : son gouvernement est le seul qui depuis vingt-cinq ans ait paru raisonnable à tous ; le seul qui, en consacrant les principes d'une liberté sage, ait donné ce que la révolution a tant de fois promis et qu'elle promet encore. On a reconnu, sire, par l'essai qu'on a fait de vos vertus, que vous êtes le prince qui convient le mieux à la France ; que l'ordre des choses établi pouvoit subsister. Quelques années auroient suffi pour le porter à sa perfection ; il avoit en lui tous les principes de durée, et il n'a été momentanément suspendu que par l'unique chance qui pouvoit en arrêter le cours.

Mais déjà tout se prépare pour le prompt rétablissement du trône. La France commence à revenir de sa surprise, les illusions se dissipent, la vérité perce de toutes parts. On se trouve avec épouvante sous le règne de la terreur et de la guerre. Chacun se demande si, après tant d'années de souffrances, de sang et de meurtres, il faut recommencer la révolution. Les François se voient une seconde fois isolés au milieu de l'Europe, séparés du monde, comme des hommes atteints d'une maladie contagieuse. Les portes de leur beau pays, ouvertes par le roi à la foule des voyageurs, se sont tout à coup fermées. L'Europe se tait ; et, dans ce silence effrayant, on n'entend retentir que les pas d'un million d'ennemis qui s'avancent de toutes parts vers les frontières de la France.

Les citoyens alarmés tournent les yeux vers leur roi, ils l'appellent à leur secours; et son silence se joignant à celui du monde civilisé, semble annoncer quelque catastrophe terrible. Les soldats eux-mêmes s'étonnent; ils se demandent qu'est devenue la fille des Césars, où sont les dépouilles qui leur avoient été promises? Un grand nombre désertent; des officiers se retirent; la garde même est triste et découragée; les finances s'épuisent; les soixante-douze millions restés au trésor sont déjà dissipés. Plusieurs départements refusent de payer l'impôt et de fournir des hommes. Les provinces de l'ouest et du midi ne sont pas entièrement soumises; elles n'attendent qu'un nouveau signal pour reprendre les armes. La foiblesse de Buonaparte s'accroît à mesure que la force du roi augmente. La comparaison de ce que la France étoit il y a un mois, et de ce qu'elle est aujourd'hui, frappe tous les esprits, et reporte avec douleur la pensée sur les biens qu'on a perdus.

Le 28 du mois de février dernier [1], la France étoit en paix avec toute la terre; son commerce commençoit à renaître, ses colonies à se rétablir; ses dettes s'acquittoient, ses blessures se fermoient; elle reprenoit, dans la balance politique de l'Europe, sa prépondérance et son utile autorité. Jamais elle n'avoit eu de meilleures lois, jamais elle n'avoit

[1] 1815.

joui de plus de liberté ; elle sortoit de ses débris et de ses tombeaux, heureuse, brillante et rajeunie. Dix mois d'une restauration accomplie au milieu de tous les genres d'obstacles avoient suffi à Louis XVIII pour enfanter ces merveilles.

Le 1er de mars [1], la France est en guerre avec le monde entier. Elle redevient l'objet de la haine et de la crainte de l'univers. Elle voit renaître dans son sein les factions qui l'ont déchirée : ses enfants vont être de nouveau traînés au carnage, ses lois détruites, ses propriétés bouleversées. Courbée sous un double despotisme, elle ne conserve de sa restauration que des regrets, de sa liberté qu'une vaine ombre. Voilà les autres merveilles opérées dans un moment par Buonaparte : vingt-quatre heures séparent et tant de biens et tant de maux.

Sire, vous reparoîtrez, et le bonheur rentrera dans notre chère patrie. Vos sujets verront l'abîme où quelques factieux les ont entraînés : ils se hâteront d'en sortir; ils accourront à vous, les uns pour recevoir la récompense due à leur fidélité, les autres pour implorer cette miséricorde dont ils n'ont pu épuiser les trésors. Oui, sire, innocents ou coupables, ils trouveront leur salut en se jetant dans vos bras ou à vos pieds.

Mais tandis que je m'efforce de fixer sous les yeux de Votre Majesté le tableau de l'intérieur de la France, ce tableau n'est déjà plus le même : demain il changera encore. Quelque rapidité que je puisse mettre à le retracer, il me seroit impossible

[1] 1815.

de suivre les mouvements convulsifs d'un homme agité par ses propres passions, et par celles qu'il a si follement soulevées. Je disois au roi que Buonaparte avoit remporté une victoire sur le parti républicain, et ce parti l'a vaincu de nouveau. La publication de l'Acte additionnel lui a enlevé, comme nous l'avions prévu, le reste de ses complices. Attaqué de toutes parts, il recule, il retire à ses commissaires extraordinaires la nomination des maires des communes, et rend cette nomination au peuple. Effrayé de la multiplicité des votes négatifs, il abandonne la dictature, et convoque la Chambre des représentants en vertu de cet Acte additionnel qui n'est point encore accepté. Errant ainsi d'écueil en écueil, il se replie en cent façons pour éluder ses engagements et ressaisir le pouvoir qui lui échappe : à peine délivré d'un danger, il en rencontre un nouveau. Ce souverain d'un jour osera-t-il instituer une pairie héréditaire ? Comment gouvernera-t-il ses deux Chambres qu'il est forcé de réunir ? Montreront-elles à ses ordres une obéissance passive ? N'élèveront-elles pas la voix ? Ne chercheront-elles point à sauver la patrie ? Quels seront les rapports de ces Chambres avec l'assemblée du Champ-de-Mai, qui n'a plus de véritable but, puisque l'Acte additionnel est mis à exécution avant que les suffrages aient été comptés ? Cette assemblée du Champ-de-Mai, composée de trente mille électeurs, ne se croira-t-elle pas la véritable représentation nationale, supérieure en autorité à cette Chambre des représentants qu'elle aura elle-même choisis? Il est impossible à l'intelligence humaine de prévoir ce qui sortira d'un pareil chaos; ces changements subits, cette étrange confusion de toutes choses, annoncent une espèce d'agonie du despotisme : la tyrannie usée et sur son déclin conserve encore l'intention du mal, mais elle paroît en avoir perdu la puissance. On diroit, en effet, que Buonaparte, jouet de tout ce qui l'environne, ne prend plus conseil que du moment, esclave de cette destinée à laquelle il sembloit commander jadis. La licence règne à Paris, l'anarchie dans les provinces : les autorités civiles et militaires se combattent. Ici on menace de brûler les châteaux et d'égorger les prêtres; là on arbore le drapeau blanc et l'on crie *vive le roi!* Cependant, au milieu de ces désordres, le temps marche et les événements se précipitent. L'Europe entière est arrivée sur les frontières de la France : chaque peuple a pris son poste dans cette armée des nations, et n'attend plus que le dernier signal. Que fera l'auteur de tant de calamités? S'il quitte Paris, Paris demeurera-t-il tranquille? S'il ne rejoint pas ses soldats, ses soldats combattront-ils sans lui? Un succès peut-il changer sa fortune? Non : un succès retarderoit à peine sa chute. Peut-il, d'ailleurs, l'espérer, ce succès? L'arrêt est parti d'en haut, la victoire s'est déclarée, et Buonaparte est déjà vaincu dans Murat : un appel a été fait aux passions des peuples d'Italie, et ces peuples ont répondu par un cri de fidélité. Puissent les François imiter cet exemple! Puissent-ils abandonner le fléau de la terre à la justice du ciel! Ah, sire! espérons que, désarmé par les prières du fils de saint Louis, le dieu des batailles épargnera le sang de notre malheureuse patrie! Vous conserverez à la France, pour son bonheur, ce reste de sang qu'elle a trop prodigué pour sa gloire! Le moment approche où Votre Majesté va recueillir le fruit de ses vertus et de ses sacrifices : à l'ombre du drapeau blanc, les nations jouiront enfin de ce repos après lequel elles soupirent, et qu'elles ont acheté si cher.

DE LA

DERNIÈRE DÉCLARATION DU CONGRÈS.

Gand, le 2 juin 1815.

La déclaration émanée du congrès de Vienne, en date du 12 mai 1815, fait autant d'honneur aux plénipotentiaires qui l'ont signée qu'aux souverains dont elle est pour ainsi dire la dernière profession de foi.

Rien de plus clair et de plus précis que la manière dont les trois questions sont posées et résolues dans le rapport de la commission, inséré au procès-verbal. En effet, le succès de l'invasion de Buonaparte est *un fait* et non *un droit* : le succès ne peut rien changer à l'esprit de la déclaration du 13 mars. Cette vérité, resserrée à dessein dans la solution de la première question, seroit susceptible de longs développements.

Soutenir, par exemple, que l'Europe, à qui l'on reconnoissoit le droit d'attaquer Buonaparte encore errant dans les montagnes du Dauphiné, n'auroit pas celui de s'armer contre Buonaparte redevenu le maître de la France, ne seroit-ce pas une véritable absurdité?

La déclaration du 13 mars prévoyoit et supposoit évidemment le succès, autrement elle devenoit ridicule : on ne fait pas marcher un million de soldats pour combattre douze cents hommes. Buonaparte pouvoit-il entreprendre la conquête d'un grand royaume avec quelques satellites, sans y être appelé par une conspiration redoutable? Le caractère connu de l'usurpateur devoit confirmer dans cette pensée les princes réunis à Vienne : cet homme n'est point un partisan qui sait faire la guerre à la tête d'une bande déterminée, sur les rochers et dans les bois; il ne retrouve sa force et son audace qu'en remuant des masses et en employant des moyens immenses. Les souverains avoient donc jugé le péril avec sagesse. L'empereur de Russie apprit le 3 mars, à deux heures de l'après-midi, que Buonaparte avoit quitté l'île d'Elbe; et le même jour, à cinq heures du soir, une estafette porta à Pétersbourg l'ordre de faire partir la garde impériale russe; les autres souverains expédièrent des courriers aux ministres et aux commandants de leurs provinces; en moins d'une semaine le signal fut donné à toutes les armées de l'Europe : ce n'étoit pas, nous le répétons, contre douze cents hommes, qu'un seul pont rompu pouvoit arrêter dans les défilés de Gap, qu'étoit dirigée tant de prévoyance, de résolution et d'activité.

La seconde question du procès-verbal porte sur le traité de Paris, que Buonaparte offre de sanctionner, tout en affectant de l'appeler un traité honteux. Le congrès répond avec raison, et conformément à la déclaration du 31 mars 1814, que

Buonaparte, si les alliés lui eussent accordé la paix, *n'auroit point obtenu les conditions favorables de ce traité.* On eût exigé de lui des garanties qu'on n'a pas demandées à Louis XVIII. Il eût été obligé de payer des contributions, de céder des provinces. Sa parole n'eût pas suffi pour délivrer, comme par enchantement, la France de quatre cent mille étrangers. Oseroit-on prétendre que la politique ne doive pas faire entrer dans ses motifs et dans ses considérations le caractère moral des chefs des nations? L'Angleterre soumit à l'arbitrage de saint Louis de graves débats qu'elle n'eût pas fait juger par un capitaine de la Ligue. Si la France a été de nos jours exposée à la conquête, c'est par Buonaparte; si la France est sortie entière des mains de l'ennemi, elle le doit à Louis XVIII. La France auroit peut-être pu garder son tyran par *un* traité de Paris; mais en gardant son esclavage, elle eût perdu ses provinces et son honneur.

On nous assure que Buonaparte est bien changé. Non; ce n'est pas à quarante-cinq ans, quand on est né sans entrailles, quand on s'est enivré du pouvoir absolu, que l'on change dans l'espace de huit mois. Buonaparte, traîné par des commissaires à l'île d'Elbe, se cachant sous leurs pieds pour se soustraire aux vengeances du peuple, n'a pas été ennobli par le malheur, mais dégradé par la honte : il n'y a rien à espérer de lui.

Il est donc vrai *que la France n'a eu aucune raison de se plaindre du traité de Paris... Que ce traité étoit même un bienfait immense pour un pays ré-*

duit, par le délire de son chef, à la situation la plus désastreuse[1]. Le maréchal Ney, dans sa lettre du 5 avril 1814, adressée à M. le comte de Talleyrand, avoue que Buonaparte reconnoissoit le danger de cette situation : *Convaincu*, dit-il, *de la position où il* (Buonaparte) *a placé la France, et de l'impossibilité où il se trouve de la sauver lui-même, il a paru se résigner et consentir à l'abdication entière et sans aucune restriction.*

Dans quel abîme, en effet, n'avoit-il pas précipité la France !

Lors des conventions du 23 avril 1814, quelques esprits prévenus, oubliant notre position, ne parurent pas les approuver dans toutes leurs parties; elles rendoient, disoient-ils, aux alliés, sans conditions, les places de l'Allemagne, encore occupées par nos troupes. Quoi ! Paris, Bordeaux, Toulouse, Lyon, ne valent pas Dantzig, Hambourg, Torgau, Anvers ! C'étoit rendre ces dernières villes sans *conditions*, que d'en faire l'objet d'un pareil échange, que d'obtenir à ce prix la retraite des alliés ! A l'époque du 23 avril 1814, les alliés occupoient la France, depuis les Pyrénées occidentales jusqu'à la Gironde, depuis les Alpes jusqu'au Rhône, depuis le Rhin jusqu'à la Loire; quarante départements, c'est-à-dire près de la moitié du royaume, étoient envahis ; cent mille prisonniers répartis dans les provinces où les alliés n'avoient pas encore pénétré, menaçoient de se joindre à

---

[1] Extrait du procès-verbal du 6 mai.

leurs compatriotes ; quatre cent mille étrangers sur le sol de la patrie, les réserves des Russes, des Autrichiens, des Prussiens, des Allemands prêtes à passer le Rhin, les Suédois et les Danois venant grossir cette inondation d'ennemis, telle étoit la position de la France. Chaque jour on voyoit tomber quelques-unes des places que nous tenions encore sur l'Oder, le Weser, l'Elbe et la Vistule ; et les landsverh, qui avoient formé le blocus de ces places, prenoient aussitôt la route de notre malheureux pays. Au milieu de tant de calamités présentes, de tant de craintes pour l'avenir, que pouvoit exiger le gouvernement provisoire ? Quelle force auroit-il opposée aux alliés, s'il avoit plutôt consulté l'ambition que la justice, ou si les alliés avoient préféré leur agrandissement à leur sûreté ? L'armée n'avoit point encore vu à sa tête le prince, noble dépositaire des pouvoirs du roi ; et trop séduite par les prestiges de la gloire, on peut juger à présent qu'elle eût été moins fidèle à ses devoirs qu'à ses souvenirs ; désorganisée, découragée par la retraite honteuse de Buonaparte, eût-elle essayé, sous les ordres de son nouveau chef, de renouveler des combats qu'elle étoit déjà lasse de soutenir sous son ancien général ? Aux premiers signes de mésintelligence, les alliés, occupant la capitale et la moitié du royaume, se seroient emparés des caisses publiques, auroient levé l'impôt à leur profit, frappé de contributions les villages et les villes, et enlevé au gouvernement toutes ses ressources. Ils auroient appelé leurs nouvelles armées d'au-delà du Rhin, des Alpes et des Pyrénées ; les Anglois, les Espagnols, les Portugais, partant de Toulouse et de Bordeaux, les Russes et les Prussiens, de Paris et d'Orléans, les Bavarois et les Autrichiens, de Dijon, de Lyon et de Clermont, auroient opéré leur jonction dans nos provinces non encore envahies. Le roi n'étoit point arrivé : auroit-il pu se faire entendre au milieu de ce chaos ? Sans doute il est impossible de conquérir la France. Les Espagnols, les Portugais, les Russes, les Prussiens, les Allemands ont prouvé, et les François auroient prouvé à leur tour, qu'on ne subjugue point un peuple qui combat pour son nom et son indépendance. Mais combien de temps cette lutte se fût-elle prolongée ? Que de malheurs n'eût-elle point produits ? Est-ce du sein de ces bouleversements intérieurs que nos soldats auroient marché à la délivrance de Dantzig, de Hambourg et d'Anvers ? Ces places n'auroient-elles point ouvert leurs portes avant le triomphe de nos armées, avant la fin des guerres civiles et étrangères allumées dans nos foyers ? Car il est probable que dans le premier moment nous nous fussions divisés. Enfin, après bien des années de ravages, lorsque la paix eût mis un terme à nos maux, cette paix, nous eût-elle fait obtenir les citadelles rendues aux alliés par les conventions du 23 avril 1814 ?

Que si quelqu'un pouvoit avoir le droit de reprocher le traité de Paris à ceux qui l'ont signé, ce ne seroit pas certainement Buonaparte, qui a donné lieu à ce traité en introduisant les alliés jusque dans le cœur de la France. Dans tous les cas, il est insensé de soutenir qu'il falloit prolonger nos révolutions, recommencer des guerres désastreuses, compromettre l'existence de la patrie, afin de conserver quelques places, peut-être même quelques provinces, conquises, il est vrai, par notre valeur, mais enlevées, après tout, à leurs possesseurs légitimes par l'injustice et la violence.

Au reste, pour juger en homme d'État les conventions du 23 avril 1814, et le traité du 30 mai qui en est la suite, on ne doit point les prendre isolément : il faut examiner leurs causes et leurs effets, considérer la place qu'ils occupent dans la chaîne des actes diplomatiques; non-seulement ils firent cesser les calamités de la France, mais ils fondèrent dans l'avenir les droits des souverains et des peuples, la sûreté et la liberté de l'Europe.

Si ces traités forcèrent Buonaparte à descendre d'un trône usurpé, ne sont-ce pas ces mêmes traités qui le condamnent aujourd'hui de nouveau ? Sans l'existence de ces actes salutaires, il pourroit dire que l'Europe n'a pas le droit de s'armer contre lui ; mais il se trouve qu'en vertu même du traité du 30 mai 1814, ce ne sont pas les étrangers qui attaquent le fugitif de l'île d'Elbe, c'est lui qui a troublé la paix du monde.

En effet, quelles sont les bases du traité de Paris ?

1° La déclaration des alliés du 31 mars 1814, qui annonce *que si les conditions de la paix devoient renfermer de plus fortes garanties, lorsqu'il s'agissoit d'enchaîner l'ambition de Buonaparte, elles devoient être plus favorables lorsque, par un retour vers un gouvernement sage, la France elle-même offrira l'assurance de ce repos;* QUE LES SOUVERAINS ALLIÉS NE TRAITERONT PLUS AVEC NAPOLÉON BUONAPARTE, NI AVEC AUCUN DE SA FAMILLE ; *qu'ils respectent l'intégrité de l'ancienne France, telle qu'elle a existé sous ses rois légitimes ;*

2°. L'acte de déchéance du 3 avril 1814, prononcé par le sénat de Buonaparte, acte qui rappelle une partie des crimes par lesquels l'usurpateur avoit attenté à la liberté de la France et de l'Europe ;

3° L'acte d'abdication du 11 avril de la même année, dans lequel Buonaparte lui-même reconnoît qu'*étant* LE SEUL *obstacle au rétablissement de la paix en Europe, il renonce pour lui et ses héritiers aux trônes de France et d'Italie;*

4° La convention du même jour, qui répète en des termes encore plus formels, la renonciation exprimée par l'acte d'abdication;

5° Les conventions du 23 avril, où les puissances alliées déclarent qu'elles veulent donner la paix à la France, parce que la FRANCE EST REVENUE *à un gouvernement dont les principes offrent les garanties nécessaires pour le maintien de la paix.*

Ainsi, sans toutes ces conditions préalables, établies dans les actes ci-dessus mentionnés, le traité de Paris n'eût point été conclu, et toutes ces conditions se réduisent à une seule : *exclure formellement Buonaparte et les siens du trône de France, tant par l'action d'une force étrangère que par l'acquiescement de sa propre volonté.*

Cela posé, Buonaparte, violant des engagements si sacrés, reprenant le titre d'*empereur des François*, rompt de fait la paix que le traité de Paris avoit établie, et est condamné par le traité même.

Pour nous résumer : le succès momentané de Buonaparte n'a pu changer la déclaration du 13 mars dernier, comme le prouve la seconde déclaration du 12 mai.

La base, la condition *sine qua non* du traité de Paris étoit l'abolition du pouvoir de Buonaparte.

Or Buonaparte, venant rétablir ce pouvoir, renverse le fondement du traité; il se replace volontairement, et replace la France qui le souffre, dans la situation politique antérieure au 31 mars 1814 : donc c'est Buonaparte qui déclare la guerre à l'Europe, et non l'Europe à la France.

Ajoutons et répétons encore que le traité de Paris, quoi qu'en dise Buonaparte, étoit nécessaire et très honorable à la France : c'est ce que nous croyons avoir démontré. Plus on examinera les transactions politiques qui ont préparé et suivi la restauration, plus on admirera les princes et l'habile ministre qui ont si parfaitement jugé les intérêts pressants de la patrie, si bien connu les choses et les hommes. Le 31 mars 1814, des armées innombrables occupoient la France; quatre mois après, toutes les armées ennemies avoient repassé nos frontières, sans avoir emporté un écu, tiré un coup de fusil, versé une goutte de sang, depuis la rentrée des Bourbons à Paris. La France se trouve agrandie sur quelques-unes de ses frontières ; on partage avec elle les vaisseaux et les magasins d'Anvers ; on lui rend trois cent mille de ses enfants exposés à périr dans les prisons des alliés, si la guerre se fût prolongée ; après vingt-cinq années de combats, le bruit des armes cesse subitement d'un bout de l'Europe à l'autre. Quel pouvoir a opéré ces merveilles ? Le ministre d'un gouvernement à peine établi, deux princes revenus de la terre étrangère, sans force, sans suite et sans armes, deux simples traités signés CHARLES et LOUIS !

RAPPORT
FAIT AU ROI DANS SON CONSEIL
SUR LE DÉCRET
DE NAPOLÉON BUONAPARTE
DU 9 MAI 1815.

IRE,

La France entière demande son roi ; les sujets de Votre Majesté ne dissimulent plus leurs sentiments : les uns viennent se ranger autour d'elle ; les autres font éclater dans l'intérieur du royaume leur amour pour leur souverain légitime, et l'espoir de retrouver bientôt la paix sous son autorité tutélaire. Mais, plus l'opinion publique se manifeste, plus Buonaparte, épouvanté, appesantit son joug sur les François. Il appelle l'anarchie au secours du despotisme ; il veut, mais vainement, ébranler la fidélité des faubourgs de Paris, armer la dernière classe du peuple. Pour soutenir sa tyrannie, il cherche, sous les lambeaux de la misère, des bras ensanglantés dans les massacres de septembre : il fouille dans les archives révolutionnaires pour y découvrir quelques lois propres à seconder ses fureurs. C'est cet esprit de violence qui a dicté le dernier rapport du ministre de la police de Buonaparte. Ce rapport, en date du 7 mai, a été suivi d'un décret rendu le 9 par le prétendu chef du gouvernement de la France; et le soi-disant ministre de la justice a couronné ce rapport et ce décret par sa circulaire du 11, adressée aux procureurs généraux.

Déjà l'application de ces principes d'iniquité a été faite dans plusieurs départements : des agents secondaires se sont hâtés de répondre au signal donné, en portant la rigueur et l'injustice à un excès inouï, même dans les fastes de la révolution. Nous reviendrons plus bas sur l'arrêté du lieutenant général de police Moreau : nous ne faisons ici que l'indiquer à Votre Majesté.

Ce décret du 9 mai, dont la première lecture a si vivement affligé le cœur du roi, ordonne, par le premier article, à tous les François (autres que ceux compris dans l'article II de l'amnistie du 12 mars dernier) qui se trouvent hors de France au service de Votre Majesté, ou des princes de votre maison, de rentrer en France dans le délai d'un mois, à peine d'être poursuivis aux termes d'un décret du 6 avril 1809.

Ce décret du 6 avril 1809 condamne à mort, par l'article 1er du titre 1er, tous les François portant les armes contre la France, conformément à l'article III de la section 1re de la deuxième partie du Code pénal du 8 octobre 1791. Par différents articles des titres II, III et IV du même décret, tous les François qui exercent à l'étranger des fonctions politiques, administratives ou judiciaires, sont déclarés morts civilement, et leurs biens meubles et immeubles confisqués.

Le troisième article du décret du 9 mai enjoint aux procureurs généraux, et soi-disant impériaux, de poursuivre les auteurs de toutes relations et correspondances qui auroient lieu de l'intérieur de la France avec Votre Majesté et les princes de votre maison, ou leurs agents, lorsque ces dites relations ou correspondances auroient pour objet les complots ou manœuvres spécifiés dans l'article LXXVII du Code pénal.

Cet article LXXVII du Code pénal porte peine de mort et confiscation de biens contre quiconque aura pratiqué des manœuvres ou entretenu des intelligences avec les ennemis de l'État.

Les quatrième, cinquième et sixième articles du décret du 9 mai sont dirigés contre ceux des sujets de Votre Majesté qui enlèveroient le drapeau tricolore, contre les communes qui ne s'opposeroient point à cet enlèvement, et contre les individus qui porteroient des signes de ralliement autres que la cocarde tricolore.

A tous ces prétendus délits sont appliqués l'article CCLVII du Code pénal, la loi du 10 vendémiaire an IV, relative à la responsabilité des communes, et l'article IX de la loi du 27 germinal an IV, sans préjudice de l'article XCI du Code pénal.

L'article CCLVII du Code pénal prononce un emprisonnement d'un mois à deux ans, ou une amende de 100 francs à 500 francs, contre quiconque aura abattu des monuments destinés à l'utilité publique, etc.

La loi de la Convention nationale, relative à la solidarité des communes, par le titre 1ᵉʳ et le premier article, rend garants tous les habitants de la même commune des attentats commis, soit envers les personnes, soit contre les propriétés; et par le titre second, article 1ᵉʳ, cette responsabilité tombe sur la tête même des enfants lorsqu'ils ont atteint l'âge de douze ans.

Nous passons, sire, à l'arrêté dont nous avons parlé plus haut. Le lieutenant de police du troisième arrondissement a pris, à Nantes, le 15 mai, cet arrêté, dont le considérant et les dispositions sont également remarquables. Attribuant l'agitation des départements de l'ouest aux *ex-nobles*, il désire, dit-il, ôter tout prétexte *à la calomnie*, et fournir à ces *ex-nobles* les moyens de se *justifier*. En conséquence, l'arrêté porte que tous les gentilshommes des douze départements formant le troisième arrondissement de la police seront tenus de se rendre, dans le délai de dix jours, auprès du préfet de leur département. Si le préfet juge que leur conduite passée n'offre pas de garantie suffisante, il les enverra en surveillance dans une commune de l'intérieur; et dans le cas où ils ne se présenteroient pas devant le préfet, on leur appliquera le premier article du décret du 9 mai.

Le ministre de la police de France avoit dit, dans son rapport, qu'il ne proposeroit pas à Buonaparte d'*excéder les bornes de son pouvoir cons-*

titutionnel; et voilà qu'un simple lieutenant de police porte un arrêt d'exil, de confiscation et de mort contre un ordre entier de citoyens qui ne sont pas même compris dans le décret du 9 mai! C'est là ce qu'on appelle se renfermer dans les bornes du pouvoir constitutionnel! Malgré ce que nous avons vu depuis vingt-cinq ans, on est toujours confondu d'un abus de mots si scandaleux, d'entendre toujours attester la liberté pour établir l'esclavage, la constitution pour sanctionner l'arbitraire, et les lois pour proscrire.

Afin de punir la fidélité, la loyauté et l'honneur, il étoit impossible d'invoquer et d'inventer des lois plus monstrueuses. En lisant la circulaire du ministre de la justice, on croit relire cette loi des suspects, qui semble l'expression de toutes les terreurs que la tyrannie éprouve, et de toutes les vengeances qu'elle médite. Un ministre de la justice invite des juges à se défendre d'une *imprudente pitié*, pour des délits qui, de son aveu même, appellent plutôt l'indulgence que la rigueur; il ose dire qu'il ne faut *pas absoudre ou condamner un homme sur le fait dont on l'accuse, parce que ce fait peut n'offrir en lui-même rien de répréhensible;* mais il veut que l'on *prononce sur l'ensemble des circonstances*, c'est-à-dire, en d'autres termes, qu'on peut traîner un homme à l'échafaud, selon l'opinion qu'il plaira aux juges de supposer à cet homme. Sire, où en seroient aujourd'hui vos ennemis, si vous aviez fait usage contre eux des principes qu'ils mettent en avant, pour persécuter vos sujets? Nous ne proposerons point à Votre Majesté d'adopter de pareils principes : ils sont contraires à ses vertus et à l'esprit d'un gouvernement légal et paternel ; mais la bonté même du roi lui fait un devoir de défendre la fidélité contre la rébellion, et nous le supplions de menacer de la vengeance des lois ceux qui oseroient se rendre complices d'une autorité illégitime.

Après avoir entendu ce rapport, Sa Majesté a rendu l'ordonnance suivante :

Ordonnance du roi.

LOUIS, par la grâce de Dieu, ROI DE FRANCE ET DE NAVARRE,

A tous ceux qui ces présentes verront, salut :

Au moment où les mesures les plus odieuses se renouvellent en France, notre devoir le plus cher, comme notre besoin le plus pressant, est de défendre les droits de nos peuples contre l'oppression et la tyrannie.

Nous avons vu avec une profonde douleur la vie, la liberté et les propriétés de tous les François restés fidèles à leur devoir, compromises par le décret que le chef du prétendu gouvernement de la France a rendu le 9 de ce mois, et par les arrêtés de quelques-uns de ses agents.

Ce décret et ces arrêtés, qui rappellent les lois révolutionnaires les plus atroces, sont encore en contradiction formelle avec notre Charte, notamment avec l'article LXVI, par lequel la confiscation des biens demeure à jamais abolie.

A ces causes, notre conseil entendu, nous avons ordonné et ordonnons ce qui suit :

Article 1er. Tous les procureurs généraux et soi-disant impériaux, tous les membres d'un tribunal quelconque, soit civil, soit militaire, tous les agents de la police, qui, en vertu du décret de Buonaparte, en date du 9 mai 1815, ou en vertu des mesures prises, soit en application, soit en extension de ce même décret, par des autorités quelconques, feroient des poursuites relatives aux prétendus délits y spécifiés, et appliqueroient les peines prononcées par le décret, seront responsables dans leur personne et dans leurs biens, et seront traduits par-devant nos cours et tribunaux, pour y être jugés conformément aux lois de notre royaume.

2. Les préfets, sous-préfets, maires, adjoints, et tous autres agents de l'administration qui auroient concouru aux poursuites ordonnées par le décret du 9 mai, soit en faisant arrêter les personnes, soit en faisant mettre des séquestres ou apposer des scellés, soit enfin en procédant à des ventes mobilières ou immobilières, sont également responsables, et devront aussi être traduits devant nos tribunaux, tant à la poursuite de nos procureurs généraux et royaux, que sur la plainte de ceux qui, en vertu de la précédente ordonnance, auroient droit à des indemnités.

3. Tout juge de paix, greffier, commissaire-priseur, huissier, et autres, qui concourront à la vente des propriétés mobilières ou des fruits des propriétés immobilières, tous ceux qui se seront ren-

dus sciemment acquéreurs des objets vendus, seront solidairement responsables de la valeur desdits objets.

4. Nos ministres sont chargés, chacun en ce qui le concerne, de l'exécution de la présente ordonnance.

Donné à Gand, le vingtième jour du mois de mai de l'an de grâce mil huit cent quinze, et de notre règne le vingtième.

Signé LOUIS.

Et plus bas : Par le roi,
Le chancelier de France,
Signé D'AMBRAY.

DE LA MONARCHIE

SELON LA CHARTE.

PRÉFACE

DE LA PREMIÈRE ÉDITION

DE

LA MONARCHIE SELON LA CHARTE.

Si, n'étant que simple citoyen, je me suis cru obligé dans quelques circonstances graves d'élever la voix et de parler à ma patrie, que dois-je donc faire aujourd'hui? Pair et ministre d'État, n'ai-je pas des devoirs bien plus rigoureux à remplir, et mes efforts pour mon roi ne doivent-ils pas être en raison des honneurs dont il m'a comblé?

Comme pair de France, je dois dire la vérité à la France, et je la dirai.

Comme ministre d'État, je dois dire la vérité au roi, et je la dirai.

Si le conseil dont j'ai l'honneur d'être membre étoit quelquefois assemblé, on pourroit me dire : « Parlez dans le conseil. » Mais ce conseil ne s'assemble pas : il faut donc que je trouve le moyen de faire entendre mes humbles remontrances, et de remplir mes fonctions de ministre.

Si j'avois besoin de prouver par des exemples que les hommes en place ont le droit d'écrire sur les matières d'État, ces exemples ne me manqueroient pas : j'en trouverois plusieurs en France, et l'Angleterre m'en fourniroit une longue suite. Depuis Bolingbroke jusqu'à Burke, je pourrois citer un grand nombre de lords, de membres de la Chambre des communes, de membres du conseil privé, qui ont écrit sur la politique, en opposition directe avec le système ministériel adopté dans leur pays.

Hé quoi! si la France me semble menacée de nouveaux malheurs; si la légitimité me paroît en péril, il faudra que je me taise, parce que je suis pair et ministre d'État! Mon devoir, au contraire, est de signaler l'écueil, de tirer le canon de détresse, et d'appeler tout le monde au secours. C'est par cette raison que, pour la première fois de ma vie, je signe mes titres, afin d'annoncer mes devoirs, et d'ajouter, si je puis, à cet ouvrage, le poids de mon rang politique.

Ces devoirs sont d'autant plus impérieux, que la liberté individuelle et la liberté de la presse sont suspendues. Qui oseroit parler? Puisque la qualité de pair de France me donne, en vertu de la Charte, une sorte d'inviolabilité, je dois en profiter pour rendre à l'opinion publique une partie de sa puissance. Cette opinion me dit : « Vous avez fait des « lois qui m'entravent; prenez donc la parole pour moi, « puisque vous me l'avez ôtée. »

Enfin le public m'a prêté quelquefois une oreille bienveillante : j'ai quelque chance d'être écouté. Si donc en écrivant je peux faire un peu de bien, ma conscience m'ordonne encore d'écrire.

Cette préface se borneroit ici, si je n'avois quelques explications à donner.

Le mot de *royaliste*, dans cet ouvrage, est pris dans un sens très étendu : il embrasse tous les royalistes, quelle que soit la nuance de leurs opinions, pourvu que ces opinions ne soient pas dictées par les intérêts *moraux* révolutionnaires [1].

Par *gouvernement représentatif*, j'entends la monarchie telle qu'elle existe aujourd'hui en France, en Angleterre et dans les Pays-Bas, soit qu'on veuille ou qu'on ne veuille pas convenir de la justesse rigoureuse de l'expression.

Quand je parle des fautes, des systèmes, des ordonnances, des projets de loi d'un ministère, je ne fais la part ni du bien ni du mal à chacun des ministres qui composoient ou qui composent ce ministère. Ainsi je n'ai point ménagé des ministères dans lesquels même j'avois des amis. Je fais, par exemple, profession d'un respect particulier pour M. le chancelier de France : j'ai souvent eu l'occasion

---

[1] On verra dans le cours de cet ouvrage ce que j'entends par les intérêts *moraux* révolutionnaires.

de reconnoître en lui cette candeur, cette droiture d'esprit et de cœur, cette rare probité de notre ancienne magistrature. Mes sentiments pour M. le comte de Blacas sont bien connus : je les ai consignés dans mes écrits, dans mes discours à la Chambre des pairs. Le roi n'a pas de serviteur plus noble et plus dévoué que M. de Blacas. Il prouve en ce moment même son habileté par la manière dont il conduit les négociations difficiles dont il est chargé. Plût à Dieu qu'il eût exercé une plus grande influence sur le ministère dont il faisoit partie! Mais enfin ce ministère est tombé dans des fautes énormes, et je l'ai jugé rigoureusement, sans parler ni de M. le chancelier ni de M. de Blacas, qui, loin de partager les systèmes de l'administration, n'avoient pas cessé un moment de les combattre. Toutefois, dans un écrit où je traite des principes de la *Monarchie représentative*, j'ai dû admettre le principe qu'une mesure ministérielle est l'ouvrage du ministère.

PRÉFACE

DE L'ÉDITION DE 1827.

La Monarchie selon la Charte est divisée en deux parties, ainsi que je l'ai déjà dit dans ma préface générale : la partie théorique est maintenant indépendante de celle qui n'avoit rapport qu'aux circonstances du moment.

La publication de *la Monarchie selon la Charte* a été une des grandes époques de ma vie : elle m'a fait prendre rang parmi les publicistes, et elle a servi à fixer l'opinion sur la nature de notre gouvernement. Je ne cesserai de le répéter : hors la Charte point de salut. C'est le seul abri qui nous reste contre la république et contre le despotisme militaire : qui ne voit pas cela est aveugle-né.

Comme ce qui m'arrive ne ressemble jamais à rien, *la Monarchie selon la Charte* me fit ôter une place obtenue à

Gand, et réputée jusqu'alors inamovible. Ce que je regrettai, ce ne fut pas cette place : ce fut la vente de mes livres, forcée par ma nouvelle situation, et surtout de la petite retraite que j'avois plantée de mes mains, et acquise du fruit des succès du *Génie du Christianisme*. L'homme de vertu qui a depuis habité cette retraite m'en a rendu la perte moins pénible. Mais il n'est pas bon de se mêler, même accidentellement, à ma fortune : cet homme de vertu n'est plus.

J'ai eu l'honneur d'être dépouillé trois fois pour la légitimité : la première, pour avoir suivi les fils de saint Louis dans leur exil ; la seconde, pour avoir écrit en faveur des principes de la monarchie que le roi nous avoit octroyée ; la troisième, pour m'être tu sur une loi funeste, et pour avoir contribué à maintenir l'Europe en paix pendant cette campagne si glorieuse pour un fils de France, et qui a rendu une armée au drapeau blanc.

Les bourreaux qui avoient tué mon frère ne m'ont pas laissé mon patrimoine : c'est dans l'ordre ; mais je ne puis m'empêcher d'engager les ministres futurs à se défendre de ces mesures précipitées, sujettes à de graves inconvénients. En me frappant, on n'a frappé qu'un dévoué serviteur du roi, et l'ingratitude est à l'aise avec la fidélité ; toutefois il peut y avoir tels hommes moins soumis et telles circonstances dont il ne seroit pas bon d'abuser : l'Histoire le prouve. Je ne suis ni le prince Eugène, ni Voltaire, ni Mirabeau ; et quand je possèderois leur puissance, j'aurois horreur de les imiter dans leur ressentiment. Mais comme j'ai eu lieu de connoître mieux qu'un autre le mal que font à mon pays les divisions et les injustices, j'exhorte les hommes en pouvoir à les éviter. Il y a quelques mois que je me serois bien gardé de faire ces réflexions, dans la crainte qu'on ne les prît, ou pour la menace de la forfanterie, ou pour le regret de l'ambition, ou pour la plainte de la foiblesse : on ne les sauroit considérer aujourd'hui que comme un conseil aussi important que désintéressé.

DE LA MONARCHIE
SELON LA CHARTE.

PREMIÈRE PARTIE.

CHAPITRE PREMIER.

Exposé.

La France veut son roi légitime.
Il y a trois manières de vouloir le roi légitime :
1°. Avec l'ancien régime ;
2°. Avec le despotisme ;
3°. Avec la Charte.

Avec l'ancien régime, il y a impossibilité : nous l'avons prouvé ailleurs [1].

Avec le despotisme, il faut avoir, comme Buonaparte, six cent mille soldats dévoués, un bras de fer, un esprit tourné vers la tyrannie : je ne vois

---

[1] Cet ouvrage étant comme la suite des *Réflexions politiques*, partout où je me trouverai sur le chemin des mêmes vérités, pour m'épargner les répétitions, je citerai en notes les *Réflexions*. Par la même raison, je citerai aussi le *Rapport fait au roi à Gand*, rapport qui découle également des principes posés dans les *Réflexions politiques*.

rien de tout cela. Je sais bien comment on établit le despotisme; je ne sais pas comment on feroit un despote dans la famille des Bourbons.

Reste donc la monarchie avec la Charte.

C'est la seule bonne aujourd'hui: c'est, d'ailleurs, la seule possible; cela tranche la question.

CHAPITRE II.

Suite de l'exposé.

Partons donc de ce point que nous avons une Charte, que nous ne pouvons avoir autre chose que cette Charte.

Mais depuis que nous vivons sous l'empire de la Charte, nous en avons tellement méconnu l'esprit et le caractère, que c'est merveille.

A quoi cela tient-il? A ce qu'emportés par nos passions, nos intérêts, notre humeur, nous n'avons presque jamais voulu nous soumettre à la conséquence, tout en disant que nous adoptions le principe; à ce que nous prétendions maintenir des choses contradictoires et impossibles; à ce que nous résistons à la nature du gouvernement établi, au lieu d'en suivre le cours; à ce que, contrariés par des institutions encore nouvelles, nous n'avons pas le courage de braver de légers inconvénients, pour acquérir de grands avantages; en ce qu'ayant pris la liberté pour base de ces institutions, nous nous effrayons, et nous sommes tentés de reculer jusqu'à l'arbitraire, ne comprenant pas comment un gouvernement peut être vigoureux sans cesser d'être constitutionnel.

Je vais essayer de poser quelques vérités d'un usage commun dans la pratique de la monarchie représentative. Je traiterai des *principes* : je tâcherai de démontrer ce qui manque à nos institutions, ce qu'il faut créer, ce qu'il faut détruire, ce qui est raisonnable, ce qui est absurde. Je parlerai ensuite des *systèmes* : je dirai quels sont ceux que l'on a suivis jusqu'ici dans l'administration. J'indiquerai le mal; je finirai par offrir ce que je crois être le remède. Au reste, je ne m'écarterai pas des premières notions du sens commun. Mais il paroît que le sens commun est une chose plus rare que son nom ne semble l'indiquer : la révolution nous a fait oublier tant de choses! En politique comme en religion, nous en sommes au catéchisme.

CHAPITRE III.

Éléments de la monarchie représentative.

Qu'est-ce que le gouvernement représentatif? quelle est son origine? comment s'est-il formé en Europe? comment fut-il établi autrefois en France et en Angleterre? comment se détruisit-il chez nos aïeux, et pourquoi subsista-t-il chez nos voisins? par quelles voies y sommes-nous revenus? Pour toutes ces questions, voyez les *Réflexions politiques*.

Or, le gouvernement établi par la Charte se compose de quatre éléments : de la royauté ou de la prérogative royale, de la Chambre des pairs, de la Chambre des députés, du ministère. Cette machine, moins compliquée que l'organisation de l'ancienne monarchie avant Louis XIV, est cependant plus délicate, et doit être touchée avec plus d'adresse : la violence la briseroit, l'inhabileté en arrêteroit le mouvement.

Voyons ce qui manque, et quels embarras se sont rencontrés jusqu'ici dans la nouvelle monarchie.

CHAPITRE IV.

De la prérogative royale. Principe fondamental.

La doctrine sur la prérogative royale constitutionnelle est : Que rien ne procède directement du roi dans les actes du gouvernement; que tout est l'œuvre du ministère, même la chose qui se fait au nom du roi et avec sa signature, projets de loi, ordonnances, choix des hommes.

Le roi, dans la monarchie représentative, est une divinité que rien ne peut atteindre : inviolable et sacrée, elle est encore infaillible; car, s'il y a erreur, cette erreur est du ministre et non du roi. Ainsi, on peut tout examiner sans blesser la majesté royale, car tout découle d'un ministère responsable.

CHAPITRE V.

Application du principe.

Quand donc les ministres alarment des sujets fidèles, quand ils emploient le nom du roi pour faire passer de fausses mesures, c'est qu'ils abusent de notre ignorance, ou qu'ils ignorent eux-mêmes la nature du gouvernement représentatif. Le plus franc royaliste, dans les Chambres, peut, sans témérité, écarter le bouclier sacré qu'on lui oppose, et aller droit au ministère; il ne s'agit que de ce dernier, jamais du roi.

Et tout cela est fondé en raison.

Car le roi étant environné de ministres responsables, tandis qu'il s'élève au-dessus de toute responsabilité, il est évident qu'il doit les laisser agir d'après eux-mêmes, puisqu'on s'en prendra à eux seuls de l'événement. S'ils n'étoient que les exécuteurs de la volonté royale, il y auroit injustice à les poursuivre pour des desseins qui ne seroient pas les leurs.

Que fait donc le roi dans son conseil? Il juge, mais il ne force point le ministre. Si le ministre obtempère à l'avis du roi, il est sûr de faire une chose excellente, et qui aura l'assentiment général; s'il s'en écarte, et que, pour maintenir sa propre opinion, il argumente de sa responsabilité, le roi n'insiste plus : le ministre agit, fait une faute, tombe; et le roi change son ministre.

Et quand bien même le roi, dans le conseil, eût adopté l'avis du ministère, si cet avis entraîne une fausse mesure, le roi n'est encore pour rien dans tout cela : ce sont les ministres qui ont surpris sa sagesse, en lui présentant les choses sous un faux jour, en le trompant par corruption, passion, incapacité. Encore un coup, rien n'est l'ouvrage du roi que la loi sanctionnée, le bonheur du peuple et la prospérité de la patrie.

J'ai appuyé sur cette doctrine, parce qu'elle a été méconnue : on a profité de la passion que la Chambre des députés a pour le roi, afin de donner des scrupules à cette Chambre admirable. Les députés ont été quelque temps à démêler les véritables intérêts du trône, quand on se servoit du nom même du roi pour l'opposer à ses intérêts. Passons du principe général à quelques détails.

CHAPITRE VI.

Suite de la prérogative royale. Initiative. Ordonnance du roi.

La prérogative royale doit être plus forte en France qu'en Angleterre[1] ; mais il faudra, tôt ou tard, la débarrasser d'un inconvénient dont le principe est dans la Charte : on a cru fortifier cette prérogative en lui attribuant exclusivement l'initiative, on l'a au contraire affoiblie.

La forme ici n'a pas moins d'inconvénients que

---

[1] *Réflexions politiques.*

le fond : les ministres apportent aux Chambres leur projet de loi dans une ordonnance royale. Cette ordonnance commence par la formule : *Louis, par la grâce de Dieu, etc.* Ainsi les ministres sont forcés de faire parler le roi à la première personne : ils lui font dire qu'il a médité dans sa sagesse leur projet de loi, qu'il l'envoie aux Chambres dans sa puissance : puis surviennent des amendements qui sont admis par la couronne; et la sagesse et la puissance du roi reçoivent un démenti formel. Il faut une seconde ordonnance pour déclarer, encore par la grâce de Dieu, la sagesse et la puissance du roi, que le roi (c'est-à-dire le ministère) s'est trompé.

Et voilà comment un nom sacré se trouve compromis. Il est donc nécessaire que l'ordonnance soit réservée pour la loi complète, ouvrage de la couronne assistée des deux autres branches de la puissance législative, et non pour le projet de loi, qui n'est que le travail des ministres.

En tout, il faut désormais user des ordonnances avec sobriété : le style de l'ordonnance est absolu, parce qu'autrefois le roi étoit seul souverain législateur; mais aujourd'hui qu'il a consenti, dans sa magnanimité, à partager les fonctions législatives avec les deux Chambres, il est mieux, en matière de loi, que la couronne ne parle impérieusement que pour la loi achevée. Autrement vous placez le pair et le député entre deux puissances législatives, la loi et l'ordonnance, entre l'ancienne et la nouvelle constitution, entre ce qu'on doit à la loi comme citoyen; et ce que l'on doit à l'ordonnance comme sujet. Comment alors travailler librement à la loi, sans blesser la prérogative, ou se taire devant la prérogative, sans cesser d'obéir à sa conscience en votant sur les articles de la loi? Le nom du roi, mis en avant par les ministres, produiroit à la longue l'un ou l'autre de ces graves inconvénients : ou il imprimeroit un tel respect, que, toute liberté disparoissant dans les deux Chambres, on tomberoit sous le despotisme ministériel; ou il n'enchaîneroit pas les volontés, ce qui conduiroit au mépris de cette autorité royale, sans laquelle pourtant il n'est point de salut pour nous.

Toutes les convenances seroient choquées en Angleterre si un membre du parlement s'avisoit de citer l'auguste nom du monarque pour combattre ou pour faire passer un bill.

CHAPITRE VII.

Objections.

Mais si les Chambres ont seules l'initiative, ou si elles la partagent avec la couronne, ne va-t-on pas voir recommencer cette manie de faire des lois, qui perdit la France sous l'Assemblée constituante?

On oublie dans ces comparaisons, si souvent répétées, que l'esprit de la France n'étoit pas tel alors qu'il est aujourd'hui; que la révolution commençoit et qu'elle finit; que l'on tend au repos, comme on tendoit au mouvement; que loin de vouloir détruire, la plus forte envie est de réparer.

On oublie que la constitution n'étoit pas la même; qu'il n'y avoit qu'une assemblée ou deux conseils de même nature, et que la Charte a établi deux Chambres formées d'éléments divers; que ces deux Chambres se balancent, que l'une peut arrêter ce que l'autre auroit proposé imprudemment.

On oublie que toute motion d'ordre faite et poursuivie spontanément n'est plus possible; que toute proposition doit être déposée par écrit sur le bureau; que si les Chambres décident qu'il y a lieu de s'occuper de cette proposition, elle ne peut être développée qu'après un intervalle de trois jours; qu'elle est ensuite envoyée et distribuée dans les bureaux : ce n'est qu'après avoir passé à travers toutes ces formes dilatoires qu'elle revient aux Chambres, modifiée et comme refroidie, pour y rencontrer tous les obstacles, y subir tous les amendements des projets de loi; encore la discussion peut-elle en être retardée, s'il se trouve à l'ordre du jour d'autres affaires qui aient la priorité.

On oublie enfin que le roi a puissance absolue pour rejeter la loi, pour dissoudre les Chambres, si le besoin de l'État le requéroit.

D'ailleurs, de quoi s'agit-il ? d'ôter l'initiative des lois à la couronne ? Pas du tout : laissez l'initiative à la couronne, qui s'en servira dans les grandes occasions, pour quelque loi bien éclatante, bien populaire; mais donnez-la aussi aux Chambres, qui l'exercent déjà par le fait, puisqu'elles ont le droit de la proposition de loi.

Le développement de la proposition est secret, répond-on, et avec l'initiative la discussion est publique : les assemblées délibérantes ont fait tant de mal à la France, qu'on ne sauroit trop se prémunir contre elles.

Mais alors pourquoi une Charte ? pourquoi une constitution libre ? pourquoi n'avoir pas pris les choses telles qu'elles étoient, un sénat passif, un corps législatif muet ? Et voilà comment, par une inconséquence funeste, on veut et on ne veut pas ce que l'on a.

Sait-on ce qui arrivera si nous ne sommes pas plus décidés dans nos vœux, pas plus d'accord avec nous-mêmes ? Ou nous détruirons la constitution (et Dieu sait ce qui en résultera), ou nous serons emportés par elle : prenons-y garde, car, dans l'état actuel des choses, elle est probablement plus forte que nous.

CHAPITRE VIII.

Contre la proposition secrète de la loi.

Proposition secrète de la loi : idée fausse et contradictoire, élément hétérogène dont il faudra se débarrasser. La proposition secrète de la loi ne peut même jamais être si secrète qu'elle ne parvienne au public défigurée : l'initiative franche est de la nature du gouvernement représentatif. Dans ce gouvernement tout doit être connu, porté au tribunal de l'opinion. Si la discussion aux Chambres devient orageuse, cinq membres, en se réunissant, peuvent, aux termes de l'article 44 de la Charte, faire évacuer les tribunes. On conserveroit donc, par l'initiative, les avantages du secret sans perdre ceux de la publicité; il n'y a donc rien à gagner à préférer la proposition à l'initiative. C'est vouloir se procurer par un moyen ce qu'on obtient déjà par un autre; c'est compliquer les ressorts, pour se donner ce qu'on peut avoir par un procédé simple et naturel.

L'initiative accordée aux Chambres fera disparoître en outre ces définitions de principes généraux, qui, cette année, ont entravé la discussion de chacune de nos lois. On n'entendroit plus parler aussi de l'éternelle doctrine des amendements. Le bon sens veut que les Chambres, admises à la confection des lois, aient le droit de proposer dans ces lois tous les changements qui leur semblent utiles (excepté pour le budget, comme je vais le dire). Vouloir fixer des bornes au droit d'amendement; trouver le point mathématique où l'amendement finit, où la proposition de loi commence; savoir exactement quand cet amendement empiète, quand il n'empiète pas sur la prérogative, c'est se perdre dans une métaphysique politique, sans rivage et sans fond.

Permettez l'initiative aux Chambres : que la loi, si vous le voulez, puisse être également proposée par le gouvernement, mais sans ordonnance formelle, et toutes ces questions oiseuses tomberont. Au lieu de crier à tout propos à la violation de la Charte, à la violation de la prérogative royale; au lieu de rejeter un amendement, non parce qu'il est mauvais en lui-même, mais parce qu'il contrarie une théorie, on sera obligé de combattre son adversaire par des raisons prises dans la nature même de la loi proposée. On ne s'accusera plus mutuellement, les uns de rappeler des principes démocratiques, les autres de prêcher l'obéissance passive : les esprits deviendront plus justes, les cœurs plus unis; il y aura moins de temps perdu.

CHAPITRE IX.

Ce qui résulte de l'initiative laissée aux Chambres.

D'ailleurs l'initiative laissée aux Chambres est manifestement dans les intérêts du roi : la couronne ne se charge alors que de la proposition des lois populaires, et laisse aux pairs et aux députés tout ce qu'il peut y avoir de rigoureux dans la législation. Ensuite, si la loi ne passe pas, le nom du roi ne s'est pas trouvé mêlé à des discussions où souvent le mouvement de la tribune fait sortir de la convenance. D'une autre part, les ministres ne viendront plus violenter votre conscience, en s'écriant : « C'est la proposition du roi, c'est sa vo-« lonté; jamais il ne consentira à cet amendement. »

Enfin si les ministres sont habiles, l'initiative des Chambres ne sera jamais que l'initiative ministérielle, car ils auront l'art de faire proposer ce qu'ils voudront. C'est l'avantage de l'anonyme pour un auteur : si l'ouvrage est bon, l'auteur le réclame après le succès; s'il ne réussit pas, il le laisse à qui la critique veut le donner. Encore le ministre est-il mieux placé que l'auteur; car, bonne ou mauvaise, la loi que ce ministre a chargé ses amis de proposer doit toujours passer aux Chambres, à moins qu'il n'ait adopté le *système de la minorité*, si ingénieusement inventé dans la dernière session. Renoncer à la majorité, c'est vouloir marcher sans pieds, voler sans ailes; c'est briser le grand ressort du gouvernement représentatif : je le montrerai plus loin.

CHAPITRE X.

Où ce qui précède est fortifié.

Voilà les inconvénients de la proposition secrète de la loi par les Chambres, et de l'initiative par la couronne; en voici les absurdités :

Si la proposition passe aux Chambres, elle va à la couronne; si la couronne l'adopte, elle revient aux Chambres en forme de projet de loi.

Si les Chambres jugent alors à propos de l'amender, elle retourne à la couronne, qui peut à son tour introduire de nouveaux changements, lesquels doivent encore être adoptés par les deux Chambres, pour être présentés ensuite à la sanction du roi, qui peut encore ajouter ou retrancher.

Il y a dans le Kiang-Nan, province la plus polie de la Chine, un usage : deux mandarins ont une affaire à traiter ensemble; le mandarin qui a reçu le premier la visite de l'autre mandarin ne manque pas par politesse de l'accompagner jusque chez lui; celui-ci à son tour, par politesse, se croit obligé de retourner à la maison de son hôte, lequel sait trop bien vivre pour laisser aller seul son honorable voisin, lequel connoît trop bien ses devoirs pour ne pas reconduire encore un personnage si important, lequel... Quelquefois les deux mandarins meurent dans ce combat de bienséance, et l'affaire avec eux [1].

CHAPITRE XI.

Continuation du même sujet.

L'initiative et la sanction de la loi sont visiblement incompatibles; car, dans ce cas, c'est la couronne qui approuve ou désapprouve son propre ouvrage. Outre l'absurdité du fait, la couronne est ainsi placée dans une position au-dessous de sa dignité : elle ne peut confirmer un projet de loi que les ministres ont déclaré être le fruit des méditations, avant que les pairs et les députés n'aient examiné, et pour ainsi dire approuvé ce projet de loi. N'est-il pas plus noble et plus dans l'ordre que les Chambres proposent la loi, et que le roi la juge? Il se présente alors comme le grand et le premier

---

[1] *Lettres édif.*

législateur, pour dire : « Cela est bon, cela est mau-
« vais; je veux ou ne veux pas. » Chacun conserve
son rang : ce n'est plus un sujet obscur qui s'avise
de contrôler une loi proposée au nom du souverain
maître et seigneur.

L'initiative, loin d'être favorable au trône, est
donc anti-monarchique, puisqu'elle déplace les
pouvoirs : les Anglois l'ont très raisonnablement
attribuée aux Chambres.

CHAPITRE XII.

Question.

Dans le gouvernement représentatif, s'écrie-t-on,
le roi n'est donc qu'une vaine idole ? On l'adore sur
l'autel, mais il est sans action et sans pouvoir.

Voilà l'erreur. Le roi, dans cette monarchie, est
plus absolu que ses ancêtres ne l'ont jamais été,
plus puissant que le sultan à Constantinople, plus
maître que Louis XIV à Versailles.

Il ne doit compte de sa volonté et de ses actions
qu'à Dieu.

Il est le chef ou l'évêque extérieur de l'Église
gallicane.

Il est le père de toutes les familles particulières,
en les rattachant à lui par l'instruction publique.

Seul il rejette ou sanctionne la loi ; toute loi
émane donc de lui ; il est donc souverain législateur.

Il s'élève même au-dessus de la loi, car lui seul
peut faire grâce et parler plus haut que la loi.

Seul il nomme et déplace les ministres à volonté, sans opposition, sans contrôle : toute l'administration découle donc de lui ; il en est donc le chef suprême.

L'armée ne marche que par ses ordres.

Seul il fait la paix et la guerre.

Ainsi, le premier dans l'ordre religieux, moral et politique, il tient dans sa main les mœurs, les lois, l'administration, l'armée, la paix et la guerre.

S'il retire cette main royale, tout s'arrête.

S'il l'étend, tout marche.

Il est si bien tout par lui-même, qu'ôter le roi, il n'y a plus rien.

Que regrettez-vous donc pour la couronne ? Seroient-ce les millions d'entraves dont la royauté étoit jadis embarrassée, et le pouvoir qu'un ministre avoit de vous mettre à la Bastille ? Vous vous trompez encore quand vous supposez que la couronne pouvoit agir autrefois avec plus d'indépendance ou plus de force qu'aujourd'hui. Quel roi de France, dans l'ancienne monarchie, auroit pu lever l'impôt énorme que le budget a établi ? Quel roi auroit pu faire usage d'un pouvoir aussi violent que celui dont les lois sur la liberté de la presse, la liberté individuelle et les cris séditieux, ont investi la couronne ?

De l'examen de la prérogative royale, passons à l'examen de la Chambre des pairs.

CHAPITRE XIII.

De la Chambre des pairs. Priviléges nécessaires.

Si, avant d'avoir reçu de la munificence toute gratuite du roi la haute dignité de la pairie, je n'avois pas réclamé, pour la Chambre des pairs, ce que je vais encore demander aujourd'hui, une certaine pudeur m'empêcheroit peut-être de parler; mais mon opinion imprimée [1] ayant devancé des honneurs qui surpassent de beaucoup les très foibles services que j'ai pu rendre à la cause royale, je puis donc m'expliquer sans détours.

Il manque encore à la Chambre des pairs de France, non dans ses intérêts particuliers, mais dans ceux du roi et du peuple, des priviléges, des honneurs et de la fortune.

Néanmoins, dans le rapport que j'eus l'honneur de faire au roi à Gand dans son conseil, en indiquant la nécessité d'instituer l'hérédité de la pairie (tant pour consacrer les principes de la Charte que pour prouver que l'on vouloit sincèrement ce que l'on avoit promis), je ne prétendois pas conseiller de faire à la fois tous les pairs héréditaires. Un certain nombre de pairs, pris parmi les anciens et les nouveaux pairs, m'auroit d'abord paru suffire. Le ministère, dont l'ordonnance du 19 août 1815 est l'ouvrage, n'a peut-être pas assez vu tout ce que cette

---

[1] *Réflexions politiques. Rapport fait au roi, à Gand.*

ordonnance enlevoit à la couronne. Le roi, providence de la France, et qui, comme cette providence, répand les bienfaits à pleines mains, a consenti à une générosité toujours au-dessous de sa munificence: il ne s'est rien réservé de ce qu'il pouvoit donner. Et pourtant quelle source de récompenses est tarie par l'acte ministériel! Quel noble sujet enlevé à une noble ambition! Que n'eût point fait un pair à vie, pour devenir pair héréditaire, pour constituer dans sa famille une si haute et si importante dignité!

La même ordonnance semble ôter au roi la faculté de faire à l'avenir des pairs à vie; mais il y a sans doute sur ce point quelque vice de rédaction. La Charte, article XXVII, dit positivement: « Le « roi peut nommer les pairs *à vie*, ou les rendre « héréditaires, selon sa volonté. »

CHAPITRE XIV.

Substitutions : qu'elles sont de l'essence de la pairie.

Je ne répèterai point, sur les honneurs et les priviléges à accorder à la pairie, ce que j'ai dit dans les *Réflexions politiques*. J'ajouterai seulement qu'il faudra tôt ou tard rétablir pour les pairs l'usage des substitutions, par ordre de primogéniture. Passées des lois romaines dans nos anciennes lois, mais pour y maintenir d'autres principes, les substitutions entrent dans la constitution monarchique. Le retrait lignager en seroit un appendice heureux : inventé à l'époque où les fiefs devinrent héréditaires, il rattacheroit la dignité à la glèbe; et la terre noble feroit le noble plus sûrement que la volonté politique.

Stat fortuna domus, et avi numeratur avorum.

Tel est le moyen de rétablir en France des familles aristocratiques, barrières et sauvegarde du trône. Sans priviléges et sans propriétés, la pairie est un mot vide de sens, une institution qui ne remplit pas son but. Si la Chambre des pairs a moins d'honneurs et de propriétés territoriales que la Chambre des députés, la balance est rompue : le principe de l'aristocratie est déplacé, et va se réunir au principe démocratique dans la Chambre des députés. Cette dernière Chambre acquerra alors une prépondérance inévitable et dangereuse, en joignant à sa popularité naturelle l'égalité des titres et la supériorité de la fortune.

Quand et comment faut-il exécuter ce que je propose pour la Chambre des pairs? On l'apprendra du temps; mais, quoi qu'on fasse, il faudra en venir là, ou la monarchie représentative ne se constituera pas en France.

Au reste, les séances de la Chambre des pairs doivent être publiques, sinon par la loi, du moins par l'usage, comme en Angleterre. Sans cette publicité, la Chambre des pairs n'a pas assez d'action sur l'opinion, et laisse encore un trop grand avantage à la Chambre des députés.

L'intérêt du ministère réclame également cette publicité : l'attaque légale contre les ministres commence à la Chambre des députés, et la défense a lieu dans la Chambre des pairs. L'attaque est donc publique, tandis que la défense est secrète? Les principes de deux jurisprudences opposées sont donc employés dans le même procès? Il y a contradiction dans la loi, et lésion pour la partie.

Quittons la Chambre des pairs : venons à la Chambre des députés.

CHAPITRE XV.

De la Chambre des députés. Ses rapports avec les ministres.

Notre Chambre des députés seroit parfaitement constituée si les lois sur les élections et sur la responsabilité des ministres étoient faites; mais il manque encore à cette Chambre la connoissance de quelques-uns de ses pouvoirs, de quelques-unes de ces vérités filles de l'expérience.

Il faut d'abord qu'elle sache se faire respecter. Elle ne doit pas souffrir que les ministres établissent en principe qu'ils sont indépendants des Chambres; qu'ils peuvent refuser de venir lorsqu'elles désireroient leur présence. En Angleterre, non-seulement les ministres sont interrogés sur des bills, mais encore sur des actes administratifs, sur des nominations, et même sur des nouvelles de gazette.

Si on laisse passer cette grande phrase, que les

ministres du roi ne doivent compte qu'au roi de leur *administration*, on entendra bientôt par *administration* tout ce qu'on voudra : des ministres incapables pourront perdre la France à leur aise; et les Chambres, devenues leurs esclaves, tomberont dans l'avilissement.

Quel moyen les Chambres ont-elles de se faire écouter ? Si les ministres refusent de répondre, elles en seront pour leur interpellation, compromettront leur dignité, et paroîtront ridicules, comme on l'est en France quand on fait une fausse démarche.

La Chambre des députés a plusieurs moyens de maintenir ses droits.

Posons donc les principes :

Les Chambres ont le droit de demander tout ce qu'elles veulent aux ministres.

Les ministres doivent toujours répondre, toujours venir, quand les Chambres paroissent le souhaiter.

Les ministres ne sont pas toujours obligés de donner les explications qu'on leur demande; ils peuvent les refuser, mais en motivant ce refus sur des raisons d'État dont les Chambres seront instruites quand il en sera temps. Les Chambres traitées avec cet égard n'iront pas plus loin. Lorsqu'un ministre a désiré d'obtenir un crédit de six millions sur le grand-livre, il a donné sa parole d'honneur; et les députés n'ont pas demandé d'autres éclaircissements. *Foi de gentilhomme* est un vieux gage sur lequel les François trouveront toujours à emprunter.

D'ailleurs les Chambres ne se mêleront jamais d'administration, ne feront jamais de demandes inquiétantes, elles n'exposeront jamais les ministres à se compromettre, si les ministres sont ce qu'ils doivent être, c'est-à-dire maîtres des Chambres par le *fond*, et leurs serviteurs par la *forme*.

Quel moyen conduit à cet heureux résultat? Le moyen le plus simple du monde : le ministère doit disposer la majorité, et marcher avec elle; sans cela, point de gouvernement.

Je sais bien que cette espèce d'autorité que les Chambres exercent sur le ministère pendant les sessions rappelle à l'esprit les envahissements de l'Assemblée constituante : mais, encore une fois, toute comparaison de ce qui est aujourd'hui à ce qui fut alors est boiteuse. L'expérience de nos temps de malheurs n'autorise point à dire que la monarchie représentative ne peut pas s'établir en France : le gouvernement qui existoit à cette époque n'étoit point la monarchie représentative fondée sur des principes naturels, par la véritable division des pouvoirs. Une assemblée unique, un roi dont le *veto* n'étoit pas absolu ! Qu'y a-t-il de commun entre l'ordre établi par l'Assemblée constituante et l'ordre politique fondé par la Charte? Usons de cette Charte : si rien ne marche avec elle, alors nous pourrons affirmer que le génie françois est incompatible avec le gouvernement représentatif; jusque-là nous n'avons pas le droit de condamner ce que nous n'avons jamais eu.

CHAPITRE XVI.

Que la Chambre des députés doit se faire respecter au dehors par les journaux.

La Chambre des députés ne doit pas permettre qu'on l'insulte *collectivement* dans les journaux, ou qu'on altère les discours de ses membres.

Tant que la presse sera captive, les députés ont le droit de demander compte au ministère des délits de la presse; car, dans ce cas, ce sont les censeurs qui sont coupables, et les censeurs sont les agents des ministres.

Lorsque la presse deviendra libre, les députés doivent mander à la barre le libelliste, ou le faire poursuivre dans toute la rigueur des lois pardevant les tribunaux.

En attendant l'époque qui délivrera la presse de ses entraves, il seroit bon que la Chambre eût à elle un journal où ses séances, correctement imprimées, deviendroient la condamnation ou la justification des gazettes officielles.

Mais ce qu'il faut surtout, c'est la liberté de la presse. Que la Chambre se hâte de la réclamer : je vais en donner les raisons.

CHAPITRE XVII.

De la liberté de la presse.

Point de gouvernement représentatif sans la liberté de la presse. Voici pourquoi :

Le gouvernement représentatif s'éclaire par l'opinion publique, et est fondé sur elle. Les Chambres ne peuvent connoître cette opinion si cette opinion n'a point d'organes.

Dans un gouvernement représentatif, il y a deux tribunaux : celui des Chambres, où les intérêts particuliers de la nation sont jugés; celui de la nation elle-même, qui juge en dehors les deux Chambres.

Dans les discussions qui s'élèvent nécessairement entre le ministère et les Chambres, comment le public connoîtra-t-il la vérité si les journaux sont sous la censure du ministère, c'est-à-dire sous l'influence d'une des parties intéressées ? Comment le ministère et les Chambres connoîtront-ils l'opinion publique qui fait la volonté générale, si cette opinion ne peut librement s'expliquer ?

CHAPITRE XVIII.

Que la presse entre les mains de la police rompt la balance constitutionnelle.

Il faut, dans une monarchie constitutionnelle, que le pouvoir des Chambres et celui du ministère soient en harmonie. Or, si vous livrez la presse au ministère, vous lui donnez le moyen de faire pencher de son côté tout le poids de l'opinion publique, et de se servir de cette opinion contre les Chambres : la constitution est en péril.

CHAPITRE XIX.

Continuation du même sujet.

Qu'arrive-t-il lorsque les journaux sont, par le moyen de la censure, entre les mains du ministère? Les ministres font admirer, dans les gazettes qui leur appartiennent, tout ce qu'ils ont dit, tout ce qu'a fait, tout ce qu'a dit leur parti *intra muros* et *extra*. Si, dans les journaux dont ils ne disposent pas entièrement, ils ne peuvent obtenir les mêmes résultats, du moins ils peuvent forcer les rédacteurs à se taire.

J'ai vu des journaux non ministériels suspendus pour avoir loué telle ou telle opinion.

J'ai vu des discours de la Chambre des députés mutilés par la censure sur l'épreuve de ces journaux.

J'ai vu apporter les défenses spéciales de parler de tel événement, de tel écrit qui pouvoit influer sur l'opinion publique d'une manière désagréable aux ministres[1].

J'ai vu destituer un censeur qui avoit souffert onze années de détention comme royaliste, pour avoir laissé passer un article en faveur des royalistes.

Enfin, comme on a senti que des ordres de la police, envoyés par écrit aux bureaux des feuilles publiques, pouvoient avoir des inconvénients, on a tout dernièrement supprimé cet ordre, en déclarant aux journalistes qu'ils ne recevroient plus que des *injonctions verbales*. Par ce moyen les preuves disparoîtront, et l'on pourra mettre sur le compte des *rédacteurs* des gazettes tout ce qui sera l'ouvrage des *injonctions ministérielles*.

---

[1] Cet ouvrage offrira sans doute un nouvel exemple de ces sortes d'abus. On défendra aux journaux de l'annoncer, ou on le fera déchirer par les journaux. Si quelques-uns d'entre eux osoient en parler avec indépendance, ils seroient arrêtés à la poste, selon l'usage. Je vais voir revenir pour moi le bon temps des Fouché : n'a-t-on pas publié contre moi, sous la police royale, des libelles que le duc de Rovigo avoit supprimés comme trop infâmes ? Je n'ai point réclamé, parce que je suis partisan sincère de la liberté de la presse, et que, dans mes principes, je ne puis le faire tant qu'il n'y a pas de loi. Au reste, je suis accoutumé aux injures, et fort au-dessus de toutes celles qu'on pourra m'adresser. Il ne s'agit pas de moi ici, mais *du fond* de mon ouvrage ; et c'est par cette raison que je préviens les provinces, afin qu'elles ne se laissent pas abuser. J'attaque un parti puissant, et les journaux sont exclusivement entre les mains de ce parti : la politique et la littérature continuent de se faire à la police. Je puis donc m'attendre à tout ; mais je puis donc demander aussi qu'on me lise, et qu'on ne me juge pas en dernier ressort sur le rapport de journaux qui ne sont pas libres.

C'est ainsi que l'on fait naître une fausse opinion en France, qu'on abuse celle de l'Europe ; c'est ainsi qu'il n'y a point de calomnies dont on n'ait essayé de flétrir la Chambre des députés. Si l'on n'eût pas été si contradictoire et si absurde dans ces calomnies ; si, après avoir appelé les députés des aristocrates, des ultra-royalistes, des ennemis de la Charte, des *Jacobins blancs*, on ne les avoit pas ensuite traités de démocrates, d'ennemis de la prérogative royale, de factieux, de *Jacobins noirs*, que ne seroit-on pas parvenu à faire croire ?

Il est de toute impossibilité, il est contre tous les principes d'une monarchie représentative, de livrer exclusivement la presse au ministère, de lui laisser le droit d'en disposer selon ses intérêts, ses caprices et ses passions, de lui donner moyen de couvrir ses fautes, et de corrompre la vérité. Si la presse eût été libre, ceux qui ont tant attaqué les Chambres auroient été traduits à leur tour au tribunal, et l'on auroit vu de quel côté se trouvoient l'habileté, la raison et la justice.

Soyons conséquents : ou renonçons au gouvernement représentatif, ou ayons la liberté de la presse : il n'y a point de constitution libre qui puisse exister avec les abus que je viens de signaler.

CHAPITRE XX.

Dangers de la liberté de la presse. Journaux. Lois fiscales.

Mais la liberté de la presse a des dangers. Qui l'ignore? Aussi cette liberté ne peut exister qu'en ayant derrière elle une loi forte, *immanis lex*, qui prévienne la prévarication par la ruine, la calomnie par l'infamie, les écrits séditieux par la prison, l'exil, et quelquefois par la mort : le Code a sur ce point la loi unique. C'est aux risques et périls de l'écrivain que je demande pour lui la liberté de la presse; mais il la faut, cette liberté, ou, encore une fois, la constitution n'est qu'un jeu.

Quant aux journaux, qui sont l'arme la plus dangereuse, il est d'abord aisé d'en diminuer l'abus, en obligeant les propriétaires des feuilles périodiques, comme les notaires et autres agents publics, à fournir un cautionnement. Ce cautionnement répondroit des amendes, peine la plus juste et la plus facile à appliquer. Je le fixerois au capital que suppose la contribution directe de 1000 francs, que tout citoyen doit payer pour être élu membre de la Chambre des députés. Voici ma raison :

Une gazette est une tribune : de même qu'on exige du député appelé à discuter les affaires, que son intérêt, comme propriétaire, l'attache à la propriété commune, de même le journaliste qui veut s'arroger le droit de parler à la France doit être aussi un homme qui ait quelque chose à gagner à l'ordre public, et à perdre au bouleversement de la société.

Vous seriez par ce moyen débarrassé de la foule des papiers publics. Les journalistes, en petit nombre, qui pourroient fournir ce cautionnement, menacés par une loi formidable, exposés à perdre la somme consignée, apprendroient à mesurer leurs paroles. Le danger réel disparoîtroit : l'opinion des Chambres, celle du ministère et celle du public seroient connues dans toute leur vérité.

L'opinion publique doit être d'autant plus indépendante aujourd'hui, que l'article IV de la Charte est suspendu. En Angleterre, lorsque l'*habeas corpus* dort, la liberté de la presse veille : sœur de la liberté individuelle, elle défend celle-ci tandis que ses forces sont enchaînées, et l'empêche de passer du sommeil à la mort[1].

CHAPITRE XXI.

Liberté de la presse par rapport aux ministres.

Les ministres seront harcelés, vexés, inquiétés par la liberté de la presse ; chacun leur donnera son avis. Entre les louanges, les conseils et les outrages, il n'y aura pas moyen de gouverner.

Des ministres véritablement constitutionnels ne demanderont jamais que, pour leur épargner quel-

---

[1] On se retranche dans la difficulté de faire une bonne loi sur la liberté de la presse. Cette loi est certainement difficile ; mais je crois la savoir possible. J'ai là-dessus des idées arrêtées, dont le développement seroit trop long pour cet ouvrage.

ques désagréments, on expose la constitution. Ils ne sacrifieront pas aux misérables intérêts de leur amour-propre la dignité de la nature humaine; ils ne transporteront point sous la monarchie les irascibilités de l'aristocratie. « Dans l'aristocratie, dit « Montesquieu, les magistrats sont de petits souve-« rains qui ne sont pas assez grands pour mépriser « les injures. Si dans la monarchie quelque trait « va contre le monarque, il est si haut, que le trait « n'arrive point jusqu'à lui. Un seigneur aristocra-« tique en est percé de part en part. »

Que les ministres se persuadent bien qu'ils ne sont point des seigneurs aristocratiques. Ils sont les agents d'un roi constitutionnel dans une monarchie représentative. Les ministres habiles ne craignent point la liberté de la presse; on les attaque, et ils survivent.

Sans doute les ministres auront contre eux des journaux; mais ils auront aussi des journaux pour eux : ils seront attaqués et défendus, comme cela arrive à Londres. Le ministère anglois se met-il en peine des plaisanteries de l'opposition et des injures du *Morning-Chronicle?* Que n'a-t-on point dit, que n'a-t-on point écrit contre M. Pitt? Sa puissance en souffrit-elle ? Sa gloire en fut-elle éclipsée ?

Que les ministres soient des hommes de talent; qu'ils sachent mettre de leur parti le public et la majorité des Chambres, et les bons écrivains entreront dans leurs rangs, et les journaux les mieux faits et les plus répandus les soutiendront. Ils seront cent fois plus forts, car ils marcheront alors avec l'opinion générale. Quand ils ne voudront plus se tenir dans l'exception, et contrarier l'esprit des choses, ils n'auront rien à craindre de ce que l'humeur pourra leur dire. Enfin, tout n'est pas fait dans un gouvernement pour des ministres : il faut vouloir ce qui est de la nature des institutions sous lesquelles on vit; et, encore une fois, il n'y a pas de liberté constitutionnelle sans liberté de la presse.

Une dernière considération importante pour les ministres, c'est que la liberté de la presse les dégagera d'une responsabilité fâcheuse envers les gouvernements étrangers. Ils ne seront plus importunés de toutes ces notes diplomatiques que leur attirent l'ignorance des censeurs et la légèreté des journaux; et, n'étant plus forcés d'y céder, ils ne compromettront plus la dignité de la France.

CHAPITRE XXII.

La Chambre des députés ne doit pas faire le budget.

La Chambre des députés connoîtra donc ses droits et sa dignité; elle demandera donc, le plus tôt possible, la liberté de la presse : voilà ce qu'elle doit faire. Voici ce qu'elle ne doit pas faire : elle ne doit pas faire un budget. La formation d'un budget appartient essentiellement à la prérogative royale.

Si le budget que les ministres présentent à la Chambre des députés n'est pas bon, elle le rejette.

S'il est bon seulement par parties, elle l'accepte par parties; mais il faut qu'elle se garde de jamais remplacer elle-même les impôts non consentis par des impôts de sa façon, ni de substituer au système de finances ministériel son propre système de finances; voici pourquoi :

Elle se compromet. Le ministre restant est l'exécuteur de ce nouveau budget; il a à venger son amour-propre, à justifier son œuvre. Dès lors, ennemi secret de la Chambre, ce ne seroit que par une vertu extraordinaire qu'il pourroit mettre du zèle à seconder un plan qui a cessé d'être le sien : il est plus naturel de supposer qu'il l'entravera, et le fera manquer dans les points les plus essentiels. Puis, à la prochaine session, il viendra, d'un air modestement triomphant, annoncer à la Chambre qu'elle avoit fait un excellent budget, mais que malheureusement il n'a pas réussi.

Qu'est-ce que les députés répondront? Notre budget, diront-ils, n'étoit peut-être pas excellent, mais il étoit meilleur que le vôtre. Soit, répliquera le ministre; mais il y a un déficit : vous ne pouvez vous en prendre qu'à vous-mêmes, et n'avez rien à me reprocher.

Règle générale : le budget doit être fait par le ministère, et non par la Chambre des députés, qui est le juge de ce budget. Or, si elle fait le budget, elle ne peut demander compte de son propre ouvrage, et le ministère cesse d'être responsable dans la partie la plus importante de l'administration : ainsi les éléments de la constitution sont déplacés.

Mais ces déviations de la ligne constitutionnelle, ces agitations, ces efforts, proviennent, comme tout le reste, dans la dernière session, de la lutte du ministère contre la majorité. Que le ministère consente à retourner aux principes, et le budget, convenu d'avance entre lui et la majorité, passera sans altercation : les choses reprendront leur cours naturel, et l'on sera étonné du silence avec lequel les affaires marcheront en France.

Soit dit ainsi de la prérogative royale, de la Chambre des pairs, de la Chambre des députés : parlons du ministère.

CHAPITRE XXIII.

Du ministère sous la monarchie représentative. Ce qu'il produit d'avantageux. Ses changements forcés.

Un avantage incalculable de la monarchie représentative, c'est d'amener les hommes les plus habiles à la tête des affaires, de créer une hérédité forcée de lumières et de talents[1].

La raison en est sensible. Avec des Chambres, un ministère foible ne peut se soutenir ; ses fautes, rappelées à la tribune, répétées dans les journaux, livrées à l'opinion publique, amènent en peu de temps sa chute.

Je ne cherche donc point, dans un gouvernement représentatif, de causes trop privées aux changements des ministres. Quand ces changements sont fréquents, c'est tout simplement que ces ministres ont embrassé de faux systèmes, méconnu l'esprit

---

[1] *Réflexions politiques.*

public, ou qu'ils ont été incapables de supporter le poids des affaires.

Sous une monarchie absolue, on peut s'effrayer de la succession rapide des ministres, parce que ces révolutions peuvent annoncer un défaut de discernement dans le prince, ou une suite d'intrigues de cour.

Sous une monarchie constitutionnelle, les ministres peuvent et doivent changer jusqu'à ce qu'on ait trouvé les hommes de la chose, jusqu'à ce que les Chambres et l'opinion aient fait sortir l'habileté des rangs où elle se tenoit cachée. Ce sont des eaux qui cherchent à prendre leur niveau ; c'est un équilibre qui veut s'établir.

Il y aura donc changement tant que l'harmonie ne sera pas exactement établie entre les Chambres et le ministère.

CHAPITRE XXIV.

Le ministère doit sortir de l'opinion publique et de la majorité des Chambres.

Il suit de là que, sous la monarchie constitutionnelle, c'est l'opinion publique qui est la source et le principe du ministère, *principium et fons;* et, par une conséquence qui dérive de celle-ci, le ministère doit sortir de la majorité de la Chambre des députés, puisque les députés sont les principaux organes de l'opinion populaire.

C'est assez dire aussi que les ministres doivent être membres des Chambres, parce que, représentant alors une partie de l'opinion publique, ils entrent mieux dans le sens de cette opinion, et sont portés par elle à leur tour. Ensuite le ministre-député se pénètre de l'esprit de la Chambre, laquelle s'attache à lui par une réciprocité de bienveillance et de patronage.

CHAPITRE XXV.

Formation du ministère : qu'il doit être un. Ce que signifie l'unité ministérielle.

Le ministère une fois formé doit être *un*[1]. Cela ne veut pas dire que la différence d'opinions politiques dans des hommes de mérite, lorsqu'ils sont encore isolés, soit un obstacle à leur réunion dans un ministère. Ils peuvent y entrer, par ce qu'on appelle en Angleterre une coalition[2], convenant d'abord entre eux d'un système général, faisant chacun les sacrifices commandés par l'opinion et la position des affaires. Mais une fois assis au timon de l'État, ils ne doivent plus gouverner que dans un même esprit.

L'unité du ministère ne veut pas dire encore que la couronne ne puisse changer quelques membres du conseil, sans changer les autres ; il suffit que les membres entrants forment un système homogène d'administration avec les membres restants. En Angleterre, il y a assez fréquemment des

[1] *Réflexions politiques. Rapport au roi.*
[2] M. Canning, avant d'entrer au ministère britannique, s'étoit battu avec lord Castlereagh pour cause d'opinions politiques.

mutations partielles dans le ministère; et la totalité ne tombe que quand le premier ministre s'en va.

CHAPITRE XXVI.

Que le ministère doit être nombreux.

Le ministère doit être composé d'un plus grand nombre de membres responsables qu'il ne l'est aujourd'hui : il y a tel ministère dont le travail surpasse physiquement les forces d'un homme.

On gagne à augmenter le conseil responsable : 1° de diviser le travail et de multiplier les moyens; 2° d'augmenter le nombre des amis et des défenseurs du ministère dans les Chambres et hors des Chambres; 3° de diminuer autour du ministère les intrigues des hommes qui prétendent au ministère, en satisfaisant un plus grand nombre d'ambitions.

CHAPITRE XXVII.

Qualités nécessaires d'un ministre sous la monarchie constitutionnelle.

Ce qui convient à un ministre sous une monarchie constitutionnelle, c'est d'abord la facilité pour la parole : non qu'il ait besoin de cette *grande et notable éloquence, compagne de séditions, pleine de désobéissance, téméraire et arrogante, n'étant à tolérer aux cités bien constituées* [1]; non qu'on ne puisse être un homme très médiocre, avec un certain talent de tribune; mais il faut au moins

[1] Du Tillet.

que le ministre puisse dire juste, exposer avec propriété ce qu'il veut, répondre à une objection, faire un résumé clair, sans déclamation, sans verbiage. Cela s'apprend, comme toute chose, par l'usage.

Ce ministre aura du liant dans le caractère, de la perspicacité pour juger les hommes, de l'adresse pour manier leurs intérêts. Toutefois il faut qu'il soit ferme, résolu, arrêté dans ses plans, que l'on doit connoître pour les suivre, et pour s'attacher à son système. Sans cette fermeté il n'auroit aucun partisan : personne n'est de l'avis de celui qui est de l'avis de tout le monde.

CHAPITRE XXVIII,

Qui découle du précédent.

Un tel ministre aura assez d'esprit pour bien connoître celui des Chambres; et toutes les Chambres n'ont pas la même humeur, la même allure.

Aujourd'hui, par exemple, la Chambre des députés est une Chambre pleine de délicatesse : vous la cabreriez à la moindre mesure qui lui paroîtroit blesser la justice ou l'honneur. Ne croyez pas gagner quelque chose en engageant dans vos systèmes ses chefs et ses orateurs, elle les abandonneroit : la majorité ne changeroit pas, parce que son opposition est une opposition de conscience, et non une affaire de parti. Mais prenez cette Chambre par la loyauté, parlez-lui de Dieu, du roi, de la France; au lieu de la calomnier, montrez-lui de la considération et de l'estime, vous lui ferez faire des miracles. Le comble de la maladresse seroit de prétendre la mener où vous désirez, en lui débitant des maximes qu'elle repousse.

Pensez-vous qu'il soit nécessaire de lui faire adopter quelque mesure dans le sens de ce que vous appelez les *intérêts révolutionnaires?* gardez-vous de lui faire l'apologie de ces intérêts : dites qu'une fatale nécessité vous presse; que le salut de la patrie exige ces nouveaux sacrifices; que vous en gémissez; que cela vous paroît affreux; que cela finira. Si la Chambre vous croit sincère dans votre langage, vous réussirez peut-être. Si vous allez, au contraire, lui déclarer que rien n'est plus juste que ce que vous lui proposez, qu'on ne sauroit trop donner de gages à la révolution, vous remporterez votre loi.

Un ministre anglois est plus heureux, sa tâche est moins difficile : chacun va droit au fait à Londres, pour son intérêt, pour son parti. En France, les places données ou promises ne sont pas tout. L'opposition ne se compose pas des mêmes éléments[1]. Une politesse vous gagnera ce qu'une place ne vous obtiendroit pas; une louange vous acquerra ce que vous n'achèteriez pas par la fortune. Sachez encore *et converser et vivre :* la force d'un ministre françois n'est pas seulement dans son cabinet : elle est aussi dans son salon.

[1] *Réflexions politiques.*

CHAPITRE XXIX.

Quel homme ne peut jamais être ministre sous la monarchie constitutionnelle.

Partout où il y a une tribune publique, quiconque peut être exposé à des reproches d'une certaine nature ne peut être placé à la tête du gouvernement. Il y a tel discours, tel mot, qui obligeroit un pareil ministre à donner sa démission en sortant de la Chambre. C'est cette impossibilité résultante du principe libre des gouvernements représentatifs que l'on ne sentit pas lorsque toutes les illusions se réunirent, comme je le dirai bientôt, pour porter un homme fameux au ministère, malgré la répugnance trop fondée de la couronne. L'élévation de cet homme devoit produire l'une de ces deux choses : ou l'abolition de la Charte, ou la chute du ministère à l'ouverture de la session. Se représente-t-on le ministre dont je veux parler, écoutant à la Chambre des députés la discussion sur les catégories, sur le 21 janvier, pouvant être apostrophé à chaque instant par quelque député de Lyon, et toujours menacé du terrible *tu es ille vir !* Les hommes de cette sorte ne peuvent être employés ostensiblement qu'avec les muets du sérail de Bajazet, ou les muets du Corps Législatif de Buonaparte.

CHAPITRE XXX.

Du ministère de la police. Qu'il est incompatible avec une constitution libre.

Comme il y a des ministres qui ne peuvent l'être sous une monarchie constitutionnelle, il y a des ministères qui ne sauroient exister dans cette sorte de monarchie : c'est indiquer la police générale.

Si la Charte, qui fonde la liberté individuelle, est suivie, la police générale est sans action et sans but.

Si la liberté individuelle est suspendue par une loi transitoire, on n'a pas besoin de la police générale pour exécuter la loi.

En effet, si les droits de la liberté constitutionnelle sont dans toute leur plénitude, et que néanmoins la police générale se permette les actes arbitraires qui sont de sa nature, tels que suppressions d'ouvrages, visites domiciliaires, arrestations, emprisonnements, exils, la Charte est anéantie.

La police n'usera pas de cet arbitraire : eh bien, elle est inutile.

La police générale est une police politique; elle tend à étouffer l'opinion ou à l'altérer; elle frappe donc au cœur le gouvernement représentatif. Inconnue sous l'ancien régime, incompatible avec le nouveau, c'est un monstre né dans la fange révolutionnaire de l'accouplement de l'anarchie et du despotisme

CHAPITRE XXXI.

Qu'un ministre de la police générale dans une Chambre des députés n'est pas à sa place.

Voyez un ministre de la police générale dans une Chambre de députés : qu'y fait-il ? il fait des lois pour les violer, des règlements de mœurs pour les enfreindre. Comment peut-il sans dérision parler de la liberté, lui qui, en descendant de la tribune, peut faire arrêter illégalement un citoyen ? Comment s'exprimera-t-il sur le budget, lui qui lève des impôts arbitraires ? Quel représentant d'un peuple, que celui-là qui donneroit nécessairement une boule noire contre toute loi tendante à supprimer les établissements de jeu, à fermer les lieux de débauche, parce que ce sont les égouts où la police puise ses trésors ! Enfin, les opinions seront-elles indépendantes en présence d'un ministre qui ne les écoute que pour connoître l'homme qu'il faut un jour dénoncer, frapper ou corrompre ? c'est le devoir de sa place. Nous prétendons établir parmi nous un gouvernement constitutionnel, et nous ne nous apercevons seulement pas que nous voulons y faire entrer jusqu'aux institutions de Buonaparte.

CHAPITRE XXXII.

Impôts levés par la police.

J'ai dit que la police levoit des impôts qui ne sont pas compris dans le budget. Ces impôts sont au nombre de deux : taxe sur les jeux[1], taxe sur les journaux.

La ferme des jeux rapporte plus ou moins : elle s'élève aujourd'hui au-dessus de cinq millions.

La contribution levée sur les journaux, pour être moins odieuse, n'en est pas moins arbitraire.

La Charte dit, article XLVII : *La Chambre des députés reçoit toutes les propositions d'impôts.* Article XLVIII : *Aucun impôt ne peut être établi ni perçu, s'il n'a été* CONSENTI *par les deux Chambres, et sanctionné par le roi.*

Je ne suis pas assez ignorant des affaires humaines pour ne pas savoir que les maisons de jeu ont été tolérées dans les sociétés modernes. Mais quelle différence entre la tolérance et la protection, entre les obscures rétributions données à quelques commis sous la monarchie absolue, et un budget de cinq ou six millions levés arbitrairement par un ministre qui n'en rend point compte, et sous une monarchie constitutionnelle !

---

[1] Il y a aussi une taxe sur les prostituées, mais elle est établie au profit d'une autre police.

CHAPITRE XXXIII.

Autres actes inconstitutionnels de la police.

La police se mêle des impôts : elle tombe comme concussionnaire sous l'article LVI de la Charte; mais de quoi ne se mêle-t-elle pas ? Elle intervient en matière criminelle : elle attaque les premiers principes de l'ordre judiciaire, comme nous venons de voir qu'elle viole le premier principe de l'ordre politique.

A l'article LXIV de la Charte, on lit ces mots : *Les débats seront* PUBLICS *en matière criminelle, à moins que cette publicité ne soit dangereuse pour l'ordre et les mœurs, et dans ce cas* LE TRIBUNAL LE DÉCLARE PAR UN JUGEMENT.

Si quelques-uns des agents de la police se trouvent mêlés dans une affaire criminelle, comme complices volontaires, afin de pouvoir devenir délateurs; si, dans l'instruction du procès, les accusés relèvent cette double turpitude qui tend à les excuser, en affoiblissant les dépositions d'un témoin odieux; la police défend aux journaux de parler de cette partie des débats. Ainsi *l'entière publicité n'existe que pour l'accusé*, et n'existe pas pour l'accusateur; ainsi l'opinion, que la loi a voulu appeler au secours de la conscience du juré, se tait sur le point le plus essentiel; ainsi la plus grande partie du public ignore si le criminel est la victime de ses propres complots, ou s'il est simplement tombé dans un piége tendu à ses passions et à sa foiblesse. Et nous prétendons avoir une Charte! et voilà comme nous la suivons!

CHAPITRE XXXIV.

Que la police générale n'est d'aucune utilité.

Il faudroit, certes, que la police générale rendît de grands services sous d'autres rapports, pour racheter des inconvénients d'une telle nature; et néanmoins, à l'examen des faits, on voit que cette police est inutile. Quelle conspiration importante a-t-elle jamais découverte, même sous Buonaparte? Elle laissa faire le 3 nivôse; elle laissa Mallet conduire MM. Pasquier et Savary, c'est-à-dire la police même, à la Force. Sous le roi, elle a permis pendant dix mois à une vaste conspiration de se former autour du trône : elle ne voyoit rien, elle ne savoit rien. Les paquets de Napoléon voyageoient publiquement par la poste; les courriers étoient à lui; les frères Lallemand marchoient avec armes et bagages; le Nain-Jaune parloit *des plumes de Cannes;* l'usurpateur venoit de débarquer dans ce port, et la police ignoroit tout. Depuis le retour du roi tout un département s'est rempli d'armes; des paysans se sont formés en corps, et ont marché contre une ville; et la police générale n'a rien empêché, rien trouvé, rien su, rien prévu. Les découvertes les plus importantes ont été dues à des polices particulières, au hasard, à la bonne volonté de quelques zélés citoyens. La police générale se plaint de ces polices particulières; elle a raison, mais c'est son inutilité et la crainte même qu'elle inspire qui les a fait naître ; car si elle ne sauve pas l'État, elle a du moins tous les moyens de le perdre.

CHAPITRE XXXV.

Que la police générale, inconstitutionnelle et inutile, est de plus très dangereuse.

Incompatible avec le gouvernement constitutionnel, insuffisante pour arrêter les complots, lors même qu'elle ne trahit pas, que sera-ce si vous supposez la police infidèle? et ce qu'il y a d'incroyable et de prouvé, c'est qu'elle peut être infidèle sans que son chef le soit lui-même.

Les secrets du gouvernement sont entre les mains de la police ; elle connoît les parties foibles, et le point où l'on peut attaquer. Un ordre sorti de ses bureaux suffit pour enchaîner toutes les forces légales ; elle pourroit même faire arrêter toutes les autorités civiles et militaires, puisque l'article IV de la Charte est légalement suspendu. Sous sa protection les malveillants travaillent en sûreté, préparent leurs moyens, sont instruits du moment favorable. Tandis qu'elle endort le gouvernement, elle peut avertir les vrais conspirateurs de tout ce qu'il est important qu'ils sachent. Elle correspond sans danger sous le sceau inviolable de son ministère ; et par la multitude de ses invisibles agents, elle établit une communication depuis le cabinet du roi jusqu'au bouge du fédéré.

Ajoutez que les hommes consacrés à la police

sont ordinairement des hommes peu estimables; quelques-uns d'entre eux, des hommes capables de tout. Que penser d'un ministère où l'on est obligé de se servir d'un infâme tel que Perlet? Il n'est que trop probable que Perlet n'est pas le seul de son espèce. Comment donc encore une fois souffrir un tel foyer de despotisme, un tel amas de pouriture au milieu d'une monarchie constitutionnelle? Comment, dans un pays où tout doit marcher par les lois, établir une administration dont la nature est de les violer toutes? Comment laisser une puissance sans bornes entre les mains d'un ministre, que ses rapports forcés avec ce qu'il y a de plus vil dans l'espèce humaine doivent disposer à profiter de la corruption, et à abuser du pouvoir?

Que faut-il pour que la police soit habile? Il faut qu'elle paie le domestique afin qu'il vende son maître; qu'elle séduise le fils afin qu'il trahisse son père; qu'elle tende des pièges à l'amitié, à l'innocence. Si la fidélité se tait, un ministre de la police est obligé de la persécuter pour le silence même qu'elle s'obstine à garder; pour qu'elle n'aille pas révéler la honte des demandes qu'on lui a faites. Récompenser le crime, punir la vertu, c'est toute la police.

Le ministre de la police est d'autant plus redoutable, que son pouvoir entre dans les attributions de tous les autres ministres, ou plutôt qu'il est le ministre unique. N'est-ce pas un roi qu'un homme qui dispose de la gendarmerie de la France, qui lève des impôts, perçoit une somme de sept à huit millions, dont il ne rend pas compte aux Chambres? Ainsi tout ce qui échappe aux piéges de la police vient tomber devant son or et se soumettre à ses pensions. Si elle médite quelque trahison, si tous ses moyens ne sont pas encore prêts, si elle craint d'être découverte avant l'heure marquée, pour détourner le soupçon, pour donner une preuve de son affreuse fidélité, elle invente une conspiration, immole à son crédit quelques misérables, sous les pas desquels elle sait ouvrir un abîme.

Les Athéniens attaquèrent les nobles de Corcyre, qui, chassés par la faction populaire, s'étoient réfugiés sur le mont Istoni. Les bannis capitulèrent, et convinrent de s'abandonner au jugement du peuple d'Athènes ; mais il fut convenu que si l'un d'eux cherchoit à s'échapper, le traité seroit annulé pour tous. Des généraux athéniens devoient partir pour la Sicile ; ils ne se soucioient pas que d'autres eussent l'honneur de conduire à Athènes leurs malheureux prisonniers. De concert avec la faction populaire, ils engagèrent secrètement quelques nobles à prendre la fuite, et les arrêtèrent au moment même où ils montoient sur un vaisseau. La convention fut rompue ; les bannis livrés aux Corcyréens, et égorgés [1].

[1] Thucyd.

CHAPITRE XXXVI.

Moyen de diminuer le danger de la police générale, si elle est conservée.

Mais il ne faut donc pas de police? Si c'est un mal nécessaire, il y a un moyen de diminuer le danger de ce mal.

La police générale doit être remise aux magistrats, et émaner immédiatement de la loi. Le ministre de la justice, les procureurs généraux et les procureurs du roi sont les agents naturels de la police générale. Un lieutenant de police à Paris complètera le système légal. Les renseignements qui surviendront par les préfets iront directement au ministre de l'intérieur, qui les communiquera à celui de la justice. Les préfets ne seront plus obligés d'entretenir une double correspondance avec le département de la police et le département de l'intérieur : s'ils ne rapportent pas les mêmes faits aux deux ministres, c'est du temps perdu; s'ils mandent des choses différentes, ou s'ils présentent ces choses sous divers points de vue, selon les principes divers des deux ministres, c'est un grand mal.

C'est assez parler du ministère de la police en particulier : revenons au ministère en général.

CHAPITRE XXXVII.

Principes que tout ministre constitutionnel doit adopter.

Quels sont les principes généraux d'après lesquels doivent agir les ministres?

Le premier, et le plus nécessaire de tous, c'est d'adopter franchement l'ordre politique dans lequel on est placé, et de n'en point contrarier la marche, d'en supporter les inconvénients.

Ainsi, par exemple, si les formes constitutionnelles obligent, dans de certains détails, à de certaines longueurs, il ne faut point s'impatienter.

Si l'on est obligé de ménager les Chambres, de leur parler avec égard, de se rendre à leurs invitations, il ne faut pas affecter une hauteur déplacée.

Si l'on dit quelque chose de dur à un ministre à la tribune, il ne faut pas jeter tout là, et s'imaginer que l'État est en danger.

Si, dans un discours, il est échappé à un pair, à un député, des expressions étranges, s'il a énoncé des principes inconstitutionnels, il ne faut pas croire qu'il y ait une conspiration secrète contre la Charte, que tout va se perdre, que tout est perdu. Ce sont les inconvénients de la tribune, ils sont sans remède. Lorsque six à sept cents hommes ont le droit de parler, que tout un peuple a celui d'écrire, il faut se résigner à entendre et à lire bien des sottises. Se fâcher contre tout cela seroit d'une pauvre tête ou d'un enfant.

CHAPITRE XXXVIII.

Continuation du même sujet.

Le ministère, accoutumé à voir nos dernières constitutions marcher toujours avec l'impiété, et s'appuyer sur les doctrines les plus funestes, a cru, mal à propos, qu'on en vouloit à la Charte, lorsqu'en parlant de cette Charte on a aussi parlé de morale et de religion. Comme si la liberté et la religion étoient incompatibles! comme si toute idée généreuse en politique ne pouvoit pas s'allier avec le respect que l'on doit aux principes de la justice et de la vérité! Est-ce donc se jeter dans les réactions que de blâmer ce qui est blâmable, que de vouloir réparer tout ce qui n'est pas irréparable?

Prenons bien garde à ce qu'on appelle des réactions; distinguons-en de deux sortes. Il y a des réactions physiques et des réactions morales. Toute réaction physique, c'est-à-dire toute voie de fait doit être réprimée : le ministère, sur ce point, ne sera jamais assez sévère. Mais comment pourroit-il prévenir les réactions morales? Comment empêcheroit-il l'opinion de flétrir toute action qui mérite de l'être? Non-seulement il ne le peut pas, mais il ne le doit pas; et les discours qui attaquent les mauvaises doctrines rétablissent les droits de la justice, louent la vertu malheureuse, applaudissent à la fidélité méconnue, sont aussi utiles à la liberté qu'au rétablissement de la monarchie.

Et à qui prétend-on persuader, d'ailleurs, que les hommes de la révolution sont plus favorables à la Charte que les royalistes? Ces hommes qui ont professé les plus fiers sentiments de la liberté sous la république, la soumission la plus abjecte sous le despotisme, ne trouvent-ils pas dans la Charte deux choses qui sont antipathiques à leur double opinion : un roi, comme républicains; une constitution libre, comme esclaves?

Le ministère croit-il encore la Charte plus en sûreté quand elle est défendue par les disciples d'une école dont je parlerai bientôt? Cette école professe hautement la doctrine que les deux Chambres ne doivent être qu'un conseil passif; qu'il n'y a point de représentation nationale; qu'on peut tout faire avec des ordonnances. Les royalistes ont défendu les vrais principes de la liberté dans les questions diverses qui se sont présentées (notamment dans la loi sur les élections), tandis que la doctrine de la passive obéissance a été prêchée par les hommes qui ont bouleversé la France au nom de la liberté.

Si des ministres pensent donc que sous l'empire d'une constitution où la parole est libre, ils n'entendront pas des opinions de toutes les sortes; s'ils prennent ces opinions solitaires pour des indications d'une opinion générale ou d'un dessein prémédité, ils n'ont aucune idée de la nature du gouvernement représentatif : ils seront conduits à d'étranges folies en agissant d'après leur humeur et leurs suppositions. La règle, dans ce cas, est de peser les résultats et les faits. Un homme d'Etat ne considère que la fin; il ne s'embarrasse pas si la chose qu'il désiroit, et qui étoit bonne, a été produite par les passions ou par la raison, par le calcul ou par le hasard. Si vous sortez des faits en politique, vous vous perdez sans retour.

CHAPITRE XXXIX.

Que le ministère doit conduire ou suivre la majorité.

Les ministres doivent, en administration, suivre l'opinion publique qui leur est marquée par l'esprit de la Chambre des députés. Cet esprit peut très bien n'être pas le leur; ils pourroient très bien préférer un système qui seroit plus dans leurs goûts, leurs penchants, leurs habitudes; mais il faut qu'ils changent l'esprit de la majorité, ou qu'ils s'y soumettent. On ne gouverne point hors la majorité.

Je dirai ailleurs comment on est arrivé à cette hérésie politique, que le ministère peut marcher avec la minorité; cette hérésie fut inventée en désespoir de cause, pour justifier de faux systèmes et des opinions imprudemment avancées.

Si l'on dit que des ministres peuvent toujours demeurer en place malgré la majorité, parce que cette majorité ne peut pas physiquement les prendre par le manteau et les mettre dehors, cela est vrai. Mais si c'est garder sa place que de recevoir tous les jours des humiliations, que de s'entendre dire les choses les plus désagréables, que de n'être jamais sûr qu'une loi passera, tout ce que je sais alors, c'est que le ministre reste et que le gouvernement s'en va.

Point de milieu dans une constitution de la nature de la nôtre : il faut que le ministère mène la majorité ou qu'il la suive. S'il ne peut ou ne veut prendre ni l'un ni l'autre de ces partis, il faut qu'il chasse la Chambre ou qu'il s'en aille : mais aujourd'hui, c'est à lui de voir s'il se sent le courage d'exposer, même éventuellement, sa patrie pour garder sa place; c'est à lui de calculer en outre s'il est de force à frapper un coup d'État; s'il n'a rien à craindre aux élections pour la tranquillité du pays; s'il a le pouvoir de déterminer ces élections dans le sens qu'il désire; ou si, n'étant pas sûr du triomphe, il ne vaut pas mieux ou se retirer, ou revenir aux opinions de la majorité.

Dans ce dernier cas, se décider promptement est chose nécessaire; car il n'est pas clair qu'une majorité trop long-temps aigrie et contrariée consentît à marcher avec le ministère, quand il plairoit à celui-ci de rentrer dans la majorité.

CHAPITRE XL.

Que les ministres doivent toujours aller aux Chambres.

Autre hérésie : un ministre, dit-on, n'est pas obligé de suivre aux Chambres ses projets de loi; il peut très bien se dispenser d'y venir.

C'est le même principe qui fait dire aussi qu'un ministre n'est point obligé de donner les éclaircissements que les Chambres pourroient désirer; qu'il ne doit compte de rien qu'au roi, etc.[1].

Tout cela est insoutenable et contraire à la nature du gouvernement représentatif. Si un ministre ne daigne pas défendre le projet de loi qu'il a apporté, comment ses amis le défendroient-ils? Est-ce avec du dédain et de l'humeur que l'on traite les affaires? Pourquoi est-on ministre, si ce n'est pour remplir les devoirs d'un ministre?

Et qu'ont donc les ministres de plus important à faire que de paroître aux Chambres et d'y discuter les lois? Quoi! ils trouveront plus utile de traiter dans leur cabinet quelques détails d'administration que de veiller aux grandes mesures qui doivent mettre en mouvement tout un peuple!

Si les Chambres, à leur tour, alloient suivre la même méthode, et ne vouloir pas s'occuper des projets de loi qu'on leur auroit apportés, que deviendroit le gouvernement?

Suivez la dictée du bon sens et les routes battues, revenez à la majorité, vous n'aurez plus de répugnance à vous rendre à des assemblées où vous serez toujours sûrs de triompher, où vous n'aurez à recueillir que des choses agréables.

Les faux systèmes gâtent et perdent tout.

[1] Voyez le chapitre xv.

DEUXIÈME PARTIE.

CHAPITRE PREMIER.

Que depuis la restauration une même erreur a été suivie par les trois ministères.

Mais qu'entends-je par de faux systèmes en administration? J'entends tout ce qui est contraire au principe des institutions établies, tout ce qui fait qu'une chose doit inévitablement se détruire.

Hé bien! depuis la restauration, une grande et fatale erreur a été constamment suivie : les ministères qui se sont succédé ont marché sur les mêmes traces, avec les seules différences que les caractères particuliers des ministres apportent dans les affaires publiques, et avec les lenteurs plus ou moins grandes produites par la résistance courageuse de la minorité dans les ministères.

Avant de passer à l'examen de ces systèmes, il est nécessaire de dire quelque chose de la composition et de l'esprit des trois ministères par qui ces systèmes ont été si malheureusement établis.

CHAPITRE II.

Du premier ministère. Son esprit.

Lorsqu'en 1814 le ministre des affaires étrangères fut parti pour Vienne, il laissa derrière lui une administration polie, spirituelle, mais incapable de travail, portant dans les affaires, pour lesquelles elle n'étoit point faite, cette humeur que nous ressentons lorsque notre secret se découvre, et que notre réputation nous échappe.

Quand on en est venu à ce point, on est bien près de se précipiter dans les faux systèmes. Effrayé de l'habileté que demande la direction d'un gouvernement représentatif, incapable de concevoir une vraie liberté, aigri contre une sorte d'opposition que les principes constitutionnels font naître à chaque pas, manquant de force ou d'adresse pour conduire les choses, et se sentant entraîné par elles, on finit par ne vouloir plus les gouverner. Alors on s'en prend à tout ce qui n'est pas soi, à la nature des institutions, aux corps, aux individus, du mécompte qu'on éprouve, et, croyant faire une excellente critique de ce que l'on a, lorsqu'on ne fait que montrer sa foiblesse, on laisse périr la France au nom de la Charte.

C'est ce qui arriva au premier ministère. Il ne demanda aucune loi répressive, hors la mauvaise loi contre la liberté de la presse; il ne songea à se garantir d'aucun danger, et lorsqu'on lui disoit de prendre telle ou telle mesure, il répondoit : la Charte s'y oppose. Le ministère se divisa et s'affoiblit encore par cette division.

On vit éclore dans la majorité du ministère cette opinion développée depuis dans l'école, que les Chambres ne sont qu'un conseil assemblé par le roi, qu'il n'y a point de gouvernement représentatif, que toutes ces comparaisons de la France et de l'Angleterre sont ridicules, qu'on peut très bien se passer de lois, et gouverner avec des ordonnances.

Les buonapartistes s'arrangèrent parfaitement de ce commentaire de la Charte : il étoit au moins impolitique, par conséquent il pouvoit amener une catastrophe, et ils ne demandoient pas mieux. Si cette application des principes constitutionnels ne produisoit pas une crise, elle conduisoit au despotisme; et, malgré leur premier amour pour la liberté, le despotisme est fort du goût de nos fiers républicains. Ainsi tout étoit à merveille.

Quand on a assez de lumières pour s'apercevoir qu'on se trompe, et trop de vanité pour en convenir, au lieu de retourner en arrière, on s'enfonce dans ses propres erreurs. C'est la marche et la consolation de l'orgueil. L'esprit du ministère s'exaspéra. Lorsqu'on alloit se plaindre d'un mauvais choix, ou proposer un royaliste, on répondoit : « Nous irions chercher partout un buonapartiste « habile pour le placer, s'il vouloit l'être. » Les buonapartistes n'ont pas manqué, et Buonaparte est revenu. Peu à peu il fut reconnu qu'aucun homme n'avoit de talent s'il n'avoit servi la révolution; et cette doctrine, transmise soigneusement de ministère en ministère, est devenue aujourd'hui un article de foi.

Et pourtant la majorité du ministère qui fonda cette doctrine comptoit parmi ses membres d'excellents royalistes connus par leurs généreux efforts contre la révolution, des hommes d'une conduite pure, d'un caractère désintéressé, et qui n'avoient fléchi le genou devant aucune idole. Ainsi la sentence qu'ils avoient portée retomboit sur eux; car, s'étant tenus noblement à l'écart dans les temps de bassesse, ils se déclaroient par leur propre système incapables d'être ministres : il est vrai que leur exemple a justifié leur doctrine.

Au reste, rien n'est plus commun que de voir la vanité blessée embrasser, contre son propre intérêt, les plus étranges opinions. Quiconque aujourd'hui, par exemple, fait une faute, passe aussitôt dans le système révolutionnaire. Les amours-propres humiliés se donnent rendez-vous sous ce grand abri de tous les crimes et de toutes les folies : là se rencontrent la plupart des hommes qui se sont mêlés plus ou moins des affaires de France depuis 1789 jusqu'à 1816. Différents, sans doute, par une foule de rapports, ils se touchent du moins dans ce point : mécontents d'eux-mêmes et des autres, ils mettent en commun les remords de la médiocrité et ceux du crime.

CHAPITRE III.

Actes du premier ministère.

Ce ministère étoit pourtant trop spirituel pour prétendre marcher sans la majorité : il l'eut, et n'en profita pas. Une seule loi importante, la loi sur la liberté de la presse, fut proposée. On ne donna que des motifs puérils pour engager les Chambres à la supprimer; il ne fut question que de l'honneur des femmes, des insultes au pouvoir (c'est-à-dire aux ministres); mais des raisons générales, et constitutionnelles, point. Étoient-ce, en effet, des raisons dignes seulement d'être examinées pour ceux qui ne voient dans les deux Chambres qu'un conseil passif, sans action et sans droit? Au reste, la loi ne réprimoit rien, et donnoit au gouvernement l'apparence de l'arbitraire, en laissant tout empire à la licence.

Quant aux ordonnances, il n'y en eut qu'une remarquable; et, au lieu de régler l'éducation, elle la bouleversa.

Les Chambres eurent alors l'avantage des bonnes propositions opposées aux mauvais projets de loi. La seule vue, vraiment grande et politique autant qu'elle est juste et généreuse, présentée dans la session de 1814, appartient à un maréchal de France.

Le premier ministère fut emporté par la tempête qu'il avoit laissée se former; et cette tempête fut sur le point d'emporter la France.

CHAPITRE IV.

Du second ministère. Sa formation.

Le principal ministre du premier ministère fut porté d'un commun accord à la tête du second. La plus belle carrière s'ouvroit devant lui; il pouvoit achever son ouvrage et consolider le trône qu'il avoit puissamment contribué à relever. Il lui suffisoit de bien sentir sa position, de renoncer franchement à la révolution et aux révolutionnaires, d'embrasser avec franchise la monarchie constitutionnelle, mais en l'asseyant sur les bases de la religion, de la morale et de la justice; en lui donnant pour guides des hommes irréprochables, nécessairement fixés dans les intérêts de la couronne.

Le nom de ce ministre, ses talents, son expérience des affaires, son crédit en Europe, tout l'appeloit à remplir ce rôle aussi brillant pour lui qu'utile à la France. Il auroit joui, dans la postérité, du double éclat de ces hommes extraordinaires qui perdent et qui sauvent les empires. A force de gloire, il eût forcé ses ennemis au silence.

Naturellement enclin à embrasser ce parti, et par l'empire de sa haute naissance, et par la rare perspicacité de son jugement, il en fut détourné par une de ces fatalités qui changent toute une destinée. Trop long-temps absent de la France, il n'en connoissoit pas bien le véritable esprit : il interrogea des hommes qui le trompèrent; car il est peut-être encore plus habile à juger les choses que les hommes. Le ministre rentra donc, comme malgré lui, dans des systèmes dont il sentoit la nécessité de sortir.

CHAPITRE V.

Suite du précédent.

Ces systèmes se fortifièrent encore quand un homme resté à Paris fut, par une autre fatalité, jeté dans le ministère.

Ce personnage fameux, qui n'avoit pris d'abord aucun parti, mais qui, dans toutes les chances, vouloit se ménager des ressources, faisoit porter des paroles à Gand, comme il en faisoit probablement porter ailleurs. Une coalition puissante se formoit pour lui à mesure que nous avancions en France. Il ne fut plus possible d'y résister en approchant de Paris. Tout s'en mêla, la religion comme l'impiété, la vertu comme le vice, le royaliste comme le révolutionnaire, l'étranger comme le François. Je n'ai jamais vu un vertige plus étrange. On crioit de toutes parts que, sans le ministre proposé, il n'y avoit ni sûreté pour le roi ni salut pour la France; que lui seul avoit empêché une grande bataille, que lui seul avoit déjà sauvé Paris, que lui seul pouvoit achever son ouvrage.

Qu'on me permette une vanité : je ne parlerois pas de l'opinion que je manifestai alors, si elle avoit été ignorée du public. Je soutins donc que, dans aucun cas, il ne falloit admettre un tel ministre; que si jamais on lui livroit la conduite des affaires, il perdroit la France, ou ne resteroit pas trois mois en place. Ma prédiction s'est accomplie.

Outre les raisons morales qui me faisoient penser ainsi, deux raisons me sembloient sans réplique.

En politique, comme en toute chose, la première loi est de vouloir le possible : or, dans la nomination proposée il y avoit deux impossibilités.

La première naissoit de la position particulière où se trouveroit le ministre par rapport à son maître;

La seconde venoit de cet empêchement constitutionnel qui fait le jugement du XXXIX° chapitre de la première partie de cet ouvrage.

Si l'on croyoit qu'un homme de cette nature étoit utile, il falloit le laisser derrière le rideau, le combler de biens, élever sa famille en proportion des services qu'il pouvoit avoir rendus, prendre en secret ses conseils, consulter son expérience. Mais on auroit dû éviter de faire violence à la couronne pour le porter ostensiblement au ministère. Au reste, il fut presque impossible aux meilleurs esprits d'échapper à la force des choses et à l'illusion du moment.

Je me rappellerai toute ma vie la douleur que j'éprouvai à Saint-Denis. Il étoit à peu près neuf heures du soir : j'étois resté dans une des chambres qui précédoient celle du roi. Tout à coup la porte s'ouvre : je vois entrer le président du conseil, s'appuyant sur le bras du nouveau ministre... O Louis-le-Désiré! ô mon malheureux maître! vous avez prouvé qu'il n'y a point de sacrifice que votre peuple ne puisse attendre de votre cœur paternel!

CHAPITRE VI.

Premier projet du second ministère.

Le conseil installé, il falloit qu'il adoptât une marche; le nouveau ministre admis voulut lui faire prendre la seule possible dans ses intérêts particuliers. Il sentoit l'incompatibilité de son existence ministérielle avec le jeu de la monarchie représentative. Il comprit très bien que si la force armée *illégitime* et la force politique pareillement *illégitime* n'étoient pas conservées, sa chute étoit inévitable. Il savoit qu'on ne lutte pas contre la force des choses ; et comme il ne pouvoit s'amalgamer avec les éléments d'un gouvernement légal, il voulut rendre ces éléments homogènes à sa propre nature.

Son plan fut sur le point de réussir : il créa une terreur factice avant que la cour entrât dans Paris. Supposant des dangers imaginaires, il prétendoit forcer la couronne à reconnoître les deux Chambres de Buonaparte, et à accepter la déclaration des *droits* qu'on s'étoit hâté de finir. Louis XVIII eût été roi par les constitutions de l'empire ; le peuple lui auroit fait la grâce de le choisir pour chef ; il eût daté les actes de son gouvernement de l'an 1er de son règne ; les gardes du corps et les compagnies rouges eussent été licenciés ; l'armée de la Loire conservée ; et la cocarde blanche, arrachée à quelques soldats fidèles arrivés de l'exil avec le roi, eût été remplacée par la cocarde tricolore des rebelles, encore armés contre le souverain légitime.

Alors la révolution eût été, en effet, consommée ; la famille royale fût restée là quelque temps, jusqu'au jour où le peuple souverain, et les ministres, plus souverains encore, eussent jugé bon de changer et le monarque et la monarchie. A cette époque la faction révolutionnaire murmuroit même quelques mots de la nécessité d'exiler les princes ; le projet étoit d'isoler le roi de sa famille.

CHAPITRE VII.

Suite du premier plan du second ministère.

Cependant on continuoit d'être la dupe de tout ce qu'il plaisoit au parti de débiter. Les plus chauds royalistes accouroient pour nous dire, de la meilleure foi du monde, que si le roi entroit dans Paris avec sa maison militaire, cette maison seroit massacrée; que si l'on ne prenoit pas la cocarde tricolore, il y auroit une insurrection générale. En vain la garde nationale passoit par-dessus les murs de Paris pour venir protester de son dévouement; on assuroit que cette garde étoit mal disposée. La faction avoit fermé les barrières pour empêcher le peuple de voler au-devant de son souverain : il y avoit conjuration autant contre ce pauvre peuple que contre le roi. L'aveuglement étoit miraculeux; car alors l'armée françoise, qui auroit pu faire le seul danger, se retiroit sur la Loire; cent cinquante mille soldats étrangers occupoient les postes, les avenues et les barrières de Paris, où ils alloient entrer dans vingt-quatre heures par capitulation; et l'on prétendoit toujours que le roi, avec ses gardes et ses alliés, n'étoit pas assez fort pour pénétrer dans une ville où il ne restoit pas un soldat, où il n'y avoit plus que des bourgeois fidèles, très capables à eux seuls de contenir une poignée de fédérés, si ceux-ci s'étoient avisés de vouloir faire un mouvement.

Il se passa cependant quelque chose de bien

propre à dessiller les yeux : le gouvernement provisoire fut dissous, mais il le fut par une espèce d'acte [1] d'accusation contre la couronne; c'étoit la pierre d'attente sur laquelle on espéroit bâtir la révolution à l'avenir. Quelques personnes furent un peu étonnées; mais le ministre ayant assuré qu'il n'avoit pas eu d'autre moyen de dissoudre le gouvernement provisoire, on le crut. Or, remarquez que le ministre *lui seul* avoit toute la puissance dans ce gouvernement; et que, s'il avoit voulu laisser faire, ces directeurs, si difficiles à chasser avec cent cinquante mille alliés et toute la maison du roi, auroient été jetés dans la Seine par cinquante hommes de la garde nationale.

CHAPITRE VIII.

Renversement du premier plan du second ministère.

Toute cette comédie finit par je ne sais quel hasard : le nouveau Directoire, les pairs et les représentants de Buonaparte furent chassés : la maison du roi ne fut point dissoute; on ne prit point la cocarde tricolore, grâce aux nobles sentiments du noble héritier de Henri IV, qui déclara qu'il aimeroit mieux retourner à Hartwel; le drapeau blanc flotta sur les Tuileries; on entra paisiblement dans

---

[1] J'ai acheté dans les rues de Paris cet acte imprimé pour le peuple, sur papier à l'*aigle*, avec deux ou trois phrases qui ne sont pas dans le *Moniteur*, et où il est dit que les honnêtes gens, *forcés* de s'éloigner, doivent garder leurs bonnes intentions *pour de plus heureux jours*.

Paris; et, au grand ébahissement des dupes, jamais le roi ne fut mieux reçu, jamais les gardes du corps ne furent mieux accueillis. La prétendue résistance que l'on devoit rencontrer ne se montra nulle part; et les obstacles, qui n'avoient jamais existé, s'évanouirent.

C'étoit une chose curieuse à observer que l'air stupéfait et un peu honteux qui régna sur les visages pendant quelque temps dans les sociétés de Paris. Chacun vouloit encore, pour se justifier, soutenir que le choix du nouveau ministre étoit un choix indispensable; mais à mesure que l'opinion de la province et de l'Europe se faisoit connoître (et la province et l'Europe n'eurent pas un moment d'illusion), à mesure que la terreur cessoit à Paris, on revenoit au bon sens : on ne tarda pas à découvrir l'impossibilité absolue de garder en entier ce ministère, qu'on avoit demandé à la couronne avec une sorte de fureur. N'accusons personne : il étoit tout simple que ceux qui s'étoient crus protégés pendant les Cent-Jours (et qui auroient été cruellement détrompés si la bataille de Waterloo eût été perdue par les alliés), il étoit tout simple, dis-je, que ceux-là fussent sous l'illusion de la reconnoissance. Mais puisqu'ils ont été si promptement forcés de reconnoître leur erreur, cela leur devroit donner moins d'assurance dans leurs nouvelles assertions. Quand ils excusent aujourd'hui toutes les fautes que l'on peut faire, quand ils soutiennent avec la même conviction que sans tel ou tel ministre nous serions inévitablement perdus, qu'ils se rappellent leur enthousiasme pour un autre personnage, le ton tranchant avec lequel ils affirmoient que rien ne pouvoit aller sans lui, leurs grands raisonnements, leur colère contre les profanes qui n'admiroient pas, qui osoient douter de l'infaillibilité du ministre : alors ils apprendront à se méfier de leur propre jugement, et seront plus réservés dans la distribution de leurs anathèmes.

CHAPITRE IX.

Division du second ministère.

Le plan général ayant avorté, le ministre qui l'avoit conçu, s'il eût été sage, eût donné sa démission; car, d'un côté, les deux impossibilités de sa position naturelle l'empêchoient, comme je l'ai dit, d'entrer dans le système du gouvernement légitime ; et, de l'autre, il ne pouvoit plus suivre le système révolutionnaire, puisque celui-ci venoit de manquer par la base. Si cette retraite avoit eu lieu, le ministère amélioré auroit pu se soutenir; il ne se seroit pas trouvé engagé dans la fausse position qui devint la cause de ses fausses démarches et précipita sa chute.

Le président du conseil, dégagé du tourbillon qui l'avoit d'abord entraîné, revenoit à des idées plus justes, et désiroit administrer dans le sens royaliste et constitutionnel. A cette fin, il falloit une Chambre des députés, et cette Chambre fut convoquée. Les électeurs adjoints, les présidents des colléges électoraux furent généralement choisis parmi les hommes attachés à la royauté. Mais précisément ce qu'il y avoit de bon dans ces mesures tendoit à dissoudre l'administration, puisque par-là se trouvoit menacé le ministre attaché à la révolution : ce ministre, en s'efforçant même d'entrer dans la Chambre des députés, montroit de son côté une ignorance complète de sa position

Comment un homme étoit-il devenu si aveugle sur son intérêt politique, après avoir été d'abord si clairvoyant ? C'est qu'ayant été arrêté dans son premier plan, il ne pouvoit plus empêcher la constitution de marcher, ni l'arbre de produire son fruit; c'est qu'il se fit peut-être illusion; qu'il pensa que la Chambre des députés entreroit dans le système révolutionnaire. Et d'ailleurs, vain et mobile, ce ministre, dont le nom rappellera éternellement nos malheurs, se croit seul capable de maîtriser les tempêtes, parce qu'il a l'expérience des naufrages, et sa légèreté semble être en raison inverse de la gravité des affaires qu'il a traitées.

Lorsque Cromwell signa la sentence de mort de Charles 1er, il barbouilla d'encre le visage de Marten, autre régicide auquel il passoit la plume. C'est une prétention des grands criminels de supporter gaîment les douleurs de la conscience.

CHAPITRE X.

Actes du second ministère, et sa chute.

Les actes émanés d'un ministère aussi divisé ne pouvoient être que contradictoires; quelques-uns sont excellents, quelques autres sont déplorables, et laisseront dans nos institutions les traces les plus désastreuses. La justice oblige de reconnoître que si les ministres actuels se sont trouvés enveloppés dans des difficultés inextricables, la plupart de ces difficultés sont nées des ordonnances rendues sous leurs prédécesseurs.

Un seul exemple suffira pour montrer à quel point le second ministère se trompa dans les choses les plus importantes. Au moment où il saisit les rênes de l'État, il eût dû purger le sol de la France, traduire devant les tribunaux les grands criminels, comprendre dans une autre catégorie ceux qui devoient s'éloigner, et publier une amnistie pleine et entière pour le reste : ainsi les coupables eussent été punis, les foibles rassurés. Au lieu de prendre une mesure si clairement indiquée, on laissa planer des craintes sur la tête de tous les François. Appelées, long-temps après le délit, à prendre connoissance de ce délit, les Chambres ont été forcées d'agiter des questions qui remuent trop de passions et réveillent trop de souvenirs. Les jugements partiels et sans termes se sont prolongés jusqu'au moment où j'écris; et comme tel prévenu a été absous, et tel autre condamné en apparence pour le même crime, il en est résulté que l'indulgence et la rigueur ont eu l'air de s'accuser mutuellement d'injustice.

L'humeur augmentoit : les ministres désunis commençoient à chercher des appuis dans les opinions opposées que chaque parti du ministère auroit voulu voir triompher. L'affaire du Muséum accrut le mécontentement public. La divulgation de deux fameux rapports déroula tout ce plan révolutionnaire que j'ai expliqué, et qu'on essaya de faire adopter avant l'entrée du roi à Paris. Mais ces rapports ne pouvoient plus rien changer à l'état des choses ; le temps des craintes chimériques étoit passé : les rapports n'étoient plus que l'expression du désespoir d'une cause perdue et d'une ambition trompée. Du reste, médiocres en tout, ils étoient erronés dans les faits, vagues dans les vues, et décousus dans les moyens.

Tant de contradictions, de tâtonnements, de faux systèmes, hâtèrent la catastrophe que tout le monde prévoyoit. La session alloit s'ouvrir : l'ombre des Chambres suffit pour faire disparoître un ministère trop exposé à la franchise de la tribune. Quand les ministres furent tombés, on en trouva d'autres, bien qu'on eût assuré qu'il n'y en avoit plus.

CHAPITRE XI.

Du troisième ministère. Ses actes. Projets de loi.

Les nouveaux ministres entrèrent en pouvoir au moment même de l'ouverture de la session. Les projets de loi qu'ils présentèrent à la Chambre des députés étoient urgents et nécessaires : ils furent tous adoptés, quoique avec des améliorations considérables.

Ainsi, cette Chambre dont le ministère ne tarda pas à faire de si grandes plaintes, n'a jamais commis une faute ni contre le roi, qu'elle aime avec idolâtrie, ni contre le peuple, dont elle devoit défendre les droits. Par les lois sur la suspension de la liberté individuelle, sur les cris séditieux, sur les cours prevôtales, sur l'amnistie, elle s'est empressée d'armer la couronne de tous les pouvoirs, en amendant le projet de loi d'élections, et en faisant, contre ses propres intérêts comme Chambre, un meilleur budget, elle a maintenu les intérêts du peuple.

Si le ministère avoit consenti, pour son repos comme pour celui de la France, à suivre le principe constitutionnel, à marcher avec la majorité, jamais travaux politiques plus importants et plus brillants à la fois n'auroient consolé un peuple après tant de folies et d'erreurs.

Les projets de loi des ministres furent de grands actes d'administration : mieux dirigés, ils auroient passé sans difficulté.

Les propositions des Chambres[1] furent de leur côté matière à grandes lois; accueillies par le ministère, elles se fussent perfectionnées.

De faux systèmes dérangèrent tout; et ce qui devoit être un point d'union devint un champ de bataille.

Entrons donc dans l'examen de ces systèmes qui ont déjà perdu la France au 20 mars, qui nous font et nous feront encore tant de mal.

CHAPITRE XII.

Quels hommes ont embrassé les systèmes que l'on va combattre, et s'il importe de les distinguer.

Il y a des administrateurs qui ont embrassé les systèmes en vigueur depuis la restauration, voyant très bien le but caché, désirant très vivement la conséquence de ces systèmes.

Il y a des hommes d'État qui y sont tombés faute de lumières et de jugement; d'autres s'y sont précipités en haine de tels ou tels hommes; d'autres y tiennent par orgueil, passion, caractère, entêtement, humeur.

Il est clair que ces systèmes ont leurs dupes et leurs fripons, comme toute opinion dans ce monde; mais puisque dupes et fripons nous conduisent

---

[1] J'étois entré dans de longs détails relatifs aux propositions des Chambres et aux projets des ministres; mais je les ai supprimés depuis la publication de l'*Histoire de la Session de 1815*, par M. Fiévée. Cet important sujet est supérieurement traité dans la troisième partie de son ouvrage. Je ne pourrois rien y ajouter.

également à l'abîme, peu nous importe les motifs divers qui les ont déterminés à suivre le même chemin.

Fairfax s'étoit laissé entraîner par la faction parlementaire; il s'aperçut trop tard qu'il avoit été trompé. Il voulut trop tard arracher le roi à ses bourreaux. Le jour de l'exécution de Charles Ier, il se mit en prière avec Harrison pour demander des conseils à Dieu. Harrison savoit que le coup alloit être porté; il prolongeoit exprès la fatale oraison, afin d'ôter au général le temps de sauver le monarque. On apporte la nouvelle : « Le ciel l'a « voulu! » s'écrie Harrison en se levant. Fairfax fut consterné, mais le roi étoit mort.

Sans donc nous occuper des hommes, ne parlons que des systèmes. Si je parviens à en prouver la fausseté, à montrer l'écueil aux pilotes chargés de nous conduire, je croirai avoir rendu un grand service à la France; convaincu, comme je le suis, que si l'on continue à suivre la route où nous sommes engagés, on mènera la monarchie légitime au naufrage.

CHAPITRE XIII.

Système capital, fondement de tous les autres systèmes suivis par l'administration.

Le grand système d'après lequel on administre depuis la restauration, le système qui est la base de tous les autres, celui d'où sont nées ces hérésies : *Il n'y a point de royalistes en France; la*

Chambre des députés n'est point dans le sens de l'opinion générale; il ne faut point suivre la majorité de cette Chambre; il ne faut point d'épurations; les royalistes sont incapables; etc., etc.; ce système, qu'on ne peut soutenir qu'en niant l'évidence des faits, qu'en calomniant les choses et les hommes, qu'en renonçant aux lumières du bon sens, qu'en abandonnant un chemin droit et sûr, pour prendre une voie tortueuse et remplie de précipices; ce système enfin est celui-ci : IL FAUT GOUVERNER LA FRANCE DANS LE SENS DES INTÉRÊTS RÉVOLUTIONNAIRES.

Cette phrase, bien digne des révolutionnaires par sa barbarie, renferme l'instruction entière d'un ministre. Tout homme qui ne la comprend pas est déclaré incapable de s'élever à la hauteur de l'administration. Il ne vaut pas la peine qu'on daigne lui expliquer les secrets des têtes *fortes*, des esprits *positifs* et des génies *spéciaux*[1].

CHAPITRE XIV

Qu'avec ce système on explique toute la marche de l'administration.

Servez-vous de ce système comme d'un fil, et vous pénètrerez dans tous les replis de l'administration; vous découvrirez la raison de ce qui vous a paru le plus inconcevable; vous trouverez la

---

[1] Jargon d'une petite coterie politique bien connue à Paris. Cette note est pour la province et pour l'étranger.

cause efficiente des déterminations ministérielles :
je le prouve.

Il n'y a que deux espèces d'hommes qui peuvent gouverner dans le sens des intérêts révolutionnaires : ceux qui sont eux-mêmes engagés fortement dans ces intérêts; ceux qui, sans les partager, sont néanmoins convaincus que la majorité de la France est révolutionnaire.

Que les premiers administrent au profit de la révolution, cela est tout naturel; que les seconds, par d'autres motifs, s'attachent au même système, c'est tout naturel encore; car étant faussement persuadés, mais enfin étant persuadés, que toute résistance à l'ordre de choses révolutionnaire est inutile; que cette résistance amèneroit des crises et des bouleversements, ils doivent gouverner selon l'opinion qu'ils croient dominante et insurmontable.

Cela posé, il faut favoriser de toutes parts les hommes et les choses de la révolution, parce qu'on les regarde comme seuls puissants, seuls à craindre; tandis que, par une conséquence contraire, on doit écarter les hommes et les choses qui ne tiennent pas à cette révolution, parce qu'ils ne sont ni puissants ni à craindre.

Or, n'est-ce pas ce qu'on a toujours fait depuis la restauration? Partez donc du système des intérêts révolutionnaires, et toute l'administration est expliquée.

Cette administration a-t-elle sauvé, a-t-elle perdu, perdra-t-elle la France? voilà la question.

Si elle sauve la France, le système est vrai : il faut le suivre.

Si elle a déjà perdu, si elle doit perdre encore la France, le système est faux : qu'on se hâte de l'abandonner.

Et moi je soutiens que le système des intérêts révolutionnaires nous a précipités, et nous précipitera encore dans un abîme d'où nous ne sortirons plus.

Je dis qu'il est inconcevable que des ministres attachés à la couronne retombent dans les fautes qui ont produit la leçon du 20 mars.

Je dis que je ne saurois comprendre comment ces ministres sacrifient la France pour gagner des gens qu'on ne gagnera jamais; comment ils en sont encore à ce pitoyable système de fusion et d'amalgame que Buonaparte lui-même n'a pu exécuter avec un bras de fer et six cent mille hommes; comment ils croient avoir trouvé un moyen de salut, quand ils n'emploient qu'un moyen de destruction.

Je ferai toucher au doigt et à l'œil les conséquences terribles du système des intérêts révolutionnaires, pris pour base de l'administration; mais il faut d'abord l'attaquer dans son principe, ainsi que les autres systèmes dérivés de ce système capital.

CHAPITRE XV.

Erreur de ceux qui soutiennent le système des intérêts révolutionnaires.

Voici l'erreur de ceux qui veulent gouverner de bonne foi dans le sens des intérêts révolutionnaires : ils confondent les intérêts *matériels* révolutionnaires et les intérêts *moraux* de la même espèce. Protégez les premiers ; poursuivez, détruisez, anéantissez les seconds.

J'entends par les intérêts *matériels* révolutionnaires, la possession des biens nationaux, les droits politiques développés par la révolution, et consacrés par la Charte.

J'entends par les intérêts *moraux*, ou plutôt immoraux de la révolution, l'établissement des doctrines anti-religieuses et anti-sociales, la doctrine du gouvernement de fait, en un mot, tout ce qui tend à ériger en dogme, à faire regarder comme indifférents, ou même comme légitimes, le manque de foi, le vol et l'injustice.

CHAPITRE XVI.

Ce qu'il faut faire en admettant la distinction notée au précédent chapitre.

Ainsi, punissez quiconque se porteroit à des voies de fait contre les acquéreurs de biens nationaux ; veillez à la conservation de tous les avantages que la constitution accorde aux diverses classes de citoyens : cette part faite aux intérêts révolutionnaires, c'est une erreur déplorable autant qu'odieuse de se croire obligé de soutenir toutes les opinions impies et sacriléges nées de la fange de la révolution : c'est prendre pour des *intérêts* réels des *principes* destructeurs de toute société humaine.

CHAPITRE XVII.

Exemple à l'appui de ce qu'on vient de dire.

Faut-il, par exemple, parce qu'on a vendu des biens qui ne nous appartenoient pas, que la Charte a reconnu cette vente (pour ne pas amener de nouveaux troubles), faut-il déclarer qu'il est légal de garder ceux qui ne sont pas encore aliénés? Une injustice commise devient-elle un droit pour commettre une autre injustice? Craindroit-on, en rendant ce qui reste des domaines de l'Église, d'avouer qu'on a eu tort de vendre ce qui ne reste plus; et ce qu'on ne redemande pas? Cet aveu ne doit-il jamais être fait?

Singulière doctrine de ces hommes qui prétendent aimer la liberté! Ne diroit-on pas que les droits consacrés par la Charte n'ont été établis qu'au profit de ceux qui ont tout, contre ceux qui n'ont rien? L'inviolabilité des propriétés que l'on invoque pour la France nouvelle n'existe point pour l'ancienne France : la peine de la confiscation n'est plus connue pour crime de lèse-majesté; mais elle continue de l'être pour crime de fidélité.

Malheur à la nation dont la loi, comme la règle de plomb de certains architectes de la Grèce, se ploie pour s'appliquer à différentes formes! Malheur au juge qui a deux poids et deux mesures! Malheur au citoyen réclamant pour lui la justice qu'il dénie à son voisin! Sa prospérité sera passagère, il sera frappé de cette même adversité qui ne le touche pas en autrui.

Au temps de Philippe de Valois, il y eut une peste : durant la mortalité, il advint que deux religieux de Saint-Denis chevauchoient à travers champs; ils arrivèrent à un village où ils trouvèrent les hommes et les femmes dansant au son des tambourins et des cornemuses. Ils en demandèrent la raison : les paysans répondirent qu'ils voyoient tous les jours mourir leurs voisins, mais que la contagion n'étant pas entrée dans leur village, ils avoient bonne espérance, et se tenoient en joie. Les deux religieux continuèrent leur route. Quelque temps après, ils repassèrent par le même village : ils n'y rencontrèrent que peu d'habitants, et ces habitants avoient l'air abattu et le visage triste. Les religieux s'enquirent où étoient les hommes et les femmes qui menoient naguère une si grande fête : « Beaux seigneurs, répondirent les paysans, le courroux du ciel est descendu sur nous[1]. »

CHAPITRE XVIII.

Continuation du même sujet.

Poursuivez, et voyez où vous arrivez avec le système que j'attaque.

On doit s'opposer au rétablissement de la reli-

[1] *Chronique de France.*

gion, parce que les intérêts révolutionnaires sont contraires à la religion.

On ne doit jamais faire aucune proposition, présenter aucun projet de loi, tendant à rétablir les institutions morales et chrétiennes, parce que les rétablir c'est menacer la révolution; c'est en outre supposer que ces institutions ont été renversées, par conséquent faire un reproche indirect à la révolution qui les a détruites. N'ai-je pas entendu blâmer comme impolitiques les honneurs funèbres rendus à Louis XVI, à Marie-Antoinette, au jeune roi Louis XVII, à madame Élisabeth? Si c'est comme cela qu'on sauve la monarchie, je suis étrangement trompé.

Si des choses on passe aux hommes, on trouvera qu'il ne faut rien faire pour ceux qui ont combattu la révolution, de peur d'alarmer les intérêts révolutionnaires; qu'il faut combler au contraire les amis de la révolution pour les gagner et se les attacher. Je présenterai les détails du tableau quand je peindrai l'état actuel de la France.

Enfin, tous ces discours où l'on retrouve les mots d'honneur, de religion, de royalisme, sont des discours de factieux : parler ainsi, c'est blesser les intérêts révolutionnaires.

Avant la révolution, les prédicateurs, effrayés par l'esprit du siècle, n'osoient presque plus nommer Jésus-Christ ; ils tâchoient, par des périphrases, de faire entendre de qui ils vouloient parler.

Aujourd'hui, à cause des intérêts moraux révolutionnaires, évitez toutes les paroles qui pourroient blesser des oreilles délicates; *restitution*, par exemple, est un mot si affreux, qu'on doit le bannir, lui et ses dérivés, de la langue françoise. Il y a de bonnes gens qui consentiroient presque à la dotation de l'autel, à condition qu'on *donnât*, mais non pas qu'on *rendît* au clergé ce qui reste des biens de l'Église; car, comme ils le disent très sensément, *il faut maintenir le principe!*

Si cela continue, grâce aux intérêts révolutionnaires, dans peu d'années il y aura une foule de mots que l'on n'entendra plus, et l'on sera obligé de les expliquer dans les nouveaux dictionnaires.

CHAPITRE XIX.

Que le système des intérêts révolutionnaires, pris à la fois dans le sens physique et moral, mène à cet autre système, savoir : qu'il n'y a point de royalistes en France.

Gouverner dans le sens des intérêts révolutionnaires, sous le rapport moral, est un système si directement opposé aux principes du gouvernement légitime, il paroît si insensé de caresser toujours ses ennemis, et de repousser toujours ses amis, qu'il a bien fallu s'appuyer sur quelque raison décisive.

Qu'a-t-on alors imaginé? On a dit : Il n'y a point de royalistes en France! C'est justifier une erreur par une erreur.

« Combien êtes-vous? s'écrioit un jour un homme spécial : deux royalistes contre cent révolutionnaires; subissez donc votre sort! *Væ victis!* Un gouvernement ne connoît que la majorité, et n'administre que pour elle. Des faits et non des mots; comptons. »

Eh bien! comptons.

Vous dites donc qu'il y a deux royalistes contre cent personnes attachées aux principes de la révolution, ou, pour me servir de votre phrase habituelle, vous dites qu'il n'y a point de royalistes en France. Vous en concluez qu'il faut gouverner dans le sens des intérêts révolutionnaires non-seulement matériels, mais encore moraux, sans avoir égard à la distinction que je prétends établir.

Je tirerois de ce fait, s'il étoit véritable, une conséquence tout opposée; mais je commence par le nier.

CHAPITRE XX.

Que les royalistes sont en majorité en France.

Loin que les royalistes soient en minorité en France, ils sont en majorité.

S'ils étoient en majorité, répond-on, la révolution n'eût pas eu lieu.

Et depuis quand, dans les révolutions des peuples, la majorité a-t-elle fait la loi? L'expérience n'a-t-elle pas prouvé que c'est le plus souvent la minorité qui l'emporte? La nation vouloit-elle le meurtre de Louis XVI? vouloit-elle la Convention et ses crimes? vouloit-elle le Directoire et ses bassesses? vouloit-elle Buonaparte et sa conscription? Elle ne vouloit rien de tout cela : mais elle étoit contenue par une minorité active et armée. Doit-on inférer que parce que la majorité se tait, ses intérêts n'existent pas dans un pays? Dans ce cas, il faudroit presque toujours conclure, contre l'opprimé, en faveur de l'oppresseur.

Mais délivrez du joug cette majorité, et vous verrez ce qu'elle dira. L'exemple en est récent et sous vos yeux. Des colléges électoraux, formés par Buonaparte, sont appelés à des élections sous le roi : que feront-ils ? Entraînés par l'opinion populaire, et puisant, pour ainsi dire, eux-mêmes dans cette opinion, ils nomment pour députés les plus déterminés royalistes. Je dirai plus : il a fallu toute la puissance ministérielle d'alors pour parvenir à faire élire certains chefs que l'esprit public repoussoit. Loin qu'on veuille encore des révolutionnaires, on en est las : le torrent de l'opinion coule aujourd'hui dans un sens tout-à-fait opposé aux idées qui ont amené le bouleversement de la France.

Renfermons-nous dans les faits. Que chacun se rappelle les départements, les villes, les villages, les hameaux où il peut avoir des relations, des intérêts de famille ou d'amitié. Dans tous ces lieux, il lui sera facile de compter le très petit nombre d'hommes connus par leurs principes révolutionnaires. Y en a-t-il un millier par département, une centaine par ville, une douzaine par village, bourg et hameau ? C'est beaucoup ; et vous ne les trouveriez pas.

Ceux qui n'ont parcouru que nos provinces les plus dévastées par deux invasions consécutives, qui n'ont suivi que la route militaire, ravagée par douze cent mille étrangers ; ceux-là ont vu des paysans au milieu de leurs moissons détruites, de leurs chaumières en cendres. Seroit-il juste de conclure que des propos arrachés à l'impatience de la misère sont la manifestation d'une opinion nationale ? Et comment se fait-il que ces provinces dépouillées aient nommé des députés tout aussi royalistes que ceux du reste de la France ? Ignore-t-on même que les départements du Nord sont remarquables par l'ardeur de leur royalisme ? Voyagez à l'ouest et au midi, et vous serez frappé de la vivacité de cette opinion, qui est portée jusqu'à l'enthousiasme. Voilà des faits et des calculs.

CHAPITRE XXI.

Ce qui a pu tromper les ministres sur la véritable opinion de la France.

L'illusion du ministère sur la véritable opinion de la France tient encore à une autre cause. Il prend pour une chose existante hors de lui une chose inhérente à lui-même ; et il s'émerveille de découvrir ce qui est le résultat forcé de la position où il a placé l'ordre politique.

Le ministère ne voit pas que, sur la question de l'opinion générale, il n'a pour guide et pour témoin qu'une opinion intéressée. La plupart des places étoient et sont encore entre les mains des partisans de la révolution ou de Buonaparte. Les ministres ne correspondent qu'avec les hommes en place; ils leur demandent des renseignements sur l'opinion de la France. Ces hommes tout naturellement ne manquent pas de répondre que les administrés pensent comme eux, hors une petite poignée de chouans et de Vendéens. Comptez l'armée des douaniers, des employés de toutes les sortes, des commis de toutes les espèces, et vous reconnoîtrez que l'administration, dans sa presque totalité, tient aux intérêts révolutionnaires. Or, si le gouvernement voit l'opinion de la France dans les *administrateurs*, et non dans les *administrés*, il en résulte qu'il doit croire, contre la vérité évidente, qu'il y a très peu de royalistes en France. Et, comme ce sont des administrateurs qui parlent, qui écrivent, qui disposent des journaux et de la voix de la renommée; comme, enfin, ce sont eux qui forment les autorités publiques, il est clair qu'il y a de quoi prendre là des idées fausses sur la France, de quoi se tromper soi-même, et tromper l'Europe.

CHAPITRE XXII.

Objection réfutée.

Un homme d'esprit, consulté sur l'opinion de la France, après avoir dit que les royalistes sont les meilleures gens du monde, qu'ils sont pleins de zèle et de dévouement (précaution oratoire à l'usage de tous ceux qui veulent leur nuire), ajoutoit: Mais ces honnêtes gens sont en si petit nombre, ils sont si peu de chose comme parti, qu'ils n'ont pas pu, le 20 mars, sauver le roi à Paris, ni défendre MADAME à Bordeaux.

Hé! grand Dieu! quels sont donc ceux qui emploient de tels raisonnements pour prouver la minorité des royalistes? Ne seroient-ce point des hommes qui chercheroient une excuse à des événements qui les condamnent? Ne seroient-ce point des administrateurs auteurs et fauteurs du merveilleux système qu'il faut gouverner dans les intérêts révolutionnaires, par conséquent ne placer que des amis de Buonaparte, que des élèves de la révolution?

Quoi! c'est vous qui refusiez de croire à tout ce qu'on vous dénonçoit; qui traitiez d'alarmistes ceux qui osoient vous parler des dangers de la France; qui n'ouvriez pas même les lettres qu'on vous écrivoit des départements; qui n'avez pas pu garder un bras de mer avec toute la flotte de Toulon; qui vous êtes montrés si pusillanimes au moment du danger, si incapables de prendre un parti, de suivre un plan, de concevoir une idée; qui n'avez su que vous cacher en laissant 35 millions comptant à l'usurpateur, tant il vous sembloit difficile de trouver quelques chariots! C'est vous qui reprochez aux royalistes écartés, désarmés par vous, de n'avoir pas pu sauver le roi! Ah! qu'il vaudroit mieux garder le silence que de vous exposer à vous faire dire que tous les torts viennent de vous, de vos funestes systèmes! Si vous n'aviez pas mis des révolutionnaires dans toutes les places, si vous n'aviez pas éloigné les royalistes de tous les postes, l'usurpateur n'auroit pas réussi. Ce sont vos préfets révolutionnaires, vos commandants buonapartistes qui ont ouvert la France à leur maître. Ne lui aviez-vous pas ingénieusement envoyé des maréchaux de logis dans tout le midi, en semant sur son chemin ses créatures ? Il avoit raison de dire que ses aigles voleroient de clocher en clocher : il alloit de préfecture en préfecture coucher chaque soir, grâce à vos soins, chez un de ses amis. Et vous osez vous en prendre aux royalistes ! Qui ne sait que dans tout pays ce sont les autorités civiles et militaires qui font tout, parce qu'elles disposent de tout; que la foule désarmée ne peut rien ? Où l'usurpateur a-t-il rencontré quelque résistance, si ce n'est là même où, par hasard, il s'est rencontré des hommes qui n'étoient pas dans les intérêts révolutionnaires ? Vos agents, ces habiles que vous aviez comblés de faveurs pour les attacher à la couronne, arrêtoient les royalistes, empêchoient les Marseillois de sortir de Marseille. Vous sied-il bien de mettre sur le compte de la prétendue foiblesse des sujets fidèles ce qui n'est que le fruit de la pauvreté de vos conceptions ? Abandonnez un moyen de défense aussi maladroit qu'imprudent, puisqu'au lieu de prouver la bonté de votre système il en démontre le vice.

CHAPITRE XXIII.

Que s'il n'y a pas de royalistes en France, il faut en faire

Après avoir nié la majeure, je change d'argument, et j'accorde aux adversaires tout ce qu'ils voudront. Je dis alors : Fût-il vrai qu'il n'y eût pas de royalistes en France, le devoir du ministère seroit d'en faire ; loin de gouverner dans le sens de la révolution, de fortifier les principes révolutionnaires essentiellement républicains, il seroit coupable de ne pas employer tous ses efforts pour amener le triomphe des opinions monarchiques.

Ainsi, trouvant sous sa main, par miracle, une Chambre de députés purement royalistes, le ministère devroit s'en servir pour changer la mauvaise opinion qu'il supposoit exister dans la majorité de la France. Et qu'il ne soutienne pas que ce changement eût été impossible : les moyens d'un gouvernement sont toujours immenses. C'est bien après avoir été témoin de toutes les variations que la révolution a produites, de tous les rôles que la plupart des hommes ont joués, de tous ces serments prêtés à la république, à la tyrannie, à la royauté, au gouvernement de droit, au gouvernement de fait, que l'on peut désespérer de ramener à la légitimité des caractères si flexibles ! Et si, au lieu de supposer la majorité révolutionnaire, je la suppose seulement indifférente et passive, quelle facilité de plus pour la faire pencher vers les principes de la religion et de la royauté ! C'est donc par goût et par choix que vous la déterminez à tomber du côté de la révolution ? Vous avez dit à la tribune qu'un ministre doit diriger l'opinion; eh bien ! je vous prends par vos paroles; faites des royalistes, ou je vous accuse de n'être pas royalistes vous-mêmes.

CHAPITRE XXIV.

Système sur la Chambre actuelle des députés.

Ce qui embarrasse le plus les partisans des intérêts révolutionnaires, lorsqu'ils soutiennent qu'il n'y a point de royalistes en France, c'est la composition de la Chambre des députés.

Le système des intérêts révolutionnaires amène le système de la minorité des royalistes en France; ce second système produit nécessairement celui-ci, savoir, que la Chambre actuelle des députés n'a point été élue dans le sens de l'opinion générale. C'est de ce quatrième système qu'est née l'absurdité inconstitutionnelle d'après laquelle on prétend que le ministère n'a pas besoin de la majorité de la Chambre. Le mal engendre le mal.

Voici comment on raisonne pour détruire l'objection tirée du royalisme de la Chambre des députés.

« L'opinion de la majorité de la Chambre des députés ne représente point, dit-on, l'opinion de la majorité de la France. Cette Chambre, élue par surprise, fut convoquée au milieu d'une invasion. Dans le trouble et la confusion, les colléges électoraux se sont hâtés de nommer des royalistes, croyant que ceux-ci alloient être tout-puissants, quoique l'opinion de ces colléges fût opposée à la nature des choix même qu'ils faisoient. L'opinion de la majorité des François est précisément celle de la minorité actuelle de la Chambre des députés : voilà pourquoi les ministres ont suivi cette minorité, voulant marcher avec la France, et non pas avec une faction. »

CHAPITRE XXV.

Réfutation.

Je vois d'abord dans cet exposé une chose qui, si elle étoit réelle, confirmeroit ce que j'ai avancé plus haut : il est facile de faire des royalistes en France, en supposant qu'il n'y en ait pas.

En effet, des colléges électoraux sont assemblés : dans la simple supposition que les royalistes vont être puissants, que le gouvernement va prendre des mesures en leur faveur, ces colléges nomment sur-le-champ, contre leurs intérêts, leurs penchants et leurs opinions, des députés royalistes! On est donc bien coupable, je le répète, de ne pas rendre toute la France royaliste, lorsqu'on le peut à si peu de frais, lorsque la moindre influence la détermine à faire aussi promptement ce qu'elle ne veut pas que ce qu'elle veut.

Pour moi, je m'en tiens au positif, et, comme ceux dont je combats le système, je ne veux que des faits.

J'ai eu l'honneur de présider un collége électoral dans une ville dont la garnison étrangère n'étoit séparée de l'armée de la Loire que par un pont. S'il devoit y avoir oppression, confusion, incertitude quelque part, c'étoit certainement là. Je n'ai vu que le calme le plus parfait, que la gaîté même, que l'espérance, l'absence de toutes craintes, que les opinions les plus libres. Le collége étoit nombreux; il n'y manquoit presque personne. On y remarquoit des hommes de tous les caractères, de toutes les opinions; des malades s'y étoient fait porter : le résultat de tout cela fut la nomination de quatre royalistes pris dans l'administration, la magistrature et le commerce. Il y en auroit eu vingt de nommés si l'on avoit eu vingt choix à faire, car il n'y eut concurrence qu'entre des royalistes. On n'auroit trouvé de difficulté ou plutôt d'impossibilité qu'à faire élire les partisans des intérêts révolutionnaires.

Je suis peut-être suspect ici par mes opinions. Il y a d'autres présidents qui ne l'étoient pas et ils ont rapporté comme moi des nominations royalistes. Si donc il y avoit tant de calme et d'indépendance à Orléans, les départements éloignés de Paris et du théâtre de la guerre devoient être encore plus libres de suivre leurs véritables opinions.

Une preuve de plus que l'opinion de la majorité de la Chambre des députés étoit l'opinion de la majorité de la France, c'est la réception que les départements ont faite à leurs députés. Je ne parle pas des témoignages de satisfaction donnés aux hommes les plus éclatants; on pourroit répondre que l'esprit de parti s'en est mêlé. Je parle de la manière dont les députés les plus obscurs ont été accueillis presque partout, par cela seul qu'ils avoient voté avec la majorité. On a dit que la police avoit envoyé des ordres secrets pour que de semblables honneurs attendissent aussi les membres de la minorité : ce sont des propos de la malveillance.

Si les départements avoient élu des députés qu'ils n'aimoient pas, il faut avouer qu'ils avoient eu le temps de revenir de leur surprise, de s'apercevoir que les royalistes n'avoient ni puissance ni faveur : alors ces départements, mécontents eux-mêmes de tout ce qui s'étoit passé dans la session, auroient pu montrer combien ils se repentoient de leurs choix. Point du tout : ils en paroissoient de plus en plus satisfaits. Voilà une abnégation de soi-même, une frayeur, une surprise, qui durent bien long-temps !

Que n'avoit-on point tenté toutefois pour égarer l'opinion. Que de calomnies répandues, que d'insultes dans les journaux ! Tantôt les députés vouloient ramener l'ancien ordre de choses, et revenir sur tout ce qui avoit été fait; tantôt ils attaquoient la prérogative et prétendoient résister au roi. Comment dans les provinces auroit-on démêlé la vérité, quand la presse n'étoit pas libre, quand elle étoit entre les mains des ministres, quand on ne pouvoit rien expliquer au-delà de la barrière de Paris, ni faire comprendre la singulière position où l'on plaçoit les plus fidèles serviteurs du roi? Pour couronner l'œuvre, les Chambres avoient été renvoyées immédiatement après le rapport sur le budget à la Chambre des pairs; et les députés, sans pouvoir répondre, étoient retournés chez eux, chacun avec un acte d'accusation dans la poche : cependant la vérité a été connue.

Trompé comme on l'est dans les cercles de Paris, où chacun ne voit et n'entend que sa coterie, où l'on prend ce qu'on désire pour la vérité, où l'on est la dupe des bruits et des opinions que l'on a soi-même répandus, où la flatterie attaque le dernier commis comme le premier ministre, on disoit avec une généreuse pitié que le ministère seroit obligé de protéger les députés quand ils retourneroient dans les provinces; que ces malheureux seroient insultés, bafoués, maltraités par le peuple : *Ride, si sapis!*

Il me semble que les départements commencent à se soustraire à cette influence de Paris, qui les a dominés depuis la révolution, et qui date de loin en France. Lorsque le duc de Guise-le-Balafré montroit à sa mère la liste des villes qui entroient dans la ligue : « Ce n'est rien que tout cela, mon fils, disoit la duchesse de Nemours : si vous n'avez Paris, vous n'avez rien. »

Que l'administration, par maladresse, accroisse aujourd'hui le dissentiment entre les provinces et Paris, il en résultera une grande révolution pour la France.

TABLE DES MATIÈRES.

Préface.................................... Page 3
De Buonaparte et des Bourbons. (30 mars 1814.)..... 11
Des Alliés................................... 58
Compiègne. (Avril 1814)......................... 69
De l'état de la France au 4 octobre 1814............ 75

RÉFLEXIONS POLITIQUES. (Décembre 1814.)

Chapitre premier. Cas extraordinaire................ 91
Chap. ii. Paroles d'un des juges d'Harrison.......... 93
Chap. iii. Que la doctrine du régicide a paru en Europe vers le milieu du seizième siècle. Buchanan. Mariana. Saumaise et Milton 95
Chap. iv. Parallèle............................. 97
Chap. v. Illusions des apologistes de la mort de Louis XVI. 102
Chap. vi. Des Émigrés en général 109
Chap. vii. Singulière méprise sur l'émigration........ 115
Chap. viii. Des derniers Émigrés.................. 117
Chap. ix. S'il est vrai qu'on soit plus inquiet aujourd'hui qu'on ne l'étoit au moment de la restauration 118
Chap. x. Si le Roi devoit reprendre les anciennes formules dans les actes émanés du trône............. 122
Chap. xi. Passage d'une proclamation du Roi 129
Chap. xii. Des Alliés et des armées françoises........ 131
Chap. xiii. De la Charte. Qu'elle convient aux deux opinions qui partagent la France.................... 136
Chap. xiv. Objections des constitutionnels contre la Charte. De l'influence ministérielle et de l'opposition 140

Chap. xv. Suite des objections des constitutionnels. Ordre de la noblesse .... Page 145
Chap. xvi. Objections des royalistes contre la Charte.. 150
Chap. xvii. Suite des objections. Que nous avons essayé inutilement de diverses constitutions. Que nous ne sommes pas faits pour des assemblées délibérantes... 160
Chap. xviii. Suite des objections. Notre position continentale.. 163
Chap. xix. S'il seroit possible de rétablir l'ancienne forme de gouvernement 169
Chap. xx. Que le nouveau gouvernement est dans l'intérêt de tous. Ses avantages pour les hommes d'autrefois. 176
Chap. xxi. Que la classe la plus nombreuse des François doit être satisfaite de la Charte 184
Chap. xxii. Que le trône trouve dans la Charte sa sûreté et sa splendeur..................................... 186
Chap. xxiii. Conclusion 188
Rapport sur l'état de la France, au 12 mai 1815, fait au Roi dans son conseil, à Gand 193
    § Ier. Actes et décrets pour l'intérieur............. 196
    § II. Extérieur 207
    § III. Reproches faits au gouvernement royal..... 212
    § IV. Esprit du gouvernement..................... 226
De la dernière déclaration du congrès 243
Rapport fait au Roi dans son conseil, sur le décret de Napoléon Buonaparte du 9 mai 1815 253
Ordonnance du Roi..................................... 258

DE LA MONARCHIE SELON LA CHARTE.

Préface de la première édition de la Monarchie selon la Charte 263
Préface de l'édition de 1827 265

PREMIÈRE PARTIE.

Chapitre premier. Exposé............................ Page 267
Chap. ii. Suite de l'exposé 268
Chap. iii. Éléments de la monarchie représentative..... 269
Chap. iv. De la prérogative royale. Principe fondamental. 270
Chap. v. Application du principe...................... 271
Chap. vi. Suite de la prérogative royale. Initiative. Ordonnance du Roi..................................... 272
Chap. vii. Objections 274
Chap. viii. Contre la proposition secrète de la loi...... 276
Chap. ix. Ce qui résulte de l'initiative laissée aux Chambres... 278
Chap. x. Où ce qui précède est fortifié................ 279
Chap. xi. Continuation du même sujet.................. 280
Chap. xii. Question................................... 281
Chap. xiii. De la Chambre des pairs. Priviléges nécessaires... 283
Chap. xiv. Substitutions : qu'elles sont de l'essence de la pairie... 284
Chap. xv. De la Chambre des députés. Ses rapports avec les ministres... 286
Chap. xvi. Que la Chambre des députés doit se faire respecter au dehors par les journaux..................... 289
Chap. xvii. De la liberté de la presse 260
Chap. xviii. Que la presse entre les mains de la police rompt la balance constitutionnelle 291
Chap. xix. Continuation du même sujet................ ibid.
Chap. xx. Dangers de la liberté de la presse. Journaux. Lois fiscales... 294
Chap. xxi. Liberté de la presse par rapport aux ministres. 295
Chap. xxii. La Chambre des députés ne doit pas faire le budget... 297
Chap. xxiii. Du ministère sous la monarchie représenta-

tive. Ce qu'il produit d'avantageux. Ses changements forcés.................................... Page 299
Chap. xxiv. Le ministère doit sortir de l'opinion publique et de la majorité des Chambres................ 300
Chap. xxv. Formation d'un ministère : qu'il doit être un. Ce que signifie l'unité ministérielle................ 301
Chap. xxvi. Que le ministère doit être nombreux..... 302
Chap. xxvii. Qualités nécessaires d'un ministre sous la monarchie constitutionnelle .... *ibid.*
Chap. xxviii. Qui découle du précédent 303
Chap. xxix. Quel homme ne peut jamais être ministre sous la monarchie constitutionnelle................ 305
Chap. xxx. Du ministère de la police. Qu'il est incompatible avec une constitution libre 306
Chap. xxxi. Qu'un ministre de la police générale dans une Chambre des députés n'est pas à sa place 307
Chap. xxxii. Impôts levés par la police 308
Chap. xxxiii. Autres actes constitutionnels de la police. 309
Chap. xxxiv. Que la police générale n'est d'aucune utilité. 310
Chap. xxxv. Que la police générale, inconstitutionnelle et inutile, est de plus très dangereuse 311
Chap. xxxvi. Moyen de diminuer le danger de la police générale, si elle est conservée................... 314
Chap. xxxvii. Principes que tout ministre constitutionnel doit adopter...................................... 315
Chap. xxxviii. Continuation du même sujet 316
Chap. xxxix. Que le ministère doit conduire ou suivre la majorité... 318
Chap. xl. Que les ministres doivent toujours aller aux Chambres.. 319

DEUXIÈME PARTIE.

Chapitre premier. Que depuis la restauration une même erreur a été suivie par les trois ministères 321
Chap. ii. Du premier ministère. Son esprit .... *ibid.*

TABLE DES MATIÈRES.

Chap. iii. Actes du premier ministère................ Page 324
Chap. iv. Du second ministère. Sa formation.......... 325
Chap. v. Suite du précédent........................... 326
Chap. vi. Premier projet du second ministère......... 328
Chap. vii. Suite du premier plan du second ministère.. 330
Chap. viii. Renversement du premier plan du second ministère.. 331
Chap. ix. Division du second ministère............... 333
Chap. x. Actes du second ministère, et sa chute...... 335
Chap. xi. Du troisième ministère. Ses actes. Projets de loi. 337
Chap. xii. Quels hommes ont embrassé les systèmes que l'on va combattre, et s'il importe de les distinguer... 338
Chap. xiii. Système capital, fondement de tous les autres systèmes suivis par l'administration............ 339
Chap. xiv. Qu'avec ce système on explique toute la marche de l'administration............................ 340
Chap. xv. Erreur de ceux qui soutiennent le système des intérêts révolutionnaires........................... 343
Chap. xvi. Ce qu'il faut faire en admettant la distinction notée au précédent chapitre........................ ibid.
Chap. xvii. Exemple à l'appui de ce qu'on vient de dire. 344
Chap. xviii. Continuation du même sujet............... 345
Chap. xix. Que le système des intérêts révolutionnaires, pris à la fois dans le sens physique et moral, mène à cet autre système, savoir : qu'il n'y a point de royalistes en France.................................... 347
Chap. xx. Que les royalistes sont en majorité en France. 348
Chap. xxi. Ce qui a pu tromper les ministres sur la véritable opinion de la France...................... 350
Chap. xxii. Objection réfutée......................... 351
Chap. xxiii. Que s'il n'y a pas de royalistes en France, il faut en faire.................................. 354
Chap. xxiv. Système sur la Chambre actuelle des députés. 355
Chap. xxv. Réfutation................................. 356

FIN DE LA TABLE.

www.ingramcontent.com/pod-product-compliance
Lightning Source LLC
Chambersburg PA
CBHW070846170426
43202CB00012B/1962